Sieben Jahre kopflos

AF206636

....

Sie kann mich nicht hören

Impressum:

2018 Elvira Kempe

3. Auflage

Korrektor: Scout Hermerschmidt

BoD - Books on Demand, Norderstedt

ISBN:9783746094359

Einführung

Mein Erwachsensein fing an wie ein Bilderbuch, alles perfekt. Ausbildung erfolgreich beendet, über beide Ohren verliebt, kleine Wohnung und ein Baby im Bauch. War ganz kribbelig und konnte es kaum erwarten, bald meine kleine Tochter in den Armen zu halten. Den ersten Zahn zu fühlen, den ersten Schritt zu erleben und das erste „Mama" zu hören. Träumte davon ihr Geschichten und Märchen vorzulesen. Alles, einfach alles war so schön und ich der glücklichste Mensch auf Erden. Doch schon bald stellten sich gesundheitliche Probleme bei ihr ein. Meine schöne heile Welt fing an zu bröckeln, Stück für Stück, immer wieder neue Probleme. Wie sag ich´s meinem Kind, das war die größte Hürde. Konnte ihr nicht´s sagen oder erklären, sie hat mich nicht gehört. Hatte nur zu tun, von ihrer Welt in meine Welt zu schlüpfen, um allem gerecht zu werden. All das hat mich knülle, kraftlos und traurig gemacht. Mein Kind, es war behindert, das ist keine heile glückliche Welt, wie geht man damit um, ich wusste es nicht. Nach langen, fasst unerträglichen 7 Jahren, öffnete mir ein Kinderpsychologe die Augen. Mein Leben nahm wieder Gestalt an, ich stellte mich dieser Herausforderung, konnte endlich offen darüber reden. Diese andere, ihre Welt, war viel schöner als meine, ich verstand sie immer besser. Sie war so einfach und unkompliziert, trotz der vielen Hürden. Heute lebt sie in einer großen Stadt, hat sich vieles selbst erkämpft, hat sich durchgeschlagen. Lebt glücklich in ihrer eigenen Welt und ich bin froh, auch diese kennen gelernt zu haben, ich möchte sie nie mehr missen. Danke dafür an meine Tochter.

Endlich, mein Leben beginnt, endlich kann ich mein Weg selbst bestimmen. Kann meine eigenen Entscheidungen treffen, muss niemanden mehr fragen. Ausbildung vorbei und ich freu mich auf das was kommt. Endlich richtig Geld verdienen, so sparsam wie ich bin, werd ich ganz viel sparen. Vorher noch ein kleiner Umzug, raus aus dem Internat und in ein kleines Mitarbeiterzimmer umsiedeln, auch das wird noch spannend. Obwohl die Beziehung zu meinem Freund noch nicht so fest ist, haben wir uns doch geeinigt zusammen zu ziehen. Eigentlich sind wir erst seit einem halben Jahr zusammen, mehr oder weniger, aber wir denken dass es klappen wird, denken aber auch nicht weiter drüber nach, wir tun es einfach. Ja so bin ich, einfach tun. Schließlich bin ich verliebt, über beide Ohren und da denkt man nicht über solche Dinge nach. Er hat schulterlange Haare und ganz weite Hosen, dazu noch DJ, auf so was stehen wir Mädchen. Jedes mal bin ich baff wenn er das Mikro in die Hand nimmt, er quatscht einfach drauf los und den Leuten gefällt das auch noch. Also ich würde kein Wort raus kriegen und dann noch vor so vielen Leuten, ne das ist nix für mich, dazu muss man wohl geboren sein. Ich tanz lieber in der 3. Reihe, immer dabei sein, aber nicht ganz vorn und schon gar nicht gesehen werden.

Die ersten 1 1/2 Jahre unserer Ausbildung hat er mich absolut nicht interessiert, ich fand ihn sogar doof. In der Schule hat er immer geschlafen, trotzdem konnte er die richtigen Antworten geben, für mich unfassbar wie so was geht. Mein Traummann sollte immer groß, schlank, blond und blaue Augen haben, so wie es sich alle Mädchen wünschen. Aber all das hat er ganz und gar nicht, ist schon verrückt im Leben. Im 2. Ausbildungsjahr waren wir Azubis alle

zusammen im Urlaub und er hat rein zufällig, denke ich
jedenfalls, meine Reisetasche getragen, das fand ich cool
und echt, seit diesem Tag hat es bei uns gefunkt.

Im Zugabteil haben wir die ganze Fahrt nur geknutscht und
gekuschelt, im Urlaubsort im Hotel haben wir uns jede Nacht
heimlich getroffen. Verbotene Früchte schmecken eben am
besten. Wir fanden es einfach spannend und wurden, wie soll
's anders sein, schon am 3. Tag von den Erziehern erwischt,
obwohl die nicht besser waren, dumm gelaufen. Hat uns aber
trotzdem nicht weiter gejuckt, wir waren eben verliebt.
Zurück im Internat gab es dann richtig Ärger und unsere
Eltern wurden informiert, war natürlich sehr peinlich, aber
ein Nachspiel hatte es glücklicherweise nicht. Neben unserem
Internat gab es auch ein Kino, natürlich sind wir viel ins
Kino gegangen, hat ja nur 50 Pfennig gekostet, aber nicht
wegen des Films, es war einfach schön zusammen zu sein.
Nachmittags waren wir mit Freunden oft am Strand, abends
meistens in einem der Hotels zum Umtrunk oder mein Freund
hat selbst irgendwo Musik gemacht. Es ist schon ein schönes
Leben, hier an der Ostsee, mit so vielen Menschen. Jetzt
fängt für uns eine Neue, sicher auch eine aufregende Zeit an
und alle sind gespannt drauf.

Wir sind ab sofort erwachsene Menschen, für uns selbst
verantwortlich und ziehen zusammen, ohne an die Folgen zu
denken, sicher wird auch das eine Umstellung für uns Beide,
aber wir wollten es ja so. Unser Zimmer ist sehr klein, in
der Kelleretage eines unserer vielen Hotels. Die Firma hat
hier an der Ostsee ganz viele Hotels und Pensionen. Wir sind
stolz und fühlen uns als hätten wir unsere erste eigene
Wohnung bekommen, na ja ist ja auch so. Das Zimmer ist aber

nur 3,5 x 4 Meter, dazu noch eine kleine Toilette mit Dusche und ein Miniflur, wo wir uns dann notdürftig ein 2 Plattenkocher aufstellen können, um mal was zu kochen. Weil wir in der Gastronomie arbeiten und auch hier die meiste Zeit essen, reicht uns diese kleine Küchenecke. So gut es geht machen wir es uns gemütlich, mit dem was wir haben. Also wir haben ja noch nichts für eine eigene Wohnung angesammelt, an so was haben wir doch noch gar nicht gedacht. Aber wir kriegen das eine und andere von den Eltern und Bekannten. Ein Kleiderschrank und zwei Betten stehen schon im Zimmer. Die Möbel sind von der Firma, die hier alle Mitarbeiterzimmer so eingerichtet hat. Gardinen, Lampen und sonstige notwendige Sachen besorgen wir uns, ist zwar alles schon gebraucht, aber es erfüllt den Zweck und reicht fürs Erste.

Für heute ist nun der große Einzug in unser schönes Heim geplant. Wir stehen ganz früh auf, packen unsere 7 Sachen, ist ja nur eine Reisetasche voll und sind ganz aufgeregt. Endlich raus hier und ab in die eigenen 4 Wände, einfach ein geiles Gefühl. Schnell noch von allen Zurückgebliebenen verabschieden und los geht's. Nach 10 Minuten Fußweg sind wir angekommen, ich schließ mit zittrigen Händen die Tür auf, es riecht frisch nach Farbe, aber alles ist sauber und ordentlich für uns neuen Mieter. Gardinen und Lampen hatten wir letzte Woche schon montiert. Auf dem Flur herrscht großer Trubel, viele der neuen jungen Facharbeiter beziehen ihr neues Heim. Jeder hilft jeden und es wird mehr gequatscht als gearbeitet. Es fühlt sich an wie eine große WG, man ist eben nicht alleine und das ist für den Neuanfang auch gut so und wenn man Ruhe braucht schließt man einfach seine Tür zu. Was uns gar nicht gefällt, dass hier 2

Einzelbetten getrennt stehen. Klar ist unsere erste Aktion
diese Betten zusammen zu stellen, schließlich sind wir ein
Pärchen und da schläft man doch nicht getrennt. Räumen
schnell unsere Sachen in den Schrank und treffen uns bei den
anderen auf dem Flur, packen hier und da mit an. Manche
haben ihr Zimmer selbst farbig gestrichen oder haben
massenweise Poster an die Wand geklebt. Jeder macht es sich
nach seinem Geschmack gemütlich und alle sind nur happy.
Auf dieser Etage wohnen auch die Eltern von meinem Freund,
die allerdings eine größere Wohnung haben, weil da noch 2
Kinder mit im Haushalt leben. Sie sind auch sehr
hilfsbereit, bieten ständig ihre Hilfe an, aber wir wollen
das alles alleine packen, schließlich sind wir erwachsen.
Unser neues Heim ist sehr schön, groß genug für zwei, ab
Oktober wohne ich sowieso alleine, weil mein Freund zur
Armee muss. Das ist leider so, dass die jungen Burschen
gleich nach der Ausbildung zur Armee eingezogen werden. Bin
schon ziemlich traurig wenn ich nur dran denk, aber die
Männer müssen ja alle für 1 1/2 Jahre ihren Dienst antreten,
da kann auch ich nichts dran ändern. Aber ich hab eine tolle
Arbeit, viele Freunde und seine Eltern sind auch noch da,
die gehe ich dann bestimmt öfter besuchen. Die Zeit wird
schon vergehen und er wird hoffentlich öfter mal auf Urlaub
kommen. Außerdem wohnen wir direkt an der Ostsee, Tür auf,
über die Promenade und schon sind wir am Strand. Darum ist
auch das Arbeiten und Leben hier einfach wunderschön und
abwechslungsreich, vor allem für junge Leute wie wir. Wir
fangen früh 6 Uhr an mit arbeiten, bei An- und Abreise
können wir schon 4 oder 5 Uhr anfangen, dann treffen wir uns
ab Mittag alle am Strand. Also von Langeweile oder
Einsamkeit keine Spur.

Mitte September, wir haben uns super eingelebt, es macht Spass hier zu wohnen, in der großen WG. Abends besuchen wir uns gegenseitig, spielen Rommé oder quatschen einfach nur. An der Rezeption gibt´s für alle Mitarbeiter die hier wohnen, sogenannte Postfächer und ich hol gleich nach der Arbeit immer meine Post ab. Mist, heute ist für mein Schatzi der Einberufungsbefehl gekommen, jetzt ist er nur noch fünf Tage hier, obwohl wir es wussten, ist es doch wie ein Schock. Jetzt haben wir eigentlich so viel Zeit uns richtig kennenzulernen und nun geht er weg, die Trennung für so lange Zeit ist zum greifen nah. Mir schießen tausend Gedanken durch den Kopf, wie geht es jetzt weiter, halten wir beide diese lange Zeit aus? Eigentlich mag ich ihm den Brief gar nicht geben, aber ich komm nicht drum herum. Er kommt grad von der Arbeit, ist gut gelaunt, ich mit Tränen in den Augen als ich ihn sehe und gebe ihm den ach so tollen Brief. Sein Gesichtsausdruck verändert sich schlagartig, er schmeißt den Brief mit einer Handbewegung quer durchs Zimmer. Sprachlos sitzen wir uns gegenüber und jeder grübelt in sich hinein. Ich denke viele Beziehungen gehen wegen der Entfernung irgendwann auseinander, hoffe aber, dass es bei uns nicht so kommen wird, es darf einfach nicht so kommen. Egal, ich will und werde das schaffen, egal wie. Schließlich bin ich ein Kämpfertyp und weiß immer was ich will. Wir haben jetzt beide noch Urlaub genommen, machen uns 5 schöne Tage und suchen diverse Sachen für seine Dienstzeit zusammen. Einiges müssen wir noch besorgen, wie die tollen weißen Kragenbinden, dicke Socken für den Winter und all solche Dinge. Abwechselnd besuchen wir noch unsere engsten Freunde und feiern ein bisschen Abschied. Natürlich nur etwas, denn so etwas trauriges muss man nicht groß feiern.

Die letzten Tage ist es immer wieder spät geworden, sind mächtig kaputt und müde. Das letzte Wochenende, der letzte Abend den wir zusammen haben und wir gehen noch mal schön aus, essen und trinken ein lecker Weinchen in unserer Stamm Nachtbar. Hier treffen wir uns oft mit Freunden und verbringen tolle Abende. Unser Freund, der hier Barkeeper ist, verspricht auf mich aufzupassen, wenn etwas sein sollte wird er mir immer helfen. Wir versprechen uns jeden Tag ein Brief zu schreiben, damit wird die Zeit für uns beide noch schneller vergehen und jeder weiss vom anderen wie es ihm geht und was er so treibt. Wieder zu Hause quatschen wir noch sehr sehr lange in die Nacht und sind beide mehr als traurig. Sprechen über unsere Zukunft und was nach der Armeezeit passiert. Als Koch möchte er dann nicht mehr arbeiten. Vielleicht übernimmt er als Hoteldirektor ein eigenes Hotel, das würde ihm schon gefallen, na mir natürlich auch. Wir sprechen sogar über Kinder, also ich wünsche mir mal irgendwann 2 Kinder oder auch 3. Na und so spinnen wir noch die halbe Nacht rum und haben immer wieder neue Ideen und Pläne. Aber die Armeezeit wird lang und wir wollen uns jetzt erst mal darauf konzentrieren und versprechen uns für immer zusammenzubleiben, egal was passiert, so wie es frisch Verliebte eben tun.

Sonntag, mein Schatzi muss los, wir brauchen lange bis wir uns verabschiedet haben, mir laufen die Tränen übers Gesicht, bin unendlich traurig, ich komm mir jetzt schon wie eine Verlassene vor, so einsam und allein. Ich hoff, dass es nur die ersten Tage so schlimm wird, ab Morgen gehe ich wieder arbeiten und bin dann bestimmt etwas abgelenkt, dann geht´s bestimmt.

Die Tage vergehen wirklich schnell, hab mich schon an die Einsamkeit gewöhnt und es fällt mir leicht den Tag rum zu kriegen. Nur die erste Woche war schlimm, täglich arbeiten und im Hinterkopf die Gedanken an meinen Freund, ich war nur genervt, von allem nur noch genervt und zickig, wollte nur meine Ruhe haben. Er ist schon 4 Wochen weg und mir ist noch nicht ein Tag langweilig gewesen, jeden Tag arbeiten, oft auch an den Wochenenden, da rennt die Zeit förmlich. Jeden Tag freue ich mich auf den Feierabend, auf den versprochenen Brief, der auch wirklich immer kommt.

Ich komm von der Arbeit, stürme meist gleich ganz aufgeregt zur Rezeption und hol meine Post, die netten Damen dort schmunzeln schon immer und meist schwatzen wir noch bisschen. Riesige Freude, täglich, wirklich jeden Tag kommt ein Brief, ist das nicht toll. Den muss ich dann auch immer gleich lesen, nichts ist dann wichtiger, meistens reiß ich ihn schon auf dem Weg in mein Zimmer auf und muss aufpassen, dass ich nicht die Stufen runter flieg. Natürlich muss ich ihn auch sofort immer beantworten, meistens werden es 2 – 3 Seiten, die ich schreib. Alles schreib ich ihm auf, alles was ich von früh bis zum Schlafen gehen erlebt und gemacht hab. Es macht richtig Spass seine Zeilen zu lesen, so erleb ich mit, wie es ihm in der Ferne ergeht.

Die ganze letzte Woche ging es mir nicht so gut, hatte Magenprobleme, musste mich sogar übergeben, aber das schreib ich ihm lieber nicht, sonst macht er sich noch Sorgen. Warte noch ein paar Tage ab, werd, wenn es nicht besser wird, zum Arzt gehen. Vielleicht hatte ich zu viel Stress in letzter Zeit, der Abschied und die ganze Umstellung, das soll es ja geben. Allerdings, wenn ich richtig überlege, wäre auch möglich, dass ich sogar schwanger bin, hab ja nie die Pille genommen, wollte ich auch nie. Aber solch verrückte Gedanken verdränge ich ganz schnell und hoffe nur, dass es nicht so ist. War bestimmt alles zu stressig, ja es ist einfach der Stress und fertig. Bin doch gerade erst erwachsen geworden, will Erfahrungen sammeln, Geld verdienen und meinen Freund richtig kennen lernen. Mit gerade mal 18 kann ich so was gar nicht gebrauchen. Meine Eltern haben mich immer gewarnt und wollten nie, dass ich in der Ausbildung ein Kind bekomme. Mein Vater hat immer gesagt, wenn es passiert dann passiert 's, dann kriegen wir das Kind auch groß, aber muss nicht so früh sein. Klar hatte ich diese Worte immer in meinem Hinterkopf und hab in der Ausbildungszeit auch immer aufgepasst, dass da nichts passiert. Aber ich kenne ganz viele junge Frauen die gerade 18 sind und schon ein Baby haben. Eigentlich auch was Schönes, später hat man bestimmt ein tolles, kumpelhaftes Verhältnis zu seinem Kind, weil man ja selbst noch sehr jung ist, bestimmt hat man auch als junge Mama eher Verständnis für die kleinen Streiche und sieht alles lockerer. Die wollte ich nie vor dem ersten Kind nehmen, viele Leute haben mir erzählt, dass man später dann vielleicht nie welche bekommen kann. Davor hatte ich Angst, will ja Kinder, mindestens zwei. An andere Verhütung haben wir nicht gedacht, war für uns einfach nicht wichtig. Aber muss ich mir darüber keine Gedanken mehr machen, einfach abwarten was passiert. Entweder wächst mein Bäuchlein oder es ist doch nur einfach eine Magen-Darmgrippe.

Wieder hab ich drei Seiten geschafft zu schreiben, schnell den Brief in den Umschlag und eine Marke drauf. Werd ihn aber morgen früh, wenn ich zur Arbeit geh, in den Kasten werfen. Geh noch für eine halbe Stunde meine Mitbewohnerin und Freundin besuchen. Sie will hier in der Firma kündigen und zu ihren Eltern aufs Dorf zu ziehen. Finde es richtig schade, wir verstehen uns so gut und haben immer viel Spaß zusammen. Wollen uns aber weiterhin besuchen und an den Freitagen was unternehmen. Ziehen uns noch eine Flasche Wein rein und albern herum bis wir endlich kaputt ins Bett fallen.

Schon November, es wird kälter und ungemütlicher draußen. Was mach ich nur, glaub dass ich wirklich schwanger bin. Mag gar nicht dran denken. Was mach ich bloß, wie geht´s weiter? Wenn ich richtig zunehmen werde, besser gesagt mein Bauch dicker wird, dann brauch ich noch größere Wintersachen. Die ich jetzt hab, passen gerade so und das wird bestimmt bald vorbei sein, der Winter kommt erst noch. Zum Arzt gehen? Was sollte ich da. Bin mir fasst sicher, dass ich schwanger bin, muss ich doch dem Arzt nicht sagen, bin schließlich nicht krank und außerdem, wenn ich jetzt hin gehe, dann muss ich laufend bei ihm antreten.

Ich denke, das hat noch Zeit, jedenfalls so lange es mir gut geht. Hoffe nur, dass es keine Zwillinge werden, na das wäre dann echt der Hammer. Hab ein Cousin mit Zwillingen, ist ja süß, aber nein, das muss nun wirklich nicht sein. Wollte nie so früh ein Kind und mein Freund hat sicher auch noch nicht an solche Sachen gedacht und schon gar nicht an ein eigenes Kind. Wenn ich jetzt zum Arzt gehe, sehen mich so viele Bekannte und die würden bestimmt gleich alles herum erzählen. Muss es doch erst dem Vater und unseren Eltern sagen. Sie sollen es nicht von fremden Leuten erfahren, das wäre schon gemein. Aber ich warte noch den November ab. Im Dezember werde ich es dann genau wissen und kann es immer noch allen beichten. Noch ist ja nichts zu sehen, es wird erst einmal mein Geheimnis bleiben, bis ich mir ganz sicher bin. Unsere Eltern werden mich bestimmt beeinflussen, wie es Eltern gerne tun und das will ich schon gar nicht, weil die Entscheidung, ein Kind zu kriegen oder nicht, will ich schließlich selbst treffen. Es gibt doch nichts Schöneres auf der Welt, als ein Kind groß zu ziehen, egal wie alt man ist. Als erstes werd ich es meinem Freund sagen, bin schon gespannt wie er reagiert. Wird er sich freuen? So lange sind wir ja wirklich noch nicht zusammen, wir kennen uns kaum. Oh man, mir wird übel bei dem Gedanken. Hab die letzten Tage sehr schlecht geschlafen, muss immer früh raus und bin ganz schön kaputt. Abends im Bett dreht sich alles, Gedanken schwirren durch mein Kopf, was ist wenn.

Mein Freund ist schon zwei Monate bei der Armee, weiß nicht wann er mal auf Urlaub kommt, also werd ich es ihm heute endlich schreiben. Theoretisch bin ich ja schon im zweiten Monat, oh man wie die Zeit vergeht. Muss es ihm vorsichtig erklären, sonst denkt er noch, dass ich es unbedingt wollte, aber das ist nicht so. Ist jetzt wie es ist und das erste Kind werde ich mir bestimmt nicht abnehmen lassen. Das habe ich mir immer vorgenommen, egal wie alt ich bin und ein Kind bekomme, das Erste will ich einfach bekommen. So schreib ich es ihm auch im Brief. Es werden wieder drei Seiten, kann trotzdem nicht aufhören, immer wieder fällt mir was ein. Hoffe nur, dass ich die richtigen Worte gefunden hab und er mich versteht. Er kriegt bestimmt ein Schock wenn er diesen Brief ließt, fällt vielleicht in Ohnmacht und darf wegen Krankheit nach Hause. Aber er ist ja nicht schwanger, ich bin es und ich trage die Verantwortung für das Kind, also ist die Entscheidung auch erst mal meine, er muss es einfach verstehen.

Komm gerade von der Arbeit und hole aufgeregt die Post von der Rezeption. Wie immer auch ein Brief von meinem Schatzi dabei. Bin ganz aufgelöst und hoffe, dass er jetzt den Horrorbrief gelesen hat und hier die Antwort kommt. Schwitze schon Blut und Wasser, die Hände zittern, schmeiß mich aufs Bett und reiß den Brief auf. Mach es mir gemütlich, will diesen Brief in aller Ruhe lesen, ist ja schließlich wichtig und spannend. Wie immer sind es drei Seiten. Ich lese und lese und auf der letzten Seite kommen endlich die wichtigen Zeilen, auf die ich gewartet hab. Aber da steht nicht, dass er sich freut. Er schreibt, dass er noch kein Kind will, ist ihm noch zu früh. Will, dass wir uns erst richtig kennen lernen und erst mal Geld verdienen. Er schreibt, dass er sich mit 18 noch zu jung fühlt und noch nicht an solche Sachen wie Familie denkt. Zuerst muss er die Armeezeit schaffen und sich dann einen guten Job suchen. Bin völlig platt und traurig, die Tränen kullern, mit solch klaren Worten hatte ich nicht gerechnet. Das Kind ist schließlich von ihm und er hat es mir gemacht. Ich trage das Problem in mir und nicht er. Verstehen kann ich ihn ja, aber eine Abtreibung kommt für mich niemals in Frage, das hatte ich ihm auch mitgeteilt. Jetzt steh ich mit meinem Problem erst mal allein da, na toll, denn niemand soll es wissen und darum kann ich niemanden um Rat fragen. Was mach ich jetzt nur. Dicke Tränen kullern die Wange runter, jetzt aber sintflutartig, kann auch nicht auf den Brief antworten, weiß nicht was ich ihm schreiben soll, bin fix und fertig. Geh duschen und verkrieche mich im Bett, da fällt mir sicher ein wie es weiter geht und außerdem muss ich morgen wieder früh raus. Hab das Gefühl mein Kopf platzt, mir ist schwindelig als hätte ich eine Flasche Wodka auf ex getrunken. Mir fällt nichts ein. Ich weiß nur, dass ich dieses Kind bekommen werde, mit oder ohne Vater. So innerlich aufgewühlt kann ich nicht schlafen, steh wieder auf, koch mir ein Kaffee und hol doch das Briefpapier. Fange irgendwie an zu schreiben, schreib ihm, dass es für mich nur eine Möglichkeit gibt, nämlich das Kind zu kriegen. Wenn er es nicht will, dann werden wir uns trennen, werde das Kind auch alleine groß ziehen. Davor hab ich keine Angst, nur ist es schade, dass mein Kind dann kein Papa hat. Der Brief ist schon fünf Seiten lang, mach jetzt besser Schluss sonst werden es noch zehn. Schreib ihm noch, dass ich jetzt nicht jeden Tag schreibe, sondern erst auf seine Rückantwort warte. Er soll noch mal in Ruhe drüber nachdenken, dann erst werde ich eine Entscheidung treffen, obwohl eine Entscheidung wird es ja nicht geben. Bestimmt ist er mächtig sauer auf mich, wenn er diesen Brief ließt, aber irgendwie müssen wir doch auf einen Nenner kommen.

Die nächsten Tage überlege ich immer und immer wieder, ob meine Entscheidung richtig ist. Hab ich über alles genau nachgedacht, werd ich´s wirklich alleine schaffen? Irgendwie bin ich total durcheinander, komplett durch den Wind. Für ein Kind braucht man Zeit, Geld, Liebe und Erfahrungen. Ich kenne viele Frauen, die mit 18 ein Kind bekommen haben und die haben es auch geschafft und außerdem bin ich dann schon 19 wenn das Kind geboren wird. Ich guck auf meinen Bauch und denk, dass ist richtig und gut so und streichele sanft drüber, da ist mein Baby drin, ist schon ein komisches Gefühl.

Von meinem Freund kommt keine Post, schon drei Wochen kein Lebenszeichen von ihm. Keine Rückantwort, keine endgültige Entscheidung, ich werde irre. Macht er sich jetzt doch große

Sorgen um mich? Vielleicht ist für ihn die Beziehung auch schon zu Ende, wäre möglich. Aber das sollte er mir dann schon langsam mal mitteilen. Ich versuch diese bösen Gedanken zu verdrängen, konzentriere mich nur auf mich und mein Baby, auf meine Arbeit und dass ich ab sofort jeden Pfennig zur Seite legen muss.

In ein paar Tagen ist Weihnachten, hab mir heute schon einen kleinen Tannenbaum geholt. Ein richtig hübsches, nur 60 cm hohes Bäumchen, hänge ein paar Papiersterne dran und etwas Lametta. Such noch ein paar Dekosachen fürs Zimmer und schmücke unsere kleine Wohnung, sieht richtig gemütlich und weihnachtlich aus. Draußen schneit es wieder, die Flocken rieseln leise ans Fenster, sehr romantisch und ich träum so in die Zukunft. Da fällt mir ein, dass ich heute noch keine Post geholt hab, erwarte ja auch nichts, aber vielleicht ist ja doch was gekommen. Gehe gleich mal hoch zur Rezeption, aber in aller Ruhe und nicht wie sonst im Eiltempo. Da ist ein Brief, ein Brief von meinem Schatz, ich werd nicht wieder. Freue mich wahnsinnig drauf ihn zu lesen. So wie ich es eigentlich von ihm kenne, sind´s bestimmt wieder drei Seiten. Ich reiß ihn auf. Er schreibt, dass er mich liebt, meine Entscheidung richtig findet, er hat lange überlegt und freut sich doch auf das Kind, auf unser gemeinsames Kind und unsere Zukunft. Ich lese diesen Satz drei mal, vier mal und kann es kaum glauben. Ich bin so glücklich, kann es nicht beschreiben. Dachte schon jetzt kommt der Trennungsbrief, bin so froh, bin einfach happy. Dann schreibt er noch, dass es ein Mädchen werden muss, weil Mädchen müssen nicht zur Armee, aber das kann ich ja nicht beeinflussen, voll witzig, hat er sich wohl doch lange Gedanken gemacht. Dieses Jahr wird mein schönstes Weihnachten, hab gerade das schönste

Geschenk bekommen. Muss ihm gleich antworten, dass ich wahnsinnig glücklich bin und mich freue wenn er bald auf Urlaub kommt. Wir haben so viel zu erzählen, zu besprechen und zu planen. Müssen es auch bald unseren Eltern sagen, denn langsam wächst mein Bauch, möchte mein Glück mit den Anderen teilen. Sie sollen sich auch mit uns freuen, sie werden schließlich Oma und Opa. Wie sagen wir ihnen am besten, Stress können wir jetzt nicht gebrauchen. Wir einigen uns, mein Freund sagt es seinen Eltern und ich meinen. Jeder kennt schließlich seine Eltern am besten und ist auf entsprechende Reaktionen vorbereitet. Am besten ich geh einfach hin und sag, dass ich schwanger bin, was soll ich da lange herum labern, ist ja Quatsch, schließlich bin ich alt genug und weiß was ich will. Besser ich sage es ihnen erst nach Weihnachten, wenn es doch Diskussionen gibt, dann wenigstens nicht zu den Feiertagen.

Die Festtage muss ich arbeiten, bekomme dann mehr Geld was ich gut gebrauchen kann. Außerdem heißt Weihnachten immer den ganzen Tag herumsitzen, essen und quatschen, da geh ich doch lieber arbeiten.

Im Moment geht es mir mal wieder nicht so gut. Jeden Früh, wenn ich zur Arbeit komm, muss ich mich übergeben. Hab das Gefühl, das komische Etwas gehört schon zu mir, jeden Tag zur gleichen Zeit, das gleiche Ritual. Aber ist wohl in der Schwangerschaft so. Also jetzt bin ich mir ja zu 100 Prozent sicher, kann es nicht mehr leugnen, es müsste der dritte Monat sein. Mein Bauch fängt an zu wachsen, ist schon ein schönes Gefühl, dass da ein Kind drin wächst.

Draußen eisig kalt, der Wind pfeift und Weihnachten ist vorbei. Mein Schatzi ist endlich auf Urlaub, sein erster

Besuch, wir haben gleich so viel zu erzählen. Haben einen Plan gemacht, wo wir in dem kleinen Zimmer das Kinderbett aufstellen, ist so schon bannig eng. Eine Wohnung bekommen wir nicht, schließlich sind wir nicht verheiratet, ja leider ist das so. Wir bekommen nur eine Wohnung wenn wir verheiratet sind, wer hat bloß so einen Mist erfunden. Aber deswegen heiraten, nein, ich brauch schon ein Stückchen Freiheit, nicht mit mir. Außerdem hab ich nicht vor, überhaupt jemals zu heiraten, warum auch. Wenn wir uns gut verstehen, geht das auch ohne Ring und „Jawort". Ehrlichkeit und Vertrauen ist auch in einer normalen Beziehung das Wichtigste, das ergibt sich nicht erst durch die Hochzeit, jedenfalls denke ich so.

Wir diskutieren schon über mögliche Namen für das Baby, ist zwar noch viel Zeit, aber so oft sehen wir uns nicht und im Brief kann man das schlecht diskutieren. Oh man, konnte mir nicht vorstellen, dass das so schwierig ist. Schließlich muss der Vorname auch zum Nachnamen passen, auf was man da alles achten muss, finde es alles so kompliziert. Die Auswahl an Namen ist so riesig und die Entscheidung darüber kann man später nicht mehr rückgängig machen, das muss schon gleich passen. Der Name Marlen gefällt uns Beiden und der soll es auch sein. Aber das ist ein Mädchenname, ich frag ihn nach einem Jungennamen. Mein Freund sagt, er wünscht sich doch ein Mädchen, da brauchen wir keinen anderen suchen. Hi, ich muss schmunzeln. Finde es schon lustig, dass er sich so auf ein Mädchen einstellt. Na ja, ich frag auch nicht weiter, komme nicht mal auf die Idee selbst einen Namen zu suchen. Das Thema ist vom Tisch, Mädchennamen gefunden, erledigt. Wünsch mir selbst ja auch gern ein Mädchen. Mädchen kann man so süß anziehen, die Haare schick machen, Zöpfe flechten oder hochstecken. Jeden Tag eine andere schöne Frisur, Ohrringe und Tüllkleider. Man kann Puppen und Puppenwagen kaufen. Finde es einfach schöner, man hat viel mehr Möglichkeiten. Aber erst muss es geboren werden und gesund sein, das ist das Allerwichtigste. Wir träumen beide von einer schönen glücklichen Familie und sind trotzdem etwas traurig. Wenn das Baby geboren wird, muss mein Freund noch neun Monate bei der Armee bleiben. Vielleicht kann er nicht einmal zur Entbindung da sein. Wenn er dann endlich mit der Armeezeit fertig ist, dann kann unser Kind bestimmt schon laufen und sprechen, die schönste Zeit kriegt er nicht mit, einfach schade. Frag ihn noch, wann er es denn nun mal seinen Eltern sagt, ich will die nächsten Tage meine besuchen und es ihnen beichten. Mein Freund, stumm wie immer bei solchen Angelegenheiten, meint nur, dass ich mir keine Sorgen machen soll, es klappt schon alles. Er verspricht mir, in der nächsten Woche seine Eltern zu informieren.

Sein Kurzurlaub ist wieder zu Ende, Silvester vorbei, wir hatten viel Zeit für uns und sind beide unheimlich traurig beim Abschied. Aber was soll es, das Leben geht weiter und wir werden uns wieder jeden Tag Briefe schreiben. Jetzt schreiben wir bestimmt noch mehr als vorher, gibt noch so viele Dinge zu besprechen, zu planen, da vergeht die Zeit bis zum nächsten Urlaub wie im Flug. Außerdem haben wir beide mit Arbeiten zu tun und sind abgelenkt. Ich muss anfangen, einige Sachen für das Baby zu organisieren. Müsste nun langsam auch mal zum Frauenarzt und gucken ob alles in Ordnung ist und mir die Bestätigung holen, dass ich schwanger bin. Die muss ich nämlich in der Firma vorlegen, einfach aus versicherungstechnischen Gründen. Darf dann später nicht schwer tragen und heben, bekomme dann ein Schonarbeitsplatz.

Die Tage vergehen, hatte noch keine Zeit und auch noch kein Nerven zu meinen Eltern zu fahren. Draußen eisig kalt und stürmisch, da mag ich nicht über Land fahren. Mein Freund hat es seinen Eltern immer noch nicht gebeichtet. Na ja aber ich nehme es mir jetzt wirklich vor, wird auch Zeit, mein Bauch ist schon ein bisschen zu sehen. Hab mir neue weite Hosen gekauft und trag weite Pullover. Also bisher ging das so ganz gut, aber langsam bekomme ich ein ungutes Gefühl. Trau mich gar nicht mehr überall hin. Zum Glück ist noch Winter, da hat man sowieso mehr Sachen an, ist bis auf die Haut eingewickelt, da kann keiner sehen, was los ist.

Die Vorbereitungen für unsere Faschings-Veranstaltung in der Firma laufen an. Hab jedes Jahr mitgemacht, in der Funkengarde, war immer eine schöne Zeit, mit den Mädels zu tanzen. Der Vater von meinem Freund hat mit uns den Funkentanz einstudiert, er war früher im Ballet und hat richtig Ahnung. Jetzt haben seine Eltern mich schon öfter gefragt, wann ich denn endlich mal das Kostüm anprobieren will. Na ja manchmal müssen da kleine Änderungen gemacht werden oder irgendwelche Nähte müssen repariert werden, weil wir im Vorjahr wahrscheinlich so viel gegessen haben. Gibt nämlich immer ganz leckeres Essen, da schlagen wir alle so richtig zu. Diese ständigen Fragen von den Eltern sind mir langsam peinlich, erfinde immer neue Ausreden, weil ich doch schon einen kleinen Bauch hab. Das sieht man in dem kleinen Rock, außerdem krieg ich den gar nicht mehr zu, hab ja schon heimlich probiert. Schreib es meinem Freund, er soll es endlich seinen Eltern sagen, dann wissen sie wenigstens, warum ich nicht mitmachen kann und sie werden es verstehen und die Fragerei hat ein Ende. Leider kriegt mein Schatzi das nicht gebacken, seinen Eltern zu beichten, ständig vertröstet er mich, also entscheide ich mich es ihnen selbst zu sagen. Sonst ist das Kind da und seine Eltern wissen es immer noch nicht. Ohne lange drüber nachzudenken, geh ich gleich zu ihnen, seine Mutti freut sich wie immer sehr. Kocht gleich Kaffee und wir klatschen und tratschen wie so oft, wie es Frauen eben so machen. Das macht echt Spaß mit ihr, sie ist so eine liebe und herzliche Frau, kann aber mit Fragen löchern, ich glaube das ist schon einmalig, weltrekordverdächtig. Weil ich aber kaum zu Wort komme, auch wie immer, muss ich das Gespräch dahin lenken. Ich frag sie einfach wie weit die Vorbereitungen für den Fasching schon sind und ob die Mädchen schon fleißig geprobt haben. Erkläre ihr in gleichem Atemzug und schmerzlos, dass ich in diesem Jahr nicht mit mache, weil mir der Rock nicht mehr passt und dass ich schwanger bin. Sie guckt mich an und lächelt etwas eigenartig, dann sagt sie:" das wissen wir längst". Oh Hilfe, wie bitte, bin platt, bin bestimmt weiß wie eine Kalkwand. Was ist denn das jetzt? Hat mein Freund es ihr doch schon gebeichtet? Nein, seine Mutti erklärt mir, dass man es sieht wenn jemand schwanger ist. Das kann ich ja gar nicht verstehen. Wie kann man das sehen. Blaß bin ich immer schon und mein Bauch hab ich mit weiten Pullovern bisher gut versteckt. Frage aber nicht weiter nach, bin froh dass es so gelaufen ist, dass ich keine langen Erklärungen abgeben muss und mit Fragen bombardiert werd. Sie freut sich, das ist mir erstmal am Wichtigsten und sie bietet mir gleich ihre Hilfe an. Da sie immer erst am Nachmittag zur Arbeit geht, könnte sie notfalls auf das Kind aufpassen, wenn es mal sein muss. Wieder in meinem Zimmer, schreib ich gleich meinem Freund, dass ich sein Part übernommen hab und wie es gelaufen ist. Wie immer schreib ich ihm drei Seiten, kann mal wieder kein Ende finden. Jetzt reicht´s, bin müde und geh ins Bett, kann aber nicht schlafen. Dreh mich im Bett hin und her, grübele über den ganzen Tag nach, frag mich immer wieder wie es Eltern sehen können, es lässt mir keine Ruhe. Aber Erwachsene sehen so was gleich wenn jemand schwanger ist, keine Ahnung und ist mir dann irgendwann auch egal, jetzt wird endlich geschlafen.

Früh 8 Uhr, hab heute frei und quäle mich aus dem Bett. Mir ist übel, hab sehr schlecht geschlafen, bin wie gerädert. Erst mal Kaffee und zwei Knäckebrot verdrückt, endlich werde ich wach, jetzt geht´s besser. Draußen liegt noch immer viel Schnee und ist bitterkalt. Ich ziehe mich warm an, gehe zum Bus, will heute meine Eltern besuchen. Werde endlich beichten, dass sie Oma und Opa werden. Sie freuen sich wie immer auf meinen Besuch, bin letzte Zeit selten hier gewesen, wurde auch wirklich mal Zeit. Mutter macht leckeren Entenbraten, die Ente ist noch vom Weihnachtsfest übrig und mein Vater schippt Schnee vorm Haus, hat hier auch die ganze Nacht geschneit. Nach dem Essen räum ich schnell alles vom Tisch, setzt mich wieder, will ja meine Beichte ablegen und es auch schnell erledigt haben. Beide gucken mich fragend an, merken, dass ich was auf dem Herzen hab. Ich zögere nicht, sage ihnen einfach, dass ich schwanger bin. Halte gleichzeitig die Luft an und warte. Warte aufgeregt auf die Reaktion. Ein komisches Gefühl zu warten, wer zuerst anfängt mit unsinnigen Vorwürfen. Mein Vater freut sich, seine Augen funkeln. Er sagt :"na das ist ja toll, ich krieg ein Enkelkind". Meine Mutter sagt erst nach ein paar Minuten: „Muss das jetzt schon sein, du bist noch so jung", aber wie ich es schon geahnt hatte, mit einem sehr forschen Ton. Den

Kommentar von meiner Mutter hatte ich erwartet und ich erwidere trotzig: „Ja, es muss sein". Erkläre Ihnen dann, ganz in Ruhe natürlich, dass ich schon bald im fünften Monat bin und dass ich da nichts mehr ändern kann und auch nicht will. Hatte es nicht geplant so früh ein Kind zu kriegen, aber es ist nun mal passiert. Stille, wie selten in der Küche, meine Mutter steht ohne ein Wort auf, wäscht das Geschirr ab. Mein Vater freut sich sehr und streichelt meine Hand, wir lächeln uns beide einfach an, das sagt mir mehr als tausend Worte. Wenn ich noch jünger wäre, dann wäre es ihm, glaube ich jedenfalls, auch egal. Er steht auf, streichelt mir noch über den Kopf. Das tut so gut und dann verschwindet er wieder hinter den hohen Schneebergen auf dem Hof. Ich gehe zu meiner Mutter und helfe ihr beim Abwaschen. Sie ist sehr ruhig und nachdenklich, sagt kein einziges Wort. Sie muss es bestimmt erst verarbeiten, wird sich dann sicher auch freuen und mir bei allem helfen, schließlich wird sie ja Oma, welche Oma freut sich da nicht drauf.

Nach dem Kaffee, meine Mutter immer noch sprachlos und mein Vater immer noch funkelnde Augen, fahr ich wieder nach Hause. Bin froh und erleichtert, dass endlich alle Bescheid wissen, muss mich nicht mehr verstecken. Schon wieder Montag, draußen immer noch bitterkalt, es stürmt ohne Ende. Der Schnee peitscht an die Fenster. Heute will ich endlich zum Frauenarzt, mir die Schwangerschaft bestätigen lassen. Der wird ganz schön blöd gucken, nach meiner Rechnung bin ich schon im fünften Monat. Seit Tagen überlege ich wie ich es am Besten anstelle. Normalerweise geht man ja im ersten oder zweiten Monat hin. Ich sag dem Arzt meine Diagnose, na egal, Augen zu und durch. Irgendwann muss ich ja mal hin, komm nicht drum herum. Also mach ich mich auf den Weg und komme mit rot gefrorener Nase in die Praxis. Nach kurzer Wartezeit, sitzen nur zwei Frauen hier, die ich aber nicht kenne, bin auch schnell an der Reihe. Nach kurzem, knappen Wortwechsel untersucht er mich und bestätigt meine Diagnose, ja schwanger im fünften Monat. Bekomme meinen Schwangerenausweis und muss mich, war doch klar, jeden Monat hier melden. Aber sonst alles in Ordnung, dem Kind und mir geht es prima. Obwohl ich noch nicht viel an Gewicht zugenommen hab, müsste wohl eigentlich schon etwas mehr sein, aber der Arzt notiert sich es nur und ich bin erst mal entlassen. Voller Freude verlasse ich, so schnell ich kann, die Praxis. Mir geht es echt gut, habe Schmetterlinge im Bauch, bin überglücklich. Die Eltern wissen Bescheid, der Arzt sagte alles in Ordnung, bin einfach nur happy. Jetzt mache ich mir ein schönen Tag, gehe am Strand zurück, Gedanken schwirren durch den Kopf, der Wind pfeift mir ins Gesicht, aber es tut gut. Einfach allein sein, tief durchatmen und die schöne frische Ostseeluft genießen. Stelle mir gerade vor, bald mit meinem Kind hier herumtoben zu können, die Möwen zu füttern und jeden Tag, im Sommer jedenfalls, das Badewetter zu genießen. Ach ich freue mich einfach, bin glücklich wie nie zuvor. Kann jetzt endlich nach Babysachen schnökern, freue mich riesig drauf und bin aufgeregt wie ein kleines Kind. Gleich morgen, nach der Arbeit, werde ich in die City gehen, um mir einen Überblick zu verschaffen. Mal gucken was die Sachen so kosten, was es überhaupt alles so gibt und was man alles so braucht, hab doch gar keine Ahnung. Hoffentlich gefällt mir da auch was, sonst muss ich noch in die nächst größere Stadt fahren, da gibt es bestimmt mehr Auswahl und hoffentlich kaufe ich nicht gleich den ganzen Laden leer, ich ahne Schlimmes.

Das Wetter hat sich leicht beruhigt, die Sonne scheint und der Schnee glitzert, einfach ein traumhaftes Wetter zum Bummeln und Shoppen. Pünktlich Feierabend gemacht spaziere ich in aller Ruhe zum Babyladen, gucke mich um, bin erstaunt was es alles so gibt. Viele junge Muttis und Hochschwangere schleichen hier herum. Einige kenne ich, auch die Verkäuferin, die fragt natürlich gleich ob ich schwanger bin. Sieht sie doch wohl, warum fragt sie mich. Wir quatschen ne Runde und klar, tausend Fragen kommen, grrr das nervt, warum sind Frauen immer alle so neugierig, furchtbar. Genug, jetzt will ich hier herum wühlen und weiß gar nicht wo ich anfangen soll. Oh man gibt das tolle Sachen, am meisten für Mädchen, hab ich doch geahnt. Hübsche rosa Kleidchen, Röckchen mit und ohne Latz, bunte Slips mit Rüschen und kleine Söckchen mit Kräuselrand. Kriege nicht genug und durchstöbre den ganzen Laden, könnte hier alles kaufen, macht richtig Spaß zu schnökern. Süß und putzig diese winzigen Sachen. Ich kann nicht anders und kauf schon mal ein Paket Baumwollwindeln, die braucht man so oder so und Strampler auch, kleinste Größe, die 62 natürlich. Zieh lieber die Bremse, lege alles andere, was ich schon in der Hand hatte, wieder zurück ins Regal, habe später noch genug Zeit zum Einkaufen. Muss mein Geld für die wichtigsten Sachen einteilen, später kann ich noch genug Klamotten kaufen. Werde mir zu Hause einen Plan machen und alles notieren was man für die ersten Wochen so braucht, was am Wichtigsten ist. Außerdem muss ich sehen ob es ein Junge oder Mädchen wird, aber dann wird geshoppt, im wahrsten Sinne, also jetzt erst mal sparen und noch mal sparen.

Zu Hause alles ausgepackt, gucke ich mir die winzigen Strampler an, habe aber alles in weiß gekauft, da kann dann nichts schief gehen, können Jungen und Mädchen tragen. Die Vorstellung dass das Baby so klein sein soll erschreckt mich schon, diese kleinen Strampler passen ja gerade mal meiner Puppe, mit der ich als Kind ganz lange gespielt hab. Na ja, ist ja noch gar nicht so lange her und mir wird schon wieder mulmig im Bauch. Aber ach, am Besten nicht weiter drüber nachdenken. Im Babygeschäft gab es auch jede Menge Bücher und Zeitschriften über Schwangerschaft, Geburt, Erziehung und Ernährung und all solches Zeug, aber so was will ich gar nicht erst lesen. Will mich mit so was nicht verrückt machen, denke das tut nicht gut. Bestimmt bin ich dann nur am vergleichen ob es bei mir auch so ist, wenn nicht, krieg ich gleich Panik und renne zum Arzt. Ach, ich will das alles gar nicht wissen, irgendwie wird das Baby schon zur Welt kommen, hat ja bis jetzt bei jeder Frau geklappt.

Auch meine Schwägerin, meine zukünftige Schwägerin, die hat vor einem Jahr entbunden, lag, ich glaube, zehn Stunden mit Wehen, bis das Baby dann endlich kam. Ständig will sie mir ihre Geschichte erzählen, ich höre nicht hin, will es nicht wissen, es macht mir Angst und klingt alles so schrecklich. Versuche ihr ständig zu erklären, dass mich das absolut nicht interessiert, ich will solche Sachen nicht hören und sie lässt mich mit dem Thema auch in Ruhe, echt lieb von ihr.

Alle können jetzt sehen dass ich ein Babybauch hab, jedenfalls einen kleinen, bin ja sonst eher sehr schlank geraten. Hab schon immer Größe 36 getragen, was jetzt bestimmt vorbei sein wird, aber das ist auch ok, ein paar Kilo hätte ich schon gern mehr drauf. Habe das große Glück alles essen zu können und trotzdem bleibt nichts hängen.

Meine Mutti sagt, das kommt später, wenn ich 30 bin, das war bei ihr auch so, also hab ich ja noch Hoffnung. Ständig werde ich auf der Straße angequatscht, die Leute sind einfach so was von neugierig, stellen tausende Fragen, wollen einfach alles wissen und freuen sich mit mir. Selbst meine Arbeitskollegen haben sich mit mir gefreut, sogar mein Chef, als ich ihm die Schwangerschaft gebeichtet hab. Er meinte gleich, dass wir uns dann bald Gedanken wegen einem Schonplatz machen müssen. Auch Freunde und Bekannten, die mich jetzt sehen, die ich treffe, freuen sich und wollen mir immer gleich ihre Geschichten, teilweise sicher auch erfundene Geschichten von ihrer eigenen Entbindung aufzwingen, wenn ich ihnen sage dass ich schwanger bin. Ich höre nicht zu, sag ihnen, dass ich das alles gar nicht wissen will. Bald hat es auch die Letzte gerafft, hoffe ich jedenfalls und ja, sie lassen mich mit ihren ach so grausigen Geschichten wirklich in Ruhe, na endlich.

Muss noch die Preisschilder von den neuen Sachen abschneiden und versuche die Windeln und Strampler schön klein gefaltet im Schrank zu stapeln. So klein zusammen legen muss ich erst noch üben, bin es gar nicht gewohnt. Ganz stolz auf die ersten Babysachen und meinen kleinen Bauch, geh ich noch duschen und mach mir was zum Abendbrot. Total geschafft von meinem Einkaufsbummel liege ich im Bett und träume weiter so vor mich hin, wie schön es sein wird wenn das Baby dann da ist und ich nicht mehr alleine bin. Habe dann den ganzen Tag mit dem Baby zu tun, kann mit ihm quatschen, rumalbern, füttern und windeln, spazieren gehen und Gleichgesinnte treffen.

Ich freue mich einfach auf die Zeit die vor mir liegt und möchte am liebsten sofort entbinden. Freue mich schon drauf mit den anderen Muttis und Kindern nachmittags auf dem Spielplatz zu sitzen, können uns austauschen und die Kinder spielen zusammen. Das wird eine schöne Zeit, mein Leben bekommt ein neuen Sinn, es wird Spaß machen und ich werde jeden Tag was dazulernen, bis ich die perfekte Mama bin. Na ja perfekt muss ich nicht werden, nur eine gute und liebevolle Mama, die immer für ihr Kind da ist.

Oh die Zeit ist vergangen, wie im Flug, jetzt ist schon April und ich im siebten Monat. Habe schon eine schöne, aber kleine Kugel, die ich mit mir herum schleppe. Der Arzt meint, es wird wohl ein kleines Kind werden, weil ich sehr wenig an Gewicht zunehme. Aber ich esse ganz normal wie immer, also keine Haufen Süssigkeiten oder Salzgurken oder solches Zeug, einfach ganz normal, so wie ich Hunger hab. Auch hab ich glücklicherweise keine Wassereinlagerungen, so wie die meisten Schwangeren, die oft kugelrund aussehen, dicke Beine, Füße und Gesichter haben, manche sehen richtig entstellt aus. Eigentlich sehe ich aus wie immer, nur mit einer kleinen Kugel. Bei längeren Blusen oder weiten Pullovern sieht man kaum was. Eigentlich toll so, dann passen mir nach der Entbindung bestimmt wieder meine alten Sachen.

Heute, hab ich erfahren, dass mein Bruder heiratet, hab eine Einladung gekriegt und eigentlich gar keine Lust, auf solch eine große Party zu gehen. Es kommen wohl um die 80 Gäste und ich hochschwanger dazwischen. Na ja aber ist eine nette Geste und ich werd wohl zwei Stunden da auftauchen. Suche meinen Kleiderschrank durch, kann aber nichts passendes für eine Hochzeitsfeier finden, passt doch alles nicht mehr über meinen Bauch, grrrrrr, was tun? Hier gibt´s kein Laden wo ich Schwangerensachen kaufen kann, also muss ich mir was ausdenken. Kann mir eigentlich selbst schnell was nähen, wird ja nicht so schwer sein. Geh nach der Arbeit zum Stoffladen, wühl da alles durch, finde endlich ein passenden Stoff der mir gefällt. Ich kauf einfach drei Meter, bis nach Hause fällt mit bestimmt ein wie ich daraus ein Kleid zaubere. Hauptsache schön weit über den Babybauch. Mach erst mal paar Zeichnungen auf Papier, denke mir verschiedene Formen und Muster aus. Nach zwei Stunden geschafft, eine gute Variante gefunden, oben ziemlich glatt und dann ganz viel Stoff in Falten unter der Brust angenäht, das hab ich schon mal irgendwo so ähnlich gesehen. So, jetzt noch verschiedene Schablonen kreieren, lege eine Bluse, die gut passt, auf Zeitungspapier, zeichne die Umrisse drauf und halte sie mir an, ja könnte passen. Läuft echt super, hätte ich doch bloß Schneiderin gelernt, da wäre ich vielleicht in einer Stunde fertig. Ist zwar sehr mühsam mit der Hand zu nähen, die Finger blutig gepikst, aber es scheint zu klappen. Also das macht echt Spaß, was für sich selbst zu nähen. Wenn ich das mit dem Kleid hin kriege, dann kann ich mir für die nächsten zwei Monate noch hübsche Sommerblusen nähen, wird billiger als welche zu kaufen. Nach der Entbindung brauche ich die Sachen sowieso nicht mehr, also muss es auch nicht viel kosten und ich habe noch eine tolle Beschäftigung.

Ist das cool, mein Kleid für die Hochzeit ist fertig, es hat geklappt, sieht so süß aus und passt perfekt, man, bin ich stolz auf mich, ein Kleid einfach mit der Hand genäht. Da könnte ich mir doch glatt eine Nähmaschine leisten. Kann dann für mein Kind später viele Sachen selbst nähen, das ist dann individuell und trägt kein Anderer. Oh ich habe schon viele Ideen im Kopf, werde noch zum Schneider, ist ja geil.

Auf Arbeit soll ich ab sofort in Schonarbeit, das passt mir gar nicht, macht eigentlich viel Spaß hier und ist auch abwechslungsreich. Mein Chef hat mir angeboten, die letzten Wochen in der Schälküche zu arbeiten. Wie eintönig, da werden den ganzen Tag Möhren, Zwiebeln und Kartoffeln mit der Hand geschält. Da könnte ich zwar den ganzen Tag sitzen, ist nichts anstrengendes und kann mich schonen, aber ich will das nicht. Da sitzen die älteren Damen, klatschen und tratschen den ganzen lieben langen Tag, das ist so gar nicht mein Ding, könnte da sowieso nicht mit reden bei den Themen. Geh noch mal zum Chef, frag ihn, ob es eine andere Möglichkeit gibt. Er versteht mich sehr gut und ich soll Morgen noch mal nach fragen, er will sich was überlegen.

So nun schnell aus den stinkigen Klamotten, nach Hause duschen und dann zum Frauenarzt. Ist nur die monatliche Kontrolle ob mit dem Baby alles ok ist. Hab immer ein gutes Gefühl, mir geht´s super und ich fühle mich einfach pudelwohl. Wenn die Schwangerschaft so weiter geht krieg ich bestimmt noch zwei Kinder hinterher.

Oh man ist der Warteraum heute voll. Aber alles Frauen die ich kenne, wir quatschen und tratschen, so vergeht wenigstens die Zeit. Eine Bekannte sieht aus als wäre sie kurz vor der Entbindung oder bekommt sie etwa Zwillinge? Aber sie erzählt mir, dass sie erst im fünften Monat ist. Wow, bin platt, wie kann man so viel zulegen, da kommt ja noch einiges an Bauch dazu. Sie sagt, dass ist nicht so schlimm, dann kann sie ihr Essen auf den Bauch abstellen, kann auch nicht jeder. Naja so kann man es auch sehen, die anderen Frauen haben natürlich alles gehört und der ganze Warteraum fängt plötzlich an zu kichern. Ist immer sehr lustig hier, jede hat so ihre eigene Methode mit der Last und der Freude umzugehen. Ich bin dran, wie immer ist alles in Ordnung, außer mein roter Strich im Mutterausweis. Das bedeutet, zu wenig an Gewicht zugenommen. Aber liegt wohl trotzdem noch im Limit, ich kann's ja nicht ändern, der Arzt sagt jedenfalls nichts weiter dazu, alles super. Zu Hause schmeiß ich mich gleich aufs Bett, bin irgendwie kaputt vom vielen rumlaufen, schließlich muss ich ja jetzt mehr Gewicht als sonst tragen, also das merk ich ab und zu schon, aber stört nicht weiter, schließlich ist das mein Baby und das ist was Schönes. Oft streichele ich den süßen kleinen Bauch und träume davon, dass mein Baby bald zur Welt kommt. Wenn es so weit ist kann ich dann nicht kaputt oder gestresst sein, auch nicht krank, da muss ich für mein Kind da sein, es braucht mich, jeden Tag, egal wie es mir dann geht.

Hab mal sehr gut geschlafen, glaub es waren 12 Stunden, ich fühl mich richtig gut und flitze gleich in's Chefbüro. Zum Glück sitzt er schon drin und winkt mich gleich rein. Na toll, darf in der Küche weiter arbeiten. Wenn das Stehen zu anstrengend wird darf ich mir einfach ein Stuhl holen und im Sitzen arbeiten, natürlich so weit es möglich ist. Alles was mir zu schwer ist, soll ich melden und das würden dann die Kollegen machen. Ich freue mich riesig, kann ich in meinem Team weiterarbeiten, muss mir nicht die Ohren zu texten lassen mit irgendwelchen sinnlosem Gelaber. Also ehrlich, das war die beste Lösung mit dem Schonplatz, kriege das super hin. Die meisten Kollegen nehmen Rücksicht und sind sehr hilfsbereit, also es klappt prima.

Mein Schatz ist mal wieder auf Kurzurlaub, wir haben zwei wundervolle Tage zusammen. Er ist sichtlich erschrocken, sieht mein süßen Bauch, fasst ihn ganz vorsichtig an und streichelt drüber. Wir gucken uns an und unsere Augen funkeln, wir können es beide kaum noch abwarten. Den ganzen Nachmittag waren wir unterwegs, haben Sachen fürs Baby gekauft, natürlich alles für Mädchen, fiel mir aber erst zu Hause auf, ist das nicht verrückt? Ist schon seltsam, dass wir beide nur ein Mädchen im Kopf haben, wir sprechen auch nie darüber, dass es vielleicht auch ein Junge werden könnte, solche Gedanken existieren in unseren Köpfen gar nicht. Ein Kinderbett haben wir auch schon aufgestellt. Zum Glück gab es zwei Größen, haben natürlich das Kleinste genommen, wegen Platzmangel. Die ersten 12 Monate wird es schon gehen, dann sehen wir weiter. Mein Freund nervt mich schon jetzt, meint, dass es viel zu eng wird wenn er wieder zu Hause ist. Schließlich braucht das Kind Platz zum Spielen, wird haufenweise Spielzeug haben und die ganzen Kindersachen müssen auch untergebracht werden. Noch sind es alles kleine Sachen, aber wenn unser Kind größer wird, kommt bestimmt eine Menge zusammen. Will noch gar nicht drüber nachdenken und erkläre ihm, dass ich erst das Baby entbinden will und mir dann Gedanken darüber mach. Aber im Hinterkopf steht für mich schon fest, dass ich auf gar keinen Fall heirate. Nur wegen einem Kind muss man nicht heiraten, das hab ich ihm schon tausend mal erklärt, aber er lässt nicht locker, fängt immer wieder damit an. Diskussion beendet, bin müde und gehe ins Bett, morgen muss ich wieder arbeiten und mein Freund muss auch wieder los. Wie immer kann er mir nicht sagen wann er das nächste mal kommt. Aber wenn ich meinen Entbindungstermin hab, dann bekommt er sofort zwei Tage Sonderurlaub. Hoffentlich klappt es dann auch, weiß ja noch nicht ob ich zum geplanten Termin entbinde. Das Baby kann auch früher oder später kommen. Also von mir aus kann es ruhig eher kommen, doof ist nur, wenn der Termin vorbei ist und es macht immer noch keine Anstalten. Das Warten ist bestimmt unerträglich. Bis zum Termin sind aber noch acht Wochen und es soll auch noch ein wenig wachsen.

Die letzten Wochen haben mich tüchtig geschafft. Nach acht Stunden Arbeit war ich immer so platt und musste mich nach Feierabend gleich aufs Bett schmeißen, hab dann meistens zwei Stunden geschlafen. Dann aufgestanden, schnell etwas zum Abendbrot gemacht, duschen und gleich wieder ins Bett, früh aufstehen und los zur Arbeit. Die Tage sahen alle gleich aus und es gab kaum Abwechslung. Ganz schön trostlos, wenn man sich nicht so bewegen kann wie man gerne möchte und dann noch das Gewicht mit sich rumschleppt. Habe in den letzten Wochen auch tüchtig zugenommen, bin froh dass ich jetzt endlich in Schwangerenurlaub gehen kann. Ich meine zugenommen an Umfang, aber an Gewicht eigentlich eher weniger, wird wohl doch ein kleiner Winzling. Das lange Stehen auf Arbeit fiel mir schon wahnsinnig schwer und oft störte dann auch der dicke Bauch, kam nicht mehr überall an und brauchte immer öfter Hilfe, da macht die Arbeit kein Spaß mehr.

Ab morgen kann ich relaxen, habe erst mal mein Jahresurlaub bekommen, da werd ich den ganzen Tag pennen. Wahrscheinlich wächst der Bauch dann noch mehr, brauch das jetzt einfach. Erholung pur, für mich und mein Baby, wenn es dann endlich da ist, komm ich sowieso nicht mehr zur Ruhe, also werde ich jetzt die Zeit genießen so gut es geht.
Bin froh, dass alles um mich herum etwas ruhiger ist und ich

endlich mein Tagesablauf selbst bestimmen kann, keine
Termine mehr oder frühes Aufstehen. Kann jetzt das machen
was ich will, was ich kann und wozu ich einfach nur Lust
hab. Bis heute war meine Schwangerschaft bilderbuchartig,
war nicht einmal krank in der ganzen Zeit. Bei allen
Untersuchungen gab´s positive Meldungen, nur, dass ich immer
zu wenig an Gewicht zugenommen habe, jedes mal gab es einen
roten Strich im Ausweis, aber das ist wohl nicht weiter
schlimm. Jetzt hat auch mein Baby etwas mehr Ruhe, kann noch
wachsen und sich entwickeln.

Nach zwei Tagen völliger Ruhe, stundenlangem Schlafen und
einfach nichts tun, muss ich mich heute endlich aufraffen
und meine Sachen packen. Werde die letzten Wochen bei meinen
Eltern wohnen, sie wollen es unbedingt, na und ich auch.
Fühl mich da einfach sicherer, ist immer jemand da falls es
Probleme gibt. Stehe kopflos vorm Schrank, weiß nicht was
ich mitnehmen soll. Was wird mir nach der Entbindung noch
passen, wenn überhaupt noch was passt. Ich räum alles raus
und wieder rein in den Schrank, ich werde irre. Was kann ich
mitnehmen, die nächsten Wochen werde ich bestimmt noch
dicker und wie wird das Wetter, wie machen das bloß andere
Muttis. Nach stundenlangem hin und her, packe ich jetzt
einfach ein was mir gefällt, wenn es dann nicht passt dann
mach ich es einfach passend, bin schließlich kreativ genug
und habe die Nase voll vom ewigen Suchen. Mein Papa freut
sich riesig, meine Mutti hat den großen Schock überwunden
und freut sich jetzt auch. Sie hat schon Schnuller,
Fläschchen und all solches Zeug gekauft, also voll auf
Enkelchen eingestellt.

Richtig schön hier auf dem Land, die völlige Ruhe, das Wetter super und ich mag nur noch im Garten faul rumliegen, die Sonne genießen und herum träumen. Nur wird es mir schon nach so viel Ruhe ab und an langweilig, mag eigentlich nicht mehr warten. Am liebsten möchte ich mein Baby schon in den Armen halten, da hätte ich dann wieder eine Aufgabe. Manchmal packt es mich und ich suche die neuen und geschenkten Babysachen raus, wasche alles und hänge es draußen auf. Das macht tierischen Spaß, Mutti zu spielen. Ein tolles Gefühl ist es auch, wenn sich das Baby im Bauch bewegt. Wenn es ruhig ist, schläft oder keine Lust hat, dann warte ich richtig drauf, als ob mir was fehlt. Wenn die Bewegungen da sind und ich die Füßchen spüre, weiß ich, alles in Ordnung. Manchmal erzähle ich auch mit meinem Baby, erzähle ihm wie schön es sein wird wenn es auf der Welt ist und was wir alles so anstellen werden, wie ich es verwöhnen werde. Manchmal fängt es dann richtig an zu toben, tut sogar richtig weh, so strampelt und tobt es. Ab und zu kommt auch die Nachbarstochter rüber, sie ist 10 Jahre und will immer den Babybauch streicheln, einfach süß. Sie ist genauso aufgeregt wie ich, kann es kaum erwarten, das Baby endlich in den Armen zu halten. Will mich dann tatkräftig unterstützen und sich Nachmittags um das Baby mit kümmern, spazieren gehen oder spielen. Das glaube ich ihr gern. Als ich noch hier gewohnt hab und sie klein war, bin ich Nachmittags mit ihr losgezogen. Anfangs mit Kinderwagen die Dorfstraße lang spaziert und später sind wir viel wandern gegangen oder haben Nachmittags viel gespielt. Sie war so pflegeleicht und ihre Mutti hatte Zeit für andere Sachen. Jetzt drehen wir einfach den Spieß um und sie hilft mir. Sie hat mir verraten, dass sie sich wünscht, dass es ein Mädchen

wird. Sie hat einen großen Bruder und der zankt ständig mit
ihr, das findet sie echt doof.

Viele Bekannte und Nachbarn aus dem Dorf haben mir
Kindersachen gebracht, die sehen teilweise wie neu aus, ich
freue mich riesig. Jetzt hab ich schon für die ersten Monate
genug Sachen, muss nur noch den Kinderwagen kaufen, das
wollen aber meine Eltern übernehmen. Das ist so eine
Tradition, dass den ersten Kinderwagen die Eltern kaufen,
aber auch erst dann, wenn das Baby da ist.
Eine Frau aus der Nachbarschaft kam gestern und brachte mir
sogar ein Babykörbchen, da muss ich nur neuen Stoff drum
nähen, der alte gefällt mir nicht. Für die ersten drei
Monate reicht das Körbchen, müssen wir nicht extra ein
Kinderbett kaufen, ist ja so schon ziemlich eng hier.
So vergehen die Tage wie im Flug. Wäscheleine voller
Babysachen, Schrank knacke voll, bin ganz stolz drauf und
kann es kaum erwarten, mein Baby in den Armen zu halten.

Jetzt sind es nur noch drei Wochen bis zur Entbindung und
meine Mutti drängelt, ich soll endlich meine Tasche für´s
Krankenhaus packen. Ist doch noch genug Zeit, versuch ich
sie zu beruhigen. Sie lässt einfach nicht locker, wettert
jeden Tag und erklärt mir, dass manchmal die Wehen auch
lange vorm Termin kommen können. Heute zeige ich endlich
Einsicht, weil es einfach nur nervt und ich suche alles fürs
Krankenhaus zusammen und packe die Tasche. Nehme die
kleinsten Babysachen mit, die ich finden kann und noch ein
paar ganz süße gehäkelte Schühchen. Braucht man das
überhaupt, egal ich packe ein was mir gefällt. Ich wühle
meine Sachen durch, weiß nicht was ich nach der Entbindung
anziehen soll, wie dick ich danach noch bin, nicht dass ich

die Hose dann verliere, wäre ja fatal. Egal, nehme noch ein Gürtel mit und dann werde ich ja sehen, irgendwie komme ich schon nach Hause. Meine Mutter natürlich froh und beruhigt, dass die Tasche fertig gepackt in der Ecke steht und lässt mich endlich in Ruhe.

Noch zwei lange Wochen muss ich aushalten, mag jetzt wirklich nicht mehr, alles fällt mir schwer. Dazu jetzt draußen die Hitze, unerträglich, find es im Haus schon angenehmer. Der Bauch stört bei allem was ich mach und irgendwie bin ich platt nur vom vielen rumhängen. Will mich endlich wieder bewegen, was tun, ohne Rücksicht auf meinen Umfang und den störenden Bauch. Voraussichtlicher Termin soll der 22. sein, aber wie meine Mutter schon sagte, kommen die Babys wenn sie fertig sind und nicht wenn der Termin es sagt.

Heute ist Geburtstagsparty, meine Eltern gehen hin und ich bin allein. Nach dem Abendbrot will noch meine Schwägerin lang kommen, jetzt ist sie ja meine richtige Schwägerin und wir wollen uns einen schönen Abend machen, einfach quatschen, klatschen und tratschen.
Ein schöner lauer Sommerabend, wir sitzen im Garten und quasseln was das Zeug hält. Nach zehn Minuten fängt sie wieder an mir von ihrer Geburt zu erzählen und wie stressig das alles war. Brr, ich will das doch nicht wissen. Die Wehen kamen nicht richtig und sie musste Stunden auf dem Krankenhausflur hin und her laufen. Klingt alles so schrecklich dramatisch, diese Entbindungsgeschichten, das ist bestimmt nicht bei allen Muttis so, hoffentlich. Wir quatschen noch über ihre Hochzeit vor zwei Wochen, man das war ein Trubel, ich kannte nur etwa 30 Leute von den 80 die

da waren. Dann haben sich auch noch Fremde unter uns geschlichen und eine Prügelei angefangen, so dass eine riesige Scheibe vom Restaurant zu Bruch ging und dann auch noch die Polizei kam. Ach nein auf so ein Stress bei meiner eigenen Hochzeit hätte ich keinen Bock, also keine Hochzeit für mich, ich sag es doch. Wir albern noch lange herum, klatschen und tratschen und sie erzählt viel von ihrer Tochter, die nun schon ein Jahr alt wird. Sie wohnen aber noch bei ihren Eltern und da hat ihre Mama das sagen, oh nein auch das wäre nichts für mich, möchte schon selbst über mich und mein Kind bestimmen. Mag es nicht, wenn sich ständig Leute in mein Leben einmischen und für mich Entscheidungen treffen. Na ja und so vergeht der Abend wie im Flug. Ist spät geworden, kann nicht mehr sitzen und draußen wird es frisch.

War wirklich ein sehr schöner Abend gestern, tat mal richtig gut und ich denke noch im Bett lange über unsere Gespräche nach. Sie hat alles hinter sich, kann schon die schöne Zeit mit ihrer Tochter genießen. Hoffentlich kann ich das auch bald. Haben auch über Mädchen Namen diskutiert. Also der Name „Moni" gefällt mir auch, so heißt eine Bekannte von ihr. Dieser Name geht mir nicht mehr aus dem Kopf. Ist doch wirklich ein hübscher Name, besser als Marlen. Der Name klingt so lang gezogen. Kann es mir ja noch überlegen, habe noch zwei Wochen Zeit.
Wälze mich im Bett hin und her, komme nicht zur Ruhe und mir tut der ganze untere Rücken weh. Drehe mich von einer Seite auf die andere und schlafe nur immer kurz ein. Gedanken schwirren durch mein Kopf, alles dreht sich um diesen schönen Abend und die Gespräche. Die Rückenschmerzen werden schlimmer, ich steh wieder auf, wandere durchs Haus, dann

versuche ich wieder zu schlafen, klappt aber nicht. Muss ja
leise sein, meine Eltern schlafen nebenan, will sie nicht
beunruhigen. Solche Schmerzen habe ich noch nie gehabt,
versuche ruhig zu bleiben und massiere mir mein Kreuz. Das
tut gut, ist angenehm und ich kann wieder für kurze Zeit
schlafen, aber nicht lange, tut wieder alles weh, bin wieder
wach und drehe mich auf die andere Seite, was mit dem dicken
Bauch etwas umständlich ist. Einfach eine furchtbare Nacht,
bin gerädert, hab Kopfschmerzen von dem ständigen hin und
her im Bett. Bestimmt habe ich gestern Abend zu lange
gesessen bei unserem Klatsch und Tratsch. Dann mache ich
heute eben Mittagsschlaf, ist Sonntag und habe für heute
sowieso nichts weiter im Plan.

Die Vögel zwitschern schon, es wird langsam hell draußen,
bin putz munter und platt wie ein Fisch, versuche trotzdem
noch etwas liegen zu bleiben, auch wenn ich nicht weiß wie
ich es anstellen soll. Alles stört und tut weh. Wenn ich
aufstehe und in Bewegung komm wird es schon gehen, denke
ich.

Sonntag, früh 7.30 Uhr, kann jetzt wirklich nicht mehr
liegen. Schweißgebadet und völlig erschöpft will ich gerade
aufstehen als plötzlich meine Mutter vorm Bett steht. „Was
war mit dir los letzte Nacht", fragt sie ganz besorgt. Sie
hat gehört, dass ich mich im Bett hin und her gedreht hab,
ständig aufgestanden bin und nicht ruhig schlafen konnte.
„Alles in Ordnung" sag ich ihr, will ja nicht dass sie sich
Sorgen macht und erkläre ihr nur dass ich die ganze Nacht
Kreuzschmerzen hatte, dass es wahrscheinlich vom langen
Sitzen gestern Abend kommt. Ganz besorgt schaut sie mich an,
sie sorgt sich doch, das kann ich wohl erkennen. Sie guckt

mich an und sagt, „das können schon die Wehen sein". Ich bin baff und glaube nicht was sie da sagt. Ich kann es nicht glauben,´sind doch noch zwei Wochen bis zum Termin. Ich versuche ihr zu erklären, dass es mir wirklich gut geht und ich keine Bauchschmerzen habe, wie ich es von Wehen eigentlich dachte. Sie diskutiert nicht weiter mit mir, sagt mit energischem Ton, ich soll aufstehen, mich frisch machen und dann frühstücken. In der Zwischenzeit hat sie ganz aufgeregt meinen Vater aus dem Bett gezerrt, der soll sofort zur Dorfschwester gehen und sicherheitshalber nachfragen, was das sein kann. Telefon hat hier in der Umgebung keiner, so dass er ins Dorf runter latschen muss. Er tut mir leid, muss wegen nichts am Sonntag früh durchs Dorf rennen, einfach nur peinlich. Ich sitze gerade am Frühstückstisch da kommt schon die Krankenschwester ganz aufgeregt rein und sagt mir, dass das schon Wehen sind. Ohne mich vorher gesehen zu haben oder dass wir ein Wort miteinander gewechselt haben. Natürlich hat sie auch schon den Krankenwagen gerufen. Ich krieg´ne Krise, ich sitze da, gemütlich beim Frühstück und alle reden plötzlich auf mich ein, alle sind ganz aufgelöst. Die drehen richtig ab, die machen mich verrückt. Jeder hat mal Rücken- oder Kreuzschmerzen, das sind doch nicht immer gleich Wehen. Außerdem müsste ich dann Ziehen im Bauch und nicht im Rücken haben. Ich verstehe die Welt nicht mehr und lasse die alle reden. Selbst beim Frühstück kommen die Kreuzschmerzen immer wieder und plötzlich sind sie auch wieder weg, bin schon sichtlich genervt von all dem und fühle mich nur noch gestresst. Will doch heute Mittagsschlaf machen, bin so müde und jetzt machen alle so ein Wind, hab keine fünf Minuten Ruhe. Mutter rennt hektisch von ein Zimmer ins andere, hat schon meine Reisetasche zum Flur geschleppt und drängt mich schneller zu essen. Kann es nicht glauben was hier gerade abgeht, bin ich etwa doch fest eingeschlafen und träume das alles nur? Ich kneife mir in den Oberschenkel, merk´s tüchtig zwicken, also doch kein Traum. Oh man, sind das wirklich die Wehen, dachte immer das zieht dann im Bauch, wäre jedenfalls logisch. Oder ist mit dem Baby was nicht in Ordnung, kann ja auch möglich sein. Kann einfach nicht mehr denken, frühstücke trotzdem in aller Ruhe weiter, schalte alles andere aus. Zwischendurch immer wieder diese Kreuzschmerzen, das sitzen fällt mir schwer und es nervt und nervt. Die Krankenschwester redet mit mir, ich höre nicht hin, sie soll mich nur in Ruhe lassen. Bin echt sauer, sie hat ohne vorher mit mir zu sprechen, den Krankenwagen gerufen. Klar braucht er eine halbe Stunde bis er hier ist und zurück bis zum Krankenhaus wieder eine halbe Stunde, ist doch echt bescheuert denke ich. Was soll ich dann dem Arzt dort sagen? Herr Doktor ich hab aua am Rücken, dann stecken die mich in die Chirurgie. Nein, das ist mir echt zu doof. Jetzt lass ich mir erst richtig Zeit beim Essen, sollen doch alle auf mich warten, schließlich machen die ja das Theater und nicht ich.

8.00 Uhr und der Krankenwagen fährt auf den Hof. Ich werde nicht wieder, haben die wirklich den Krankenwagen gerufen. Meine Mutter holte gleich die Tasche für das Krankenhaus und drückte sie dem Fahrer in die Hand. Ob mich auch mal jemand fragt, das kann nicht wahr sein. Der Fahrer wirkt genau so genervt wie ich, bestimmt ist er stinkig, heute ist schließlich Sonntag und dann noch eine Hochschwangere transportieren. Eigentlich tut er mir leid, aber ist eben sein Job, da muss er durch. Ob er auch weiß, dass ich nur Rückenschmerzen hab, wenn ich ihm das sag, fährt er vielleicht wieder los, die ganze Situation hier entspannt sich und ich kann mein Mittagsschlaf doch noch halten. Aber für alle scheint klar zu sein, ich muss in die Klinik, nur für mich ist das nicht klar. Ich fühle mich zwar von all dem gestresst, bin aber was die vermeintlichen Wehen betrifft, ganz entspannt. Denke mit keiner Silbe daran, dass vielleicht doch mein Baby heute kommt. Schon komisch, eigentlich hab ich es mir ja gewünscht, eher zu entbinden, nur jetzt ist alles so nah, so unglaublich. Will mich doch auf so ein Ereignis vorbereiten und nicht so holter die polter damit überfahren werden.

Nach erneuten Diskussionen lass ich mich von der ganzen Sippe nun doch zum Mitfahren überreden und will mich auf den Beifahrersitz setzen, da kommt der Fahrer und wettert mit mir. Man, der ist ja wirklich noch gestresster als ich, ist wohl etwas überfordert. Das kann ja eine lustige Fahrt werden. Er macht die Seitentür auf, sagt ich soll mich hinten auf die Trage legen. Also jetzt reicht es mir wirklich, streike erneut und diskutiere mit ihm. Erkläre ihm mit energischem Ton, dass ich es im Sitzen schaffe und die Kreuzschmerzen die ganze Nacht hatte, deshalb auch nicht mehr liegen kann. Er lässt nicht mit sich reden, hört mir gar nicht zu, ich muss mich auf diese komische Trage legen, na toll. Wie blöd komme ich mir vor, wie eine tot kranke muss ich nun da hinten liegen.

Jetzt fummelt er noch an mir herum, schnallt mich mit einem breiten Gurt fest, als ob ich unterwegs weglaufen könnte und schon geht es los. Liege jetzt hier, bin festgeschnallt, ganz wohl ist mir nicht bei der Sache. Die Fahrt bis ins Krankenhaus dauert mindestens eine halbe Stunde und das mit so einem genervten Fahrer. Die Sonne scheint und es wird wohl ein schöner Sommertag. Mein Mittagsschlaf im Garten hat sich erledigt, dank der vielen Verrückten. Er rast als wäre es ein Notfall, in den Kurven rutsche ich auf der Trage hin und her, trotz des Gurtes. Das kann für das Baby nicht gut sein, denke ich und versuche mich festzuhalten, damit der Bauch etwas ruhiger liegt. Jetzt wird auch noch mein Baby durchgeschüttelt, nach allen Seiten, na toll, da kommt es garantiert heute zur Welt. Danke Herr Fahrer. Meine Wut auf ihn steigt ins unermessliche, er fährt eine hochschwangere, da sollte er doch etwas vorsichtiger sein, auch wenn heute Sonntag ist, schließlich haben wir alle Zeit der Welt, ich jeden falls. Vielleicht rast er so weil er Angst hat, dass das Baby noch im Auto kommt und er es entbinden muss. Na das würde mir noch fehlen, das wäre echt der Hammer, aber heute ist hier alles möglich.

Eigentlich hab ich jetzt genug Zeit über das Kommende nachzudenken, aber mein Kopf ist einfach leer, so leer wie noch nie. Kann gar nicht mehr denken, habe alles abgeschaltet, das macht mir Angst. Trotzdem ist mir noch immer nicht ganz klar, dass heute wohl der große Tag ist und ich vielleicht bald Mama bin. Meine Kreuzschmerzen sind immer wieder präsent, obwohl ich zu tun hab, mich fest zu halten, damit ich nicht durch das Auto fliege. Jetzt ist auch noch die Ampel rot, habe das Gefühl der Fahrer wird noch nervöser, er wettert so vor sich hin und schaut laufend in den Spiegel zu mir. Am liebsten würde ich aussteigen, zu Fuß weiter gehen, aber noch fünf Minuten, dann sind wir endlich da. Bin gespannt was dann alles auf mich zu kommt, hoffe nur dass die nicht auch alle durchdrehen, wenn die mich sehen.

Endlich, wir sind am Krankenhaus, er bremst und ich rutsche auf der Trage ein halben Meter nach vorn. Ist schon 8.30 Uhr, sind wir doch wirklich nur eine halbe Stunde gefahren? Ich quäle mich von dieser Trage, der Fahrer trägt meine Tasche und rennt einfach los. Ob er vielleicht mal warten kann, so schnell bin ich nicht. Flinke Hufe drückt er den Fahrstuhlknopf, wir warten und warten. Er kommt angerauscht und los geht es nach oben. Plötzlich gibt es einen Ruck, der Fahrstuhl bleibt stehen. Also nicht auch noch so was, ich kriege Panik, mir wird heiß und kalt. Wir gucken uns an, haben wohl beide die gleichen Gedanken, nicht jetzt und nicht hier. Ein Paar Sekunden später fährt das Ding dann weiter, sind beide erleichtert. Man, der Typ kann nicht mal lächeln, dabei hat er doch so eine schöne Arbeit. Bestimmt ist er froh, mich endlich los zu werden. Meine Kreuzschmerzen sind zwischendurch unerträglich, kann kaum noch stehen. Glaube jetzt doch, dass es wirklich die Wehen sind, ich komme langsam aus meinem Traum und fange an, mich zu freuen. Soll es wirklich heute los gehen, das wäre ja super, dann hätte ich es endlich geschafft und die schönste Zeit in meinem Leben kann beginnen.

Hier auf der Entbindungsstation ist es wahnsinnig hektisch, unheimlich laut und ich will nach dem ganzen Stress heute nur noch meine Ruhe haben. In einer Ecke höre ich Babygeschrei, das sind bestimmt fünf oder sechs Babys, die alle zur gleichen Zeit schreien. Ein Raum weiter schreit eine Frau nach ihrer Mama, die bekommt wohl gerade ihr Baby. Aber warum schreit die nach ihrer Mama, die kann jetzt auch nicht mehr helfen, da muss sie schon selbst durch. Oh je hoffentlich muss ich nicht so schreien, wäre ja peinlich. Eine Krankenschwester kommt eilig auf mich zu und zusammen füllen wir die ganzen Papiere aus, das dauert und dauert, Sekunden kommen mir vor wie Minuten. Will mich endlich irgendwo ausruhen, kann nicht mehr sitzen, na ja auch nicht mehr stehen, diese schlimmen Kreuzschmerzen. Die Schwester fragt mich in welchen Abständen die Wehen denn kommen und wie lange das so schon geht. Ich erkläre ihr dass ich schon die ganze Nacht diese Kreuzschmerzen hab und auf die Abstände hab ich nicht geachtet, weil das doch bestimmt keine Wehen sind. Doch, meint sie, das sind Wehen, das sind Rückenwehen und wahrscheinlich auch schon die ganze Nacht. Na toll niemand hat mir erklärt, dass es auch solche Wehen gibt. Die Abstände sind schon ziemlich kurz und wenn ich darüber nachdenke, ja die Abstände zwischen den Kreuzschmerzen werden immer kürzer. Hm, haben die etwa doch alle Recht? Nun soll ich auch noch duschen und mich wieder im Kreissaal bei ihr melden. Also kann es ja doch nicht so eilig sein. Ich suche schnell meine Waschsachen und flitze zum Duschen. Irgendwie ist das alles sehr eigenartig, keiner untersucht mich, für alle ist klar, dass jetzt bald das Baby kommt, nur für mich ist das immer noch nicht so ganz klar. In meinem Kopf ist alles durcheinander, das geht alles ein bisschen zu schnell. Wie im Trauma dusche ich, quäle mich wieder zur Krankenschwester, gehe wie eine alte Oma die Rücken hat und melde mich bei ihr.

Sie nimmt meine Hand und geht mit mir in den Kreissaal. Ich soll mich hier auf das Bett legen und versuchen ruhig zu bleiben. Soll tief durchatmen und Kraft sammeln. Na super, wie soll man bei dem Streß ruhig bleiben, muss mich selbst erst einmal finden und aus dem Traum erwachen. Ich werde irre, liege hier im Kreissaal, kann mich endlich ausruhen und warte bis die Hebamme zurück kommt. Die machen bestimmt eine Stunde Frühstückspause, würde mich nicht wundern, höre ja das Gelaber und Gegagger von Gegenüber. Dachte immer, dass die Hebamme bei der Schwangeren bleibt, falls es Probleme gibt, aber interessiert anscheinend keinen. Wenn Sonntag dann Sonntag und wenn Frühstück dann Frühstück. Das könnte ich mir bei meiner Arbeit nicht leisten. Wenn da ein Gast was will, dann gibt es halt kein Frühstück oder eben später. Es scheint auch niemanden zu interessieren, dass ich hier liege, niemand guckt mal um die Ecke obwohl ich seit zehn Stunden Wehen habe, wenn es welche sind. Kriege schon wieder Panik, meine Kreuzschmerzen werden immer schlimmer. Es ist 8.50 Uhr, plötzlich stürmt die Hebamme mit einer Krankenschwester ins Zimmer, beide reden, mit den Armen fuchtelnd, auf mich ein. Ich denke so bei mir, ach die Frühstückspause ist wohl vorbei und jetzt schnell schnell, weil bald Mittag ist. Soll jetzt alle Kraft zusammen nehmen und pressen was das Zeug hält. Kann nicht ganz verstehen warum ich schon pressen soll, das macht man doch erst kurz vor der Entbindung. Egal, ich mach was die sagen und fange an zu pressen. Oh die Schmerzen sind jetzt nicht nur im Kreuz, jetzt zieht's auch schon tüchtig im Bauch. Soll mich etwas ausruhen, tief durchatmen und dann weiter pressen. Na klar, ich mach alles, alles was die wollen, habe das Gefühl ich träume. Vor einer Stunde noch zu Hause beim Frühstück und jetzt liege ich hier und jeden Moment wird mein Kind kommen. Aber schon geil, muss nicht Stunden auf dem Flur rumlaufen wie die vielen anderen Frauen, also das ist schon mal cool. Glaube trotzdem, dass ich im falschen Film bin. Das Pressen ist mächtig anstrengend, die Schmerzen jetzt überall, mir läuft der Schweiß runter, mache die Augen zu und presse und presse. Plötzlich sind die schlimmen Schmerzen weg, ich höre mein Baby schreien. Ich glaub es nicht, die hatten doch alle Recht, mein Baby ist da und ich bin frisch gebackene Mama. Ich lasse meine Augen noch zu, will weiter träumen, das kann doch nicht sein, so schnell. Grad mal eine halbe Stunde hier und schon ist mein Baby da. So eine Geschichte hat mir bisher noch keiner erzählt. Aber jetzt kann ich den anderen Frauen meine Geschichte erzählen, die werden nicht wieder, das glaubt mir kein Mensch. Bin heil froh, mir das alles vorher nicht angehört zu haben, man ich hätte mich echt verrückt gemacht. Aber jetzt ist alles egal, mein Baby ist da, es hat geschrien und ist so wunderschön, keine Falten, rosa rote weiche Haut. Es ist so süß, das schönste Baby was ich je gesehen hab und es ist meins. Noch glücklicher bin ich als die Hebamme mir sagt, dass es ein Mädchen ist, echt ein Mädchen. Wie kann das nur sein, ist das Zufall? Kann man so viel Glück haben? Ein Mädchen, so wie wir es wollten, ich bin nur noch happy.

Ist schon ein komisches Gefühl, so holter die polter Mama zu werden und das zwei Wochen vor´m Termin.
Mein Baby, winzig klein, nur 45 cm und 2800 Gramm und das aller schönste, es ist ein Sonntagskind. Nach der Erstuntersuchung meint die Hebamme „alles in Ordnung", mein Baby, kerngesund. Meine Babypuppe, mit der ich ganz lange als Kind gespielt habe ist auch 45 cm, oh man, das klingt viel, ist aber so winzig. Jetzt will die Hebamme von mir den Namen wissen. Langsam machen die mich wieder verrückt mit ihren tausend Fragen und dem ganzen Papierkram. Ich muss doch erst einmal zu mir kommen, alles begreifen. Spontan sag ich, dass mein Baby Moni heißen soll, ohne nachzudenken, platzt mir das einfach so raus. Habe seit Gestern nur noch diesen Namen im Hinterkopf, ich finde ihn schön und er passt

zu meiner kleinen Maus. Soll mein Baby eben Moni heißen und nicht Marlen, fertig.

Ich schwebe im siebten Himmel, kann es immer noch nicht fassen, mein Freund ist Papa und kriegt von all dem nichts mit, na der wird sich freuen, ein Mädchen.
Müde und erschöpft von dem ganzen Streß, will ich nur noch schlafen, aber ich kann nicht. Überlege immer noch, ob das alles ein Traum ist oder doch Wirklichkeit. Ich komme mir vor als hätte ich Drogen genommen, wie aufgeputscht und aufgedreht, heute früh noch dicken Bauch und jetzt bin ich schon Mama.

Nach dem Mittag bin ich doch mal kurz eingeschlafen und hab mich etwas eingekriegt. Gerade aufgewacht steht plötzlich mein Schatz neben dem Bett, wieder ein Traum? Er sieht ganz blass aus und gibt mir ein Küsschen. Er setzt sich auf die Bettkante und schaut mich nur an. Er erzählt mir dass er zufällig zwei Tage Sonderurlaub bekommen hat. Er ist gleich zu meinen Eltern gefahren, da war ich nicht. Er dachte sie scherzen und hat das ganze Haus durchgesucht. Aber keiner da und er flinke Hufe auf´s Moped und ab in die Klinik. Der frisch gebackene Papa, jetzt steht er da, schaut mich an und kriegt kein Wort raus. Er fragt nicht mal wie es mir geht, er sagt einfach gar nichts, er schaut nur. Versteh ihn nicht, warum sagt er nichts. Nach ein Paar Minuten sag ich zu ihm „ frag mich doch mal was es ist, Junge oder Mädchen". Er fragt mich „Was ist es denn?" Ich sag ihm „ es ist ein Mädchen, so wie du es wolltest". Wieder Stille, wieder guckt er mich nur an, ich glaube er steht unter Schock. Er tut mir schon etwas leid und ich fange einfach an zu erzählen, glaube so viel am Stück hab ich noch nie erzählt. Ich erzähle ihm alles was heute von früh an passiert ist. Bin mir nicht sicher ob er auch alles verstanden hat, ob er überhaupt zugehört hat, ich weiß es nicht, er starrt immer noch wie versteinert. Besuchszeit zu Ende, er darf, durch eine große Glasscheibe, noch sein Baby angucken, seine Moni, wieder kriegt er kein Wort raus. Wir verabschieden uns, endlich komme ich mal zur Ruhe.

Vor lauter Aufregung, habe ich doch glatt vergessen, meinem Schatz zu sagen, dass das Baby Moni heißt und nicht wie abgesprochen Marlen. Nach dem Abendbrot schreibe ich ihm gleich ein Brief und erkläre es ihm, muss er ja schließlich wissen. Hoffentlich gefällt ihm der Name auch, aber jetzt kann ich es nicht mehr ändern und das ist gut so. Meinen Eltern werd ich es sagen, wenn ich wieder zu Hause bin oder wenn sie mich besuchen kommen.

Das Geschrei aus dem Kreissaal ist bis in die Zimmer zu hören. Manche Muttis schreien lauter als die frisch geborenen Babys und was die so schreien, ich will nicht mehr, ich kann nicht mehr oder sie schreien nach Mama. Ehrlich, ich hatte gar keine Zeit zum Schreien, zum Glück auch. Hatte die perfekte Geburt, trotz des ganzen Theater´s am frühen Morgen. Ganz ehrlich, bin doch froh, dass alle so reagiert haben und ich in die Klinik musste.

Heute dürfen wir endlich nach Hause. Meine Sachen passen noch, brauche nicht mal den Gürtel, hätte ich nicht gedacht, aber gut so. Jetzt noch Moni für die Heimfahrt anziehen, natürlich die schönsten Sachen, die ich dabei habe und die süßen gehäkelten Schuhe. Oh man, die Schühchen gehen ihr bis zu den Knien, das sieht witzig aus, ich sehe keine Beinchen mehr. Sieht aus wie winzige Stiefel. Beim Anziehen bin ich noch mächtig zittrig, die kleinen Ärmchen sehen so zerbrechlich aus. Die Krankenschwester hat mir noch ein paar Tricks gezeigt wie es schneller geht. Moni kriegt nichts mit, sie schläft wie ein Murmeltier. Es dauert eine Ewigkeit bis ich ihr alles angezogen hab und komm richtig ins schwitzen. In den fünf Tagen hier im Krankenhaus hat sie, ich glaub, nur drei mal geweint. Andere Babys schreien hier den ganzen Tag, es ist nur laut und eine unheimliche Unruhe, bin froh bald zu Hause zu sein und endlich Ruhe zu haben. Die Schwester bringt die Entlassungspapiere und hilft mir mein Baby noch in eine warme Kuscheldecke zu wickeln, so dass nur die süße kleine Stupsnase zu sehen ist und los geht es.

Draußen sind wohl 25 Grad, es ist potten warm. Mein Papa wartet schon auf dem Parkplatz und trampelt vor Aufregung hin und her.
Die halbe Stunde Autofahrt kommt mir wie eine Ewigkeit vor. Ich gucke nur meine Moni an, wie süß sie schläft und die winzigen Fingerchen, so ein süßes Baby, bin ich stolz. Zwischendurch verzieht sie auch mal den Mund und macht irgendwelche Grimassen als würde sie lachen wollen. Einfach nur süß. Das ganze Dorf ist bestimmt schon in Aufruhr und alle haben meine Eltern mit Fragen gelöchert. Hier kennt eben jeder jeden und alle wollen Teilhaben an solchen Ereignissen. Dorfleben ist eben was Schönes, wie eine große Familie.

Hoffentlich bleibt der Sommer auch so schön und wir können viel raus an die frische Luft. Bin froh, dass ich schon früher entbunden hab, die Zeit und das schöne Wetter mit meiner Tochter genießen kann, einfach ein Traum. Natürlich bin ich auch aufgeregt, ob ich das alles so hin krieg, habe doch noch keine Erfahrung mit Babys, habe mich auch überhaupt nicht vorher schlau gemacht, auf was man da alles achten muss. Na ja meine Mutti ist auch noch da und die wird mir schon viel zeigen, die kennt sich da gut aus.

Endlich zu Hause, Moni schläft noch immer, hoffentlich auch Nachts, sonst bin ich tagsüber ganz schön durch den Wind und krieg nichts gebacken, das fehlt mir noch. Hab mal gehört, dass es auch richtige Schreibabys gibt, die Tag und Nacht nur am schreien sind, was macht man in solchen Situationen? Wer kann da helfen? Da dreht man doch durch, oder ? Ach quatsche, weg mit solchen Gedanken, habe so ein liebes Kind und das wird auch so bleiben. Wir kriegen das schon hin, für mein Kind werde ich alles tun, alles damit es ihm immer gut geht.

Meine Mutti steht schon ganz aufgeregt in der Tür, kann es kaum erwarten, dass ich mit dem Baby, ihrem Engelchen aussteige. Keine zwei Minuten steht auch schon der Besuch da, Onkel und Tante. Die hausen jeden Sommer hier, schlafen aber zum Glück nicht im Haus, sie bringen immer ihren Campingwagen mit. Sofort werden wir von allen Seiten umringt und alle quatschen auf mich ein. Keiner kommt mal auf die Idee mir die Tasche abzunehmen. Komme mir vor wie ein Außerirdischer, wie ein Fremdling, der von allen Seiten geprüft und begutachtet wird. Ach wie schlank du wieder bist, war die Entbindung schwer, hast du noch Schmerzen und so ein süßer Fratz und und und. Die Fragen prasseln nur so auf mich ein, ohne dass auch nur einer von ihnen eine Antwort abwartet. Sie geben mir nicht ein mal Zeit auch nur auf eine Frage zu antworten, ehrlich gesagt, will ich das auch gar nicht. Denke mir einfach meinen Teil und hoffe, dass der Besuch bald abreist. Sind schon liebe nette Leute, aber doch bitte nicht jetzt. Im nächsten Jahr können sie gern kommen, aber jetzt ist es gerade sehr unpassend, jedenfalls für mich. Ich lasse einfach alle links liegen und gehe ins Haus. Meine kleine Maus, meine Moni, lege ich im Wohnzimmer auf die Couch, da kann sie erst mal weiter schlafen. Nichts von dem ganzen Trubel kann sie stören, einfach genial, sie schläft und schläft, toll. Jetzt kann jeder von der neugierigen Sippe sie bestaunen, so lange sie wollen. Es sieht witzig aus, die 45 cm Baby im roten Strampler auf der zwei Meter langen Couch. Wie ein kleiner Krümel auf dieser riesigen Welt. Meine Tante schießt gleich ein Foto, war ja klar. Die knipsen einfach alles. Fünf bis sechs Filme kriegt sie in jedem Urlaub voll und wenn sie dann im nächsten Jahr kommen, werden die Fotos vom Vorjahr bis ins Detail ausgewertet. Ja so läuft das seit Jahren, immer der gleiche Trott. Aber Fotos sind ok, die haben nämlich schon Farbfilme, was wir nicht haben.

Meine Mutter bricht plötzlich ihr Schweigen und meinte, so eine kleine süße Marlen. Mir wird plötzlich kalt und heiß. Oh man, ich hab doch den Namen geändert und ganz vergessen ihr das zu sagen. Brr, wie krieg ich ihr das nur beigebracht. Ich gucke sie verwundert an und sage ihr, es gibt da eine kleine Namensänderung, sorry mein Baby heißt Moni und nicht Marlen. Mutter schluckt, mit verzerrtem Blick guckt sie mich an und bedankt sich zynisch. Ich verstehe die Welt nicht mehr, ist doch wohl meine Sache wie mein Kind heißen soll. Sie erklärt mir Minuten später, dass sie im Dorf allen Leuten gesagt hat, dass ihr Enkel, wenn´s ein Mädchen wird, Marlen heißt. Jetzt hat sie wohl Tage zu tun,

um das unter den Neugierigen, wieder richtig zu stellen. Na
ja berührt mich nicht sehr, sie hätte auch warten können bis
ich zu Hause bin. Schließlich hat auch mein Freund kein
Drama draus gemacht, glaube ihm ist egal wie sein Kind
heißt. Für ihn war nur wichtig, dass es endlich da ist, ein
Mädchen und das es uns Beiden gut geht. Außerdem stand er so
unter Schock, vielleicht begreift er es in den nächsten
Tagen erst und macht mir dann eine Szene. Moni schläft noch
immer auf der riesigen Couch, da kann ich mir schnell ein
Brot machen, habe vor lauter Aufregung nicht viel zum
Frühstück runter gekriegt und jetzt knurrt mir der Magen.
Meine Mutti rührt sich nicht vom Fleck, sie steht neben der
Couch und beobachtet ihr Engelchen, sie wird mich schon
rufen wenn was ist. Notfalls hat sie ja auch schon Schnuller
im Schrank und wird da nicht lange fackeln. Bald hat Moni
den ersten am Wickel, ich könnte wetten. Alle anderen sind
plötzlich verschwunden, es herrscht eine unheimliche Stille.
Mein Papa sitzt in der Garage und muss erst einmal ein
Bierchen trinken und die ganze Aufregung runter spülen, war
für ihn ja schließlich auch stressig. Onkel und Tante haben
sich in ihren Wohnwagen zurückgezogen, haben bestimmt
gemerkt, dass sie nur nerven. Also bin ich mit Mutter und
Baby allein. Das Körbchen hat sie auch schon aufgestellt und
den ganzen Schrank voller Lätzchen, Windeln und alles
Mögliche. Sie hat einfach alles im Griff und hilft mir sehr
damit. Super, das das Körbchen neben meinem Bett, da liegt
sie dann die ganze Nacht neben mir und ich höre wenn was los
ist oder sie weint.
Langsam scheint sie wach zu werden, räkelt und streckt sich.
Oma kann sie endlich mal auf den Arm nehmen, oh ist sie
stolz, eine ganz stolze Omi, auch wenn es jetzt eine Moni
ist. Aber sie ist nicht so vorsichtig wie ich, eher

grobmotorisch. Sie hat eben die Erfahrung, hat selbst zwei Kinder groß gezogen. Sie meinte, ich brauche keine Angst zu haben, da geht nichts kaputt, ich soll nur nicht zu zimperlich sein, das wäre auch nicht gut. Na ja leichter gesagt als getan, ich gebe mein Bestes.

Moni hat immer Hunger, das Fläschchen schafft sie ohne Pause und ohne sich zu verschlucken. Beim Anziehen stelle ich mich noch ein wenig tollpatschig an, es dauert ihr einfach zu lange, aber irgendwie kriege ich das hin.

Heute gehen wir das erste mal spazieren. Moni in ihrem schönen neuen weißen Panorama Kinderwagen mit Scheiben zum rausgucken, ist ganz modern. Die Sonne scheint und es sind bestimmt 25 Grad. Wie immer schläft sie und lässt sich von niemanden stören, auch die Wärme stört sie nicht. Alle zehn Meter treffen wir jemanden aus dem Dorf, sonst sieht man kaum Leute hier, aber die Neugier zieht wohl an. Kurzes Schwätzchen und weiter geht es. Eigentlich wollte ich spazieren gehen und abschalten, das ist aber kaum möglich bei so vielen neugierigen Dorfbewohnern.
Wieder zu Hause klopft es an der Tür. Meine kleine Freundin, die Nachbartochter. Sie kommt jeden Tag und will Moni das Fläschchen geben. Das macht sie schon echt gut und hat keinerlei Berührungsängste. Albert mit ihr herum und erzählt ihr bla bla, das scheint Moni zu gefallen, ab und zu grinst sie. Bestimmt werden sie später mal gute Freundinnen.

Jeden Tag gehen wir jetzt spazieren, schließlich ist der Sommer top und die Neugier der Leute legt sich langsam. Sobald wir an der Luft sind, schläft Moni. Sie scheint es auch zu genießen. Nur wenn mal kein Wetter ist, dann muss sie im Haus schlafen, da macht sie Streß und kann auch tüchtig schreien. Aber draußen ist es ja auch gesünder, so dass ich sie ab sofort bei jedem Wetter draußen schlafen lasse. Der Hausvorbau ist überdacht und da kann nichts passieren, ob es stürmt oder wie aus Kannen gießt, der Kinderwagen steht trotzdem trocken und sicher.

Die Tage vergehen wie im Flug, Baby füttern, Windeln wechseln, Wäsche waschen, spazieren gehen. Abends fliege ich total knülle ins Bett. Moni ist jetzt drei Wochen alt, schläft früh bis 5 - 6 Uhr durch, so dass ich morgens ziemlich ausgeruht bin und in den Tag starten kann. Sie schläft den ganzen Tag draußen an der frischen Luft, Abends in ihrem Körbchen will sie nicht so recht. Ein wenig das Körbchen hin und her gewackelt, dann klappt es. Lustig wird es, wenn es auf 17 Uhr zu geht. Mein Papa guckt dann immer Fußball und da darf ihn nichts und niemand stören, sonst rastet er aus. Genau zu dieser Zeit fängt Moni immer an zu quängeln, weil sie langsam Hunger kriegt. Oh ich höre ihn schon wettern, schnell rennt meine Mutter hin und nimmt sie auf den Arm. Ich finde das nicht gerade schön, schließlich wollte auch mein Papa dass ich anfangs hier wohne, dann muss er auch da durch. Außerdem muss meine Mutti mich fragen, ob sie Moni hoch nehmen darf, ist doch mein Kind und ich bin für sie verantwortlich. Wir reden darüber und sie verspricht mir, ab sofort immer zu fragen.

Die nächsten Tage klappt alles viel besser, wenn Moni ein Mucks von sich gibt, fragt meine Mutti schon vorsichtig an ob sie sie hoch nehmen darf. Die stolze Omi, trägt sie dann auf den Arm und erzählt mit ihr. Moni scheint das zu gefallen, sie guckt die ganze Zeit ihre Omi an und beobachtet jede Mundbewegung, ab und zu lächelt sie auch dabei.

Alles verläuft reibungslos und friedlich ab. Fühle mich nicht mehr so unsicher, habe schon viel gelernt und kann mit der neuen Situation sehr gut umgehen. Nur das abendliche Baden traue ich mir noch nicht zu, das macht immer meine Mutti, also die Oma. Nächste Woche fährt sie weg und ich bin auf mich alleine gestellt, aber das schaffe ich auch, irgendwann muss ich es ja alleine machen. Wenn Moni drei Monate ist werd ich wieder in meine 20 km entfernte Wohnung umziehen und da muss ich auch alles allein schaffen. Bis dahin will ich so viel wie möglich lernen. Eigentlich kann ich ja alles, aber mit Muttern an der Seite ist es schon sicherer.

Heute sind wir das erste mal allein, waren wieder den ganzen Tag draußen und Moni ganz lieb, meine kleine Maus. Jetzt wird gebadet, bisschen unsicher und ängstlich fühle ich mich schon, hoffentlich fällt sie nicht ins Wasser oder verschluckt sich, aber Moni fühlt sich wohl. Sie planscht und kreischt, hören bestimmt die Nachbarn, so laut kreischt sie. Na klappt doch, ist lustig und macht uns beiden viel Spaß. Wenn sie ein paar Wasserspritzer ins Gesicht kriegt, zuckt sie kurz zusammen und kneift die Augen zu, sieht lustig aus. Wenn ich sie aus der Wanne nehmen will, fängt sie an zu weinen, na toll, sie will einfach nicht, also noch eine Runde planschen und ein neuer Versuch. So geht das immer weiter bis ich aufgebe und denke, egal, sie wird sich schon beruhigen. Jetzt hab ich es doch geschafft, schnell abtrocknen, mit bla bla und ein paar Grimassen ablenken, klappt doch. Sie zieht und schmatzt wie halb verhungert an ihrem Fläschchen und schwups ist die Badewanne vergessen. Hat schon richtige Pausbacken und ist einfach zum knuddeln. Geh auch schon etwas robuster mit ihr um, habe begriffen, dass nichts passieren kann. Hm, Mutter hatte wie immer recht. Ab sofort werd ich sie selbst baden, ist gar nicht schlimm und macht Spaß. Auch wenn danach die Küche unter Wasser steht, aber das gehört dazu und war schnell wieder sauber. Alles fertig, und ab ins Körbchen. Sie quängelt, will nicht schlafen, na toll und nun? Wieder auf den Arm ist sie friedlich. Langsam verstehe ich, sie will schon ihre kleine Welt um sich herum erkunden, kann ein bisschen erkennen und findet es aufregend, da würde ich auch nicht schlafen wollen. Am liebsten schaut sie ins Licht, wenn Abends irgendwo eine Lampe an ist oder der Fernseher läuft, das zieht sie magisch an. Also mach ich im Zimmer die Deckenlampe an und lege sie wieder ins Körbchen. Sie bleibt ganz ruhig, zieht aufgeregt am Schnuller und guckt wie verzaubert ins Licht. Das hält sie nicht lange durch, schon nach zehn Minuten schläft sie. Schnell noch etwas aufräumen und dann habe ich mir auch den Feierabend verdient.

Bin gerade dabei mich zu entspannen, da kommen auch schon meine Eltern zurück. Empfang sie ganz aufgeregt, renne zur Tür und erzähle gleich voller Stolz, dass ich Moni gebadet hab. Meine Mutter freut sich und ich glaube ihr fällt ein Stein vom Herzen. Hat sie auch etwas mehr Zeit für sich und muss mir nicht immer zur Seite stehen. Sie hat ja auch ihre Arbeit, dann noch den Garten, Viehzeug, Wäsche und was sonst noch so an fällt.

Bin schon sehr froh die ersten Wochen hier zu wohnen, war eine gute Idee und habe sehr viel gelernt. Kann immer fragen, wenn etwas unklar ist und meine Mutti kennt viele

Tricks und viele Hausmittel, die echt gut sind. Z.B. kocht
sie Kümmeltee, da gehen die Bauchkrämpfe weg, die Babys
schnell mal kriegen, meistens wenn sie so hastig, wie Moni,
das Fläschchen leer trinken. Also ein echt gutes Mittel,
hilft auch bei Erwachsenen. Man merkt richtig wie im Darm
aufgeräumt wird. Auch Fencheltee wirkt beruhigend. So hat
meine Mutti immer wieder neue Tipps auf Lager, worüber ich
sehr froh und dankbar bin.

Mit der Geburt von Moni hat sich mein ganzes Leben geändert.
So wie es jetzt ist war es nie geplant, aber es ist so
schön. Bin nur noch glücklich, stolze Mama und will, dass es
immer so bleibt. Habe das Gefühl auf Wolke 7 zu schweben.
Träume Nachts von unserer Zukunft, Mama, Papa, Kind und in
2-3 Jahren vielleicht noch ein Zweites. Finde es einfach
schöner wenn Kinder mit Geschwistern aufwachsen, dann von
einander lernen und sich gegenseitig unterstützen. Leider
muss ich auch bald wieder arbeiten, da ist dann Schluss mit
Lustig. Mein Freund noch bei der Armee und ich muss früh 6
Uhr anfangen. Das könnte knapp werden, weil die Kinderkrippe
erst 6 Uhr öffnet. Aber ich verdränge lieber solche
Gedanken, hab noch bis zum Jahresende Zeit das alles zu
planen. Jetzt genieße ich noch diese schöne Zeit mit meinem
Baby. Es ist so spannend zu sehen wie sie sich entwickelt.
Jeden Tag gibt´s was Neues. Sie gibt auch schon kleine Töne
von sich, das ist einfach niedlich, dann lacht sie wieder
und verzieht ihr Gesicht, einfach putzig. Wenn ich meinem
Schatz schreibe, natürlich nur noch 2-3 mal die Woche, mehr
Zeit habe ich gar nicht, dann werden es wie früher
mindestens drei Seiten. Nur schreibe ich jetzt meistens von
unserer Maus, was es alles Neues gibt. Schade nur, dass er
es nicht direkt miterleben kann.

Beim Kinderarzt ist auch alles in oki, dem Alter entsprechend normal entwickelt, was will ich mehr. Die meisten Babys in ihrem Alter sind schon etwas größer und entsprechend pummliger, aber entscheidend ist ja, dass sie gesund ist. Manche Babys lallen schon ziemlich viel und drehen sich schon alleine auf die Seite, ist schon interessant wie unterschiedlich sich diese kleinen Wesen entwickeln. Meine Moni ist trotzdem mein Sonnenschein und das süßeste Baby auf diesem Planeten, das soll sie ihr ganzes Leben auch bleiben.

Heute ist mein Schatz auf Kurzurlaub und kann endlich seine kleine Moni sehen. Wir spazieren durchs Dorf, sehr warm draußen und wir nehmen Picknicksachen mit. Moni ist schon zwei Monate und der Papa schiebt ganz stolz den Kinderwagen. Sieht zwar etwas unbeholfen aus, aber er ist das ja gar nicht gewohnt. Nur, Moni wickeln und Fläschchen geben oder vielleicht mal auf den Arm nehmen, das macht er nicht. Er hat Angst dass er es nicht richtig macht oder was kaputt geht, ihre zarten Beinchen und Ärmchen. Auf einem nahegelegenen Hügel machen wir Pause und breiten die Picknickdecke aus. Moni ist gerade wach und ich nehme sie aus dem Wagen. Na das gefällt ihr, wühlt auf der Decke hin und her und versucht sich auf die Seite zu drehen, klappt aber noch nicht so richtig. Plötzlich fängt sie an zu weinen, wird sogar etwas wütend. Mit zwei Monaten können die schon wütend werden, ist ja sehr interessant. Mein Schatz guckt nur hilflos, weiß nicht was er machen soll. Ich nehme sie hoch, will sie ihm in den Arm legen. Er streikt, will sie nicht halten und zieht sich gleich zurück. Ich verstehe ihn schon, aber es ist doch sein Kind, seine Tochter. Halte ihm eine Predigt, dass nichts passieren kann, dass er keine

Angst haben muss, aber er traut sich einfach nicht. Ok, ich kann machen was ich will, es bringt nichts, er will einfach nicht. Picknick beendet, spazieren wieder nach Hause, wortlos natürlich und Moni brüllt, sie hat Hunger. Mein Schatz steht nur da, gibt ihr immer und immer wieder den Schnuller, anstatt sie mal auf den Arm zu nehmen, sie zu trösten, er traut sich einfach nicht. Stellen sich alle jungen Papas so an? Ich hab´s noch nie gehört. Andere Papas bemuddeln und betutteln ihre Kinder, ich muss mir da irgendwas einfallen lassen und ihn einfach mal überrumpeln, das kriege ich schon hin. Fläschchen fertig und ein letztes mal versuche ich es, dass er sie doch füttert, wieder nur Ablehnung. Als Moni dann endlich im Bett liegt, suche ich noch mal das Gespräch und erkläre ihm, dass es doch sein Kind ist und ich das nicht verstehen kann, was mit ihm los ist. Er versteht es selbst nicht, kann es mir aber auch nicht erklären. Wir quatschen noch lange in die Nacht, er erzählt mir, dass er als Kind epileptische Anfälle hatte. Oh nein, das hätte er mir besser nicht gesagt. Gleich früh erzähle ich es meiner Mutti und sie meint nur, dass so was auch vererbt werden kann, soll mir da aber nicht zu viele Gedanken machen. Sind ja tolle Aussichten in meiner so heilen Welt. Meine kleine süße Moni und krank, ist für mich einfach unvorstellbar, undenkbar, dass so was passieren könnte. Diese Gedanken ziehen mich runter, brauch erst mal ein Kaffee, muss wieder klar im Kopf werden. Die kommenden Tage beschäftigt es mich immer und immer wieder, aber nach drei Tagen hab ich es geschafft, dieses Thema aus meinem Kopf zu verbannen, es geht mir wieder besser. Frei im Kopf und guten Mutes bin ich wieder die glücklichste Mama der Welt.

Heute geht es endlich zurück in unsere kleine Wohnung. Moni ist jetzt schon drei Monate und die schöne Zeit hier auf dem Dorf ist vorbei. Ein bisschen mulmig ist mir schon, aber ich freue mich riesig drauf. Kann endlich meine Freunde und Kumpels besuchen, die werden staunen, was für ein süßes Baby ich habe. Wenn ich denen noch erzähl wie leicht, kurz und schmerzarm meine Entbindung war, die kriegen sich nicht mehr ein, das werden die mir nie glauben.

Jetzt wird es ernst, Papa steht schon mit dem Auto vorm Haus und wartet. Meine Eltern sind etwas traurig, dass wir nun gehen müssen, war für sie auch eine tolle abwechslungsreiche Zeit und hatten viel Spaß mit uns, auch wenn es mal laut und stressig war. Ist ja keine Entfernung, sie werden uns öfter besuchen oder wir fahren am Wochenende mal her.

Auto voll beladen mit Babykram und los geht es, in unser schönes Zuhause. Das erste Mal wird Moni im Kinderbett schlafen, da hat sie viel Platz und es wird ihr bestimmt gefallen. Schließlich ist sie schon tüchtig gewachsen, das Körbchen war schon bannig eng. Wie immer schläft sie die ganze Fahrt, nach einer halben Stunde sind wir da. Mein Papa bringt die vielen Sachen in die Wohnung, wir gehen erst einmal zur Rezeption, muss mich zurück melden. Oh, die Frauen an der Rezeption nehmen Moni gleich abwechselnd auf den Arm, alle turteln mit ihr herum, bis sie genug hat und anfängt zu weinen. Klar sind alles neue und fremde Gesichter, ist ihr bestimmt unheimlich und einfach zu viel. In unserer kleinen Wohnung lege ich sie gleich in ihr neues großes Bettchen, ausgestattet mit diversen Plüschtieren und Babyspielzeug, wow das scheint ihr zu gefallen, sie hat so viel Neues zu entdecken.

Up´s, es klopft an der Tür. Die Eltern von meinem Freund
wollen die kleine Maus auch endlich mal wiedersehen und
haben schon auf uns gewartet. Natürlich sind sie erschrocken
wie sie gewachsen ist und sich entwickelt hat. Wir quatschen
ein wenig, dann wird es schon wieder Zeit fürs Fläschchen.
Glaube dass die Flasche nicht mehr ausreicht, neuerdings
wird sie Nachts immer wach, schläft aber auch gleich wieder
ein. Ab Morgen werde ich mal Babybrei probieren, vielleicht
Möhren und Kartoffeln, habe ja genug Zeit und kann was
kochen. Hoffe nur, dass es mit Brei auch so gut klappt wie
mit dem Fläschchen, wahrscheinlich werde ich danach das
Zimmer wischen müssen, aber egal.

Sie schläft tief und fest, kann ich meinem Schatz noch
schreiben, dass wir endlich wieder in unserem Zuhause zurück
sind.

6 Uhr früh, die ersten Urlauber sind schon unterwegs, nicht
gerade leise, ich werde wach. Diesen Lärm kenne ich vom Dorf
nicht. Moni schläft noch, fühlt sich wohl in ihrem neuen
Bettchen und die ersten Sonnenstrahlen scheinen ins Zimmer.
Obwohl schon Mitte September ist, haben wir immer noch so
schönes Wetter. Nach dem Frühstück spazieren wir ins
Zentrum, kaufen was zum Mittag, also für den ersten Babybrei
natürlich. Bin schon ganz aufgeregt wie sie es anstellt, ob
es ihr schmeckt oder ob alles auf dem Fußboden landet. Auf
dem Rückweg gehen wir noch bei den Arbeitskollegen vorbei.
Klar turteln alle mit Moni, wie überall. Sogar der Chef
taucht auf, gratuliert uns nachträglich und freut sich, dass
ich bald wiederkomme. Ich darf sogar kurz nach 6 mit der
Arbeit anfangen. Also erst das Kind in die Krippe bringen
und dann zur Arbeit, er hat kein Problem wenn es ein paar

Minuten später wird. Ist doch ein toller Chef, auch wenn er tüchtig herumschreien kann, wenn etwas nicht klappt. Er hat uns immer erklärt, solange er laut ist, ist alles in Ordnung, Angst sollten wir erst haben wenn er ruhiger wird, klingt zwar bescheuert, aber so ist er wirklich.

Der erste Brei ist gekocht, Möhren mit Kartoffeln, ich finde es lecker. Hole noch ein paar Handtücher für den Notfall und lege sie auf den Boden. Fertig, los geht es. Erster Haps, brr sie verzieht das Gesicht und ich finde es witzig, sieht putzig aus. Scheint ihr aber zu schmecken, fällt zwar mehr aus dem Mund als dass es drin bleibt, aber ist ja auch eine neue Erfahrung. Ihr ganzes Gesicht voller Brei, schön eingefärbt von den Möhren, aber es schmeckt ihr und sie macht das echt super für das erste Mal. Noch ein bisschen Fläschchen hinterher und geschafft. Wieder anziehen und raus an die frische Luft zum Mittagsschlaf. Der Kinderwagen steht unter meinem Fenster, kann ihn ständig sehen und mein Kind beobachten. Er steht direkt am Hoteleingang und alle die vorbei gehen, werfen einen Blick rein, na ja scheint Moni aber nicht weiter zu stören, Hauptsache draußen an der Luft und nach fünf Minuten schläft sie schon.

Die letzten Tage hat sie nicht so gut wie sonst geschlafen, sie weint immer wieder und quängelt viel, mache mir Sorgen, was ist nur los. Vielleicht verträgt sie den Brei nicht. Wir müssen sowieso wieder zum Kinderarzt, zur monatlichen Untersuchung, werde mal fragen was das sein kann.
Der Arzt staunt nicht schlecht als er Moni sieht, dicke Pausbacken, gut genährt und eine schöne Hautfarbe. Er untersucht sie und zeigt mir, dass da das erste Zähnchen zu sehen ist. Deshalb quängelt sie so und kann nicht richtig

schlafen. Er zeigt mir, wie ich ihr den Gaumen massieren
kann, das nimmt etwas die Schmerzen und sie kann besser
schlafen. Die nächsten Tage machen wir die Gaumenmassage und
es klappt, sie schläft wieder durch. Der erste Zahn, kommen
bestimmt bald die nächsten hinterher und dann kann sie
richtig Brot essen. Sie dreht sich auch schon auf die Seite
und versucht sich auf dem Bauch nach vorne zu ziehen, wenn
es nicht gleich klappt wird sie ungeduldig und ich muss
nachhelfen. Bei uns im Zimmer ist es ja etwas eng, also
gehen wir, wenn es die Zeit erlaubt, zu den Eltern von
meinem Freund. Da ist viel mehr Platz und sie kann sich
austoben, da kann nichts runterfallen oder kaputt gehen.

Draußen wird es ziemlich kalt, ist schon Oktober und bald
wird der erste Schnee fallen. Trotzdem schläft meine Maus
draußen an der frischen Luft. Schön warm eingepackt, nur die
Nase zu sehen, schläft sie immer gleich ein. Nerven tun die
vielen Urlauber. Manche klopfen ans Fenster und meinen, dass
es doch zu kalt ist oder dass es regnet. Oh man, sie ist
doch warm eingepackt und ein Regenschutz ist auch darüber
gestülpt, da kann nichts passieren. Finde es schon nett dass
sie drauf achten, aber auf Dauer geht es mir auf die Ketten.

Ab sofort zähle ich nicht mehr die Tage oder Wochen, jetzt
zähle ich die Monate wie alt Moni ist. Man, wie die Zeit
rennt, die Tage vergehen wie im Flug und inzwischen wohnen
wir beide schon einen Monat in unserem schönen Zuhause. Moni
liebt das Essen, kriegt nicht genug, muss ab und an die
Bremse ziehen. Sie lutscht gern an der salzigen Salami und
mag eher deftige Sachen. Schön Kartoffeln mit Gemüse und
Fleischstückchen, allerdings Grießbrei und Pudding, das
schmeckt ihr nicht, was doch Babys eigentlich gerne essen.

Meine Eltern waren heute hier und meine Mutti meinte, ich soll doch mal zum Arzt gehen und Moni´s Ohren kontrollieren lassen. Sie hat den Eindruck dass sie nicht richtig hören kann. Eigentlich müsste sie jetzt schon mehr plappern und Laute von sich geben. Aber ich verstehe diese Sorge nicht. Was soll denn da nicht stimmen, finde sie ist normal entwickelt und ich gehe immer zu den Untersuchungen. Bisher war der Arzt doch zufrieden, alles in Ordnung. Trotzdem gehen mir diese Gedanken nicht so ganz aus dem Kopf. Moni liegt auf dem Teppich, guckt mich mit ihren großen Kulleraugen an, rings herum Spielzeug und Bücher. Ich beobachte sie lange, zeige auf ein Buch und sage ihr, sie soll es Mama geben. Sie versucht das Buch zu greifen, robbt auf dem Teppich hin und gibt es mir. So mach ich es mit verschieden Spielsachen, manchmal gibt sie mir was und manchmal ignoriert sie mich. Hm, also ich denke, dass sie mich schon verstanden hat, nur manchmal will sie eben nicht, ist doch nichts Schlimmes. Wir Erwachsenen wollen auch nicht immer das, was Andere von uns verlangen. Mein Kind ist gesund, haben bisher alle Ärzte gesagt und das glaube ich auch.

So vergehen die Tage, Moni hat immer Hunger, hat schon sechs Zähne und das tut richtig weh, wenn sie mal zubeißt. Wie wild tobt sie durch die Wohnung, will sich schon an Möbeln hochziehen, klappt natürlich noch nicht. Bald ist Weihnachten, dann wird sie schon ein 1/2 Jahr, man die Zeit rennt, viel zu schnell. Das erste Weihnachten zu dritt in unserer kleinen Familie, dachte ich jedenfalls, aber Schatz kriegt kein Urlaub, na toll. Ich erzähle es seinen Eltern und die meinen, ich soll mir keine Gedanken machen, wir feiern dann alle zusammen. Außerdem könnten wir ein Feiertag ihn besuchen fahren. Sind nur zwei Autostunden und Moni ist nicht mehr so klein, das wäre kein Problem. Ist natürlich die Idee, wir werden ihn einfach überraschen. Er wird staunen wie groß seine Moni schon ist und was sie alles kann. Wir können mal sehen wo und wie er arbeitet, hoffe nur, dass er auch Zeit hat wenn wir plötzlich unangemeldet auftauchen.

Habe gerade unseren Weihnachtsbaum geschmückt. Alles funkelt und leuchtet. Moni findet es spannend und ist ganz aufgeregt. Sie sitzt im Bett, ist mir sicherer, bevor sie noch den ganzen Baum umreißt und beobachtet mich. Versucht sich am Gitter hochzuziehen, wie schon so oft in den letzten Tagen, diesmal klappt es. Mit zittrigen wackligen Beinen steht sie plötzlich und wettert mit mir. Sie will wieder raus, aber gibt es nicht. Gebe ihr ein großes Bilderbuch und die nächsten Minuten ist sie erst einmal abgelenkt und ich kann schnell fertig schmücken. Draußen schneit es dicke Flocken, ich geh mit ihr zum Fenster. Mit ganz großen Kulleraugen verfolgt sie die Schneeflocken, wie sie am Fenster prasseln und runterrutschen, sie ist ganz aufgeregt was da wohl passiert. Sie will die Schneeflocken greifen, aber das klappt nicht, die sind ja schließlich draußen. Es macht immer mehr Spaß mit Moni. Wie sie ihre Welt entdeckt, wie sie sich entwickelt und immer wieder neue Sachen lernt, es ist einfach ein Traum.

Ganz aufgeregt geht es heute los zu meinem, unserem, Schatz. Seine Schwester kommt auch mit und beschäftigt sich die ganze Fahrt über mit Moni. Beide haben viel Spaß und sie kreischen um die Wette, bis Moni k.o. ist und ein Nickerchen macht. Geschafft, wir sind da, suchen den Eingang und fragen uns in der Kaserne durch. Mein Herz pocht, bin aufgeregt und plötzlich steht er vor uns. Er ist platt, geschockt, ich kann es nicht erklären, aber er freut sich riesig uns zu sehen, vor allem seine kleine Maus. Ich will sie ihm gleich geben, schließlich ist sie schon 1/2 Jahr und keine Spur von Zerbrechlichkeit. Sofort geht er ein Schritt zurück, hab ich es mir doch gedacht. Jetzt reicht es aber, nach kurzer Überlegung gehe ich wieder auf ihn zu, Moni im Schlepptau und sage mit ganz aufgeregter Stimme: „halte sie mal schnell" und im gleichen Atemzug drücke ich ihm das Kind in die Arme. Starr vor Schreck hält er sie fest, es sieht schlimm aus, als würde er etwas hochexplosives in den Händen halten. Ich finde es lustig, sein Papa und seine Schwester kriegen sich vor Lachen nicht mehr ein. Ha, ich wusste, irgendwie kriege ich das hin und es hat super geklappt. Endlich hat er seine Angst überwunden, wird auch langsam etwas lockerer. Bevor er wieder in Schockstarre fällt, nehme ich ihm das Kind lieber wieder ab. Er ist sichtlich erleichtert und schwitzt, als würde er gerade aus der Sauna kommen. Moni ist ganz aufgelöst, so viel Neues, will alles auf ein mal erkunden. Mein Schatz ist gerührt, staunt nicht schlecht, was seine Maus schon alles kann. Er sehnt sich, endlich nach Hause zu kommen, aber ein 1/2 Jahr muss er noch ausharren. Es wird Zeit, Moni fängt an zu quängeln und wir brechen auf. Man bin ich stolz auf mich, er hat endlich seine Berührungsängste überwunden, hat seine Maus in den Armen gehalten. Ich glaube jetzt zieht es ihn erst recht nach Hause. Vielleicht kann er im alten Jahr noch ein paar Tage auf Urlaub kommen, wünsche es mir so sehr. Bestimmt wird er ab sofort seine Maus füttern und windeln, mit ihr herumtoben, ohne in Schockstarre zu fallen, bin froh dass es so gut geklappt hat.

Obwohl ich Weihnachten mit meiner Maus alleine war, hatten wir beide schöne Feiertage. Waren bei unserem Schatz, bei meinen Eltern und bei den Eltern von meinem Freund, Geschenke eingesammelt und überall lecker gegessen. Jetzt ist alles vorbei, Wohnung wieder im alten Zustand und Moni hat wieder Platz zum toben. Überall zieht sie sich hoch, alles muss ich beiseite stellen, damit nichts um fällt. Alles wird ausgeräumt und manche Tage sieht es aus wie auf einem Schlachtfeld, aber das ist eben so. Wenn mein Freund das nächste mal kommt, müssen wir unbedingt reden, wie wir zu einer größeren Wohnung kommen, vielleicht kriegen wir zwei Zimmer, also noch eins dazu, das würde schon reichen. Dann hätten wir ein Wohn- und ein Schlafzimmer. Wäre jedenfalls besser, als gleich zu heiraten.

Immer öfter denke ich daran, dass man als Mama eine riesige Verantwortung hat. Was, wenn mein Kind schlimm krank wird, hält das eine Mutter aus, wie gehe ich damit um? Meist ist man ja dann den Ärzten ausgeliefert, selbst kann man kaum was tun. Es gibt behinderte Kinder, die anfangs kerngesund sind. Was wäre wenn? Ich schiebe solche Gedanken aber ganz schnell wieder weg, das macht mich verrückt, es zieht mich runter. Lieber denke ich an die schöne Zeiten, die auf uns zukommen. Wenn mein Kind anfängt zu plappern, die ersten Worte sagt, wenn sie das erste mal Mama sagt, ich kann es kaum erwarten. Das dauert aber noch, sie ist etwas faul was das angeht. Finde es aber nicht schlimm, das kommt noch. Manche lernen spät laufen oder krabbeln und Moni plappert eben erst später.
In ein paar Tagen geht sie in die Krippe, mit vielen anderen Kindern, da habe ich dann etwas Luft und auch mal Zeit für mich. Es gibt bestimmt jeden Tag viel Neues zu berichten und

ich habe genug Schreibstoff, kann meinem Schatz dann viele
Seiten schreiben.

Auf dem Flur wird es plötzlich laut, ich gehe gucken. Oh
man, mein Freund steht vor der Tür. Hurra er hat Urlaub, bin
gleich ganz aufgeregt. Sonderurlaub, drei Tage und Silvester
muss er wieder zurück sein. Ist mir egal wie lange, wichtig,
er ist einfach da, bei seiner Familie. Glücklich und noch
völlig überrumpelt von der Überraschung, gehen wir zu Moni.
Sie schläft noch und kriegt nichts mit, wie immer. Er steht
vor ihrem Bettchen und streichelt sie. Sie räkelt sich, wird
langsam wach und lächelt ihn an. Er nimmt sie aus dem
Kettchen, bisschen ungeschickt, aber er macht es. Bin völlig
sprachlos und kann es kaum glauben, er hält sein Kind im
Arm. Glücklich und voller Freude drücke ich beide, es tut so
gut. Jetzt will er sie noch füttern, das kann ja lustig
werden. Er macht es echt gut, hat zwar die hälfte Brei auf
der Hose, aber egal, kann man ja waschen. Moni spielt mit
ihm, ist das niedlich. Sie hat erkannt, immer wenn sie den
Brei ausspuckt, macht der Papa brrrrrrr und schüttelt den
Kopf, das findet sie wohl sehr lustig und um so mehr spuckt
sie den Brei aus. Beide sind von oben bis unten voller
Babybrei, einfach herrlich dieser Anblick. Mit vollen Zügen
genießt er sein Dasein, beschäftigt sich rund um die Uhr mit
seinem Kind und ich habe etwas Luft, kann mich anderen
Dingen widmen.

Moni schläft endlich und wir quatschen wie immer lange in
die Nacht. Er will morgen zur Firma und wegen dem zweiten
Zimmer fragen, vielleicht gibt es ja eine Möglichkeit. In
vier Monaten kommt er zurück, dann wird es wirklich eng hier
und auf Dauer unzumutbar.

Draußen schneit es immer noch, schon den zweiten Tag ohne Pause. Dicke Flocken kleben am Fenster, es wird zunehmend stürmischer und dunkler im Zimmer. Vielleicht können wir Morgen eine Schneeballschlacht mit Moni machen, der erste Schnee, wie wird sie sich anstellen, bestimmt findet sie es spannend, wieder was Neues.

In den Nachrichten keine guten Wetteraussichten, es soll die ganze Nacht weiter Stürmen und man rechnet mit Verwehungen. Schnee ist ja super, aber nicht zusammen mit Sturm, das ist nicht so gut. Schnell sind bei uns die engen Straßen zugeweht und dann ist kein Durchkommen mehr, kenne das aus meiner Kindheit. Zum Glück bin ich noch ein paar Tage zu Hause, muss noch nicht zur Arbeit oder zur Krippe, die ist nämlich am anderen Ende des Ortes. Bei dem Sturm würde ich gar nicht voran kommen.

Überall Schnee, nichts als Schnee und riesige Schneehaufen vor unserem Fenster. Mit Kinderwagen geht hier nichts, wir werden wohl so ein bisschen im Schnee herumtoben. Moni eingepackt wie ein Eskimo, kann sich kaum bewegen und quängelt. Sie kann nicht richtig gucken, weil es immer noch ziemlich stark weht und der Schnee ihr ins Gesicht peitscht. Ich nehme sie vom Schlitten und stelle sie in eine große Schneewehe. Cool, sie bleibt stehen, kann ja nicht umfallen. Also Schneewehen sind die besten Stehhilfen für Kleinkinder. Wir haben viel Spaß, Moni versucht den Schnee von ihren Handschuhen zu lutschen, scheint ihr auch zu schmecken. Mein Schatz schmeißt ein Schneeball zu uns und klar Volltreffer, voll in Moni´s Gesicht. Sie guckt etwas erschrocken, zieht ein grimmiges Gesicht und fängt an zu weinen oder lachen, ich kann es nicht richtig deuten. Ein bisschen trösten und

schon will sie wieder runter in den Schnee. Mit tiefroter
Nase und eiskalten Pausbäckchen beenden wir das schöne
Schneeabenteuer. Mein Schatz will noch zur Firma wegen dem
Zimmer und ich kümmere mich um Moni. Nach dem Essen ist sie
so müde, total platt, bestimmt von der Luft am Vormittag und
schläft gleich ein. Draußen kann ich sie bei dem Wetter
nicht schlafen lassen, der Kinderwagen würde bei dem Sturm
umkippen. Mein Schatz kommt zurück, meint, dass demnächst
seine Eltern eine andere Wohnung bekommen und wir unter
bestimmten Voraussetzungen erst einmal in deren Wohnung
umziehen können. Na toll, ich ahne es, „unter welchen
Voraussetzungen denn"? frag ich ihn. Nur wenn wir heiraten,
dürfen wir dort einziehen, sagt er, ohne dem keine Wohnung.
Hab es doch geahnt, immer wieder das gleiche, was soll ich
jetzt bloß machen, ich will nicht heiraten, schrecklich sich
so fest zu binden. Eigentlich wollten wir Nachmittags eine
Freundin besuchen, habe aber keine Lust, bin sichtlich
unmotiviert, das mit der Hochzeit lässt mich nicht los, regt
mich einfach auf. Das ist wie ein Schlag ins Gesicht, will
einfach nicht heiraten, bin doch auch so glücklich. Aber mir
bleibt wohl nichts weiter übrig, muss in den sauren Apfel
beißen, schon meinem Kind zu Liebe. Wir brauchen einfach
mehr Platz, das geht so nicht weiter, mit drei Personen in
nur einem Zimmer. Wieso muss man im Leben Sachen tun, die
man einfach nicht will, aber man muss es tun, es tut weh,
ich will doch mein Leben selbst bestimmen und nicht von
Anderen bestimmen lassen.

Draußen fegt ein schlimmer Schneesturm, in den Nachrichten
wird ständig gewarnt, nicht das Haus zu verlassen. Züge
fallen aus, Autos stecken in Schneewehen fest und die
Urlauber aus den Hotels können nicht abreisen. Der Wind

pfeift durch alle Ritzen, es hört sich schlimm an. Eine Katastrophe, so ein Winter hatten wir noch nie. Wenn es so weiter geht, wird der Winter 1978 bestimmt in die Geschichte eingehen. Trotzdem packt mein Schatz seine Sachen, muss schließlich in der Kaserne antreten. Er soll dort Disko machen, für die hohen Herrschaften.

Immer noch geknickt von den Gedanken, jetzt doch heiraten zu müssen, verabschieden wir uns. Er ist traurig wieder los zu müssen und uns bei solch einem Wetter zurück zu lassen. Trotz Warnung durch alle Medien, bringt sein Papa ihn zum Bahnhof. Drei Stunden später steht er wieder vor der Tür, es fährt kein Zug, die Gleise sind vereist und meterhohe Schneewehen. Er ruft seinen Chef in der Kaserne an, der natürlich sauer ist und die ernste Lage gar nicht einschätzen kann. Mein Schatz bekommt den Befehl, umgehend zur Kaserne zu kommen, egal wie und wenn er zu Fuß kommt. Na die ticken doch wohl nicht richtig, sollen die ihre Musik alleine machen, kann doch nicht so schlimm sein, denke ich. Bin froh, dass er wieder da ist, zwar halb erfroren, aber er ist wieder da. Abends startet er erneut den Versuch und sein Papa bringt ihn wieder zum Bahnhof, diesmal wartet er aber dort und wieder keine Aussichten, dass ein Zug fährt. Der Sturm hat sogar noch zugelegt und sie haben Mühe mit dem Auto wieder nach Hause zu kommen. Total frustriert steht er wieder vor der Tür, er weiß nicht was er tun soll. Will es am Morgen wieder probieren und wir gehen zeitig ins Bett. So ein Stress tut uns allen nicht gut, Moni ist auch quängelig, will nicht schlafen, sie spürt sicher dass etwas anders läuft als sonst. Wir holen sie zu uns ins Bett, kuscheln mit ihr und wer sagt es, sie schläft ein. Ganz vorsichtig lege ich sie wieder in ihr Bett und kann auch endlich zur Ruhe kommen, der Tag war aufregend genug.

Drei Tage ging es so, draußen stürmt es immer noch und wir
können kaum die Wohnung verlassen. Moni fehlt die frische
Luft und sie schläft schlecht, ich bin gereizt, es nervt.
Endlich ist mein Schatz in der Kaserne angekommen, ein Zug
wurde wohl von Soldaten freigeschaufelt und mit einem Panzer
aus der Schneewehe gezogen. Dort angekommen, hat er gleich
für sechs Wochen Urlaubssperre gekriegt. Na super,
Urlaubssperre, er kann doch nichts für das Wetter, jetzt
müssen wir alle darunter leiden. Aufgebracht und stinke
sauer gehe ich gleich zu seinen Eltern, berichte ihnen
davon. Schließlich wollen sie auch wissen ob ihr Sohn gut
angekommen ist.

Seine Mutti will Karpfen zum Abendbrot machen, hat voll in
der Küche zu tun. Moni wälzt sich auf dem Fußboden und zieht
sich überall hoch. Habe zu tun, alles schnell weg zu
schieben, bevor es scheppert. Plötzlich, der Strom ist weg,
alle Lampen aus, alles dunkel. Moni weint, ist ihr
unheimlich. Draußen auf dem Flur auch alles dunkel, im
ganzen Haus kein Strom, nur an der Rezeption und im
Treppenflur geht der Notstrom. Der Schneesturm wütet weiter
und es pfeift durch alle Ritzen. Zum Glück haben wir überall
Kerzen stehen und es wird wieder hell im Zimmer. So ein
schlimmen Winter hat noch keiner von uns erlebt, sind schon
in Sorge was noch alles passieren wird. Moni beruhigt sich
wieder, überall Kerzenschein und ihre Augen funkeln. Mir
schießen wieder Gedanken in den Kopf, dass wir ja hier bald
wohnen könnten, wäre schon super, endlich mehr Platz, kleine
Küche und getrennte Zimmer. Werde wohl meinem Schatz doch
das Jawort geben, mir bleibt nichts weiter übrig, wir
brauchen diesen Platz. Wenn schon heiraten, dann aber bitte
im Sommer und nicht in der kalten Jahreszeit, das macht doch

kein Spaß.

Zurück in unserem Zimmer schreibe ich ihm gleich, bin sicher dass er sich freut, endlich kann er heiraten, das was er schon immer wollte. Hier ist es eisig kalt, kein Strom und die Heizung natürlich ausgefallen. Ich ziehe Moni warme Sachen an und lege sie ins Bett. Sie kann wieder nicht schlafen, weint, kann sich kaum bewegen, so dick eingemummelt. Ich hol sie in mein Bett, dicht aneinander gekuschelt und ein paar Streicheleinheiten später, schläft sie endlich. Ich liege noch lange wach, wie soll ich das hinkriegen, in zwei Tagen muss ich arbeiten, schon ganz früh zur Krippe und das bei dem Sauwetter. Mit dem Kinderwagen komme ich bei dem Sturm gar nicht vorwärts, außerdem sind die Gehwege so zugeschneit, drunter vereist, das ist lebensgefährlich. An den Hotels wurden schon dicke Seile gespannt, damit die Urlauber in die Restaurants kommen.

Mein erster Arbeitstag, ich freue mich, endlich wieder arbeiten, raus aus dem Alltagstrott, auch wenn es schön zu Hause ist. Die Mutti von meinem Freund hat mich bis zur Krippe begleitet, wir hatten zu tun den Kinderwagen fest zu halten, ist noch immer sehr stürmisch, aber die Gehwege sind größtenteils schneefrei und gestreut. Moni hat geweint, alles neue Gesichter, neue Umgebung, fremde Stimmen. Tut schon weh, sein Kind mit sechs Monaten fremden Menschen in die Hände zu geben. Hoffentlich behandeln sie Moni auch gut, nicht dass sie den ganzen Tag rumschreit, das würde ich mir nie verzeihen. Meine kleine Maus, da musst du durch, genau wie ich auch. Erster Tag geschafft, die Arbeit war geil, habe zwar mehr mit den Kollegen gequatscht als gearbeitet, aber das musste sein, morgen geht es dann richtig los. Zur Zeit sind hier auch alle genervt und gestresst. Völliges

Chaos, die alten Urlauber noch da, die Neuen können wegen dem Wetter nicht anreisen. Lebensmittellieferungen kommen nicht an, stecken irgendwo fest. Die Bauern und Landwirte in der Umgebung spenden Schweine, Hühner, Eier und Milch. 1400 Menschen müssen ungeplant versorgt werden, damit sind alle überfordert, keiner weiß, wann sich das Wetter endlich beruhigt. Sogar Hubschrauber kommen, schmeißen riesige Pakete mit Lebensmitteln ab, ist schon krass, so was mit zu erleben. Die Firma hat alle Kinder aus Kindergarten und Krippe mit Autos abgeholt und nach Hause gebracht, weil der Wind und die Schneeschauer am Nachmittag wieder schlimmer geworden sind. Oh man ein toller Einstieg, mein erster Arbeitstag, voller Action und Aufregung. Moni hat ihren Tag auch gut überstanden, hatte sich wohl nach kurzer Zeit in ihrer neuen Umgebung beruhigt. Es gab keine Probleme, die Erzieher sind hin und weg von meiner kleinen süßen Maus, haben sich liebevoll um sie gekümmert. Irgendwie bin ich platt, war auch für mich anstrengend so früh schon auf den Beinen zu sein, zeitlich alles in den Griff zu kriegen und dazu das verrückte Wetter.

Moni fängt an zu plappern, das klingt so niedlich. Wie sie den Mund verzieht und diese Grimassen dabei, sieht aus als wäre es für sie anstrengend. Es klingt wie Nana, Dada, Ola, dazu ihre ersten kleinen Zähnchen, kaum zu sehen, einfach putzig. Immer wenn ich sie angucke und was sage beobachtet sie meine Mundbewegung, will es nach machen. Ab sofort werden wir „Mama" üben, immer und immer wieder, bis sie es kann. Die anderen in ihrem Alter sagen schon Mama und Papa, teilweise auch schon andere Wörter, die man aber kaum versteht.

Die Zeit rennt, das Wetter hat sich beruhigt, am Strand liegen noch riesige Eisberge. Der Sturm hat große Eisschollen angetrieben und meterhoch aufgetürmt. So was hab ich noch nie gesehen. Sieht irgendwie utopisch aus, einmalig schön. Moni beobachtet die Möwen, ich werfe Brotkrümel hoch und die Vögel schwirren über unseren Köpfen. Sie findet das lustig, lacht und kreischt, lauter als die Viecher. Manchmal, wenn sie ganz tief über unsere Köpfe fliegen, dann ist sie ganz erschrocken und guckt ängstlich, fängt aber gleich an zu lachen.

Nachmittags, wenn wir zu Hause sind, gehen wir oft schon ohne Kinderwagen vor die Tür. Moni kann zwar noch nicht alleine laufen, aber stehen, wenn sie was zum festhalten findet. Sieht süß aus, wie sie mit ihren kurzen Beinchen da steht, der Po noch etwas wackelig, hangelt sie sich von einem Ende zum Anderen. Die großen Bänke vorm Hotel sind ideal dafür. Manche Urlauber, die ins Hotel gehen, kommen zu uns und wir machen ein kurzes Schwätzchen, teilweise kennt man sich ja schon.

In der Krippe hat sich Moni sehr gut eingelebt, sie scheint gern dort zu sein, kann es früh kaum erwarten die anderen Kinder zu sehen. Weil sie schon stehen kann, darf sie Nachmittags mit den Anderen in das Spielzimmer, wo es drunter und drüber geht. Eines der Kinder ist immer am weinen, sie toben und schreien, nehmen sich gegenseitig Sachen weg und können schon richtig wütend werden. Wenn ich sie abhole, kann ich alles durch das Türfenster sehen. Heute zum Beispiel haben alle am Kaffeetisch gesessen und ihre mitgebrachten Brote gegessen. Die meisten haben die harte Brotkruste liegen lassen und meine Moni hat doch echt alle eingesammelt. Ist das peinlich, da isst sie die Reste von den anderen Kindern, oh je ich schäme mich. Als die Erzieherin kommt sagt sie mir, dass Moni das öfter macht, wäre nichts Schlimmes und ich soll mir bloß kein Kopf machen. Na toll, trotzdem peinlich, als würde sie zu Hause nichts zu essen kriegen. So gibt es jeden Tag was Lustiges, Witziges, na ja oder auch Peinliches wie heute.

Mein Schatz kommt für immer nach Hause, wir haben schon April und die Armeezeit ist vorbei. Seine Eltern sind schon aus der Wohnung ausgezogen, wir könnten sofort einziehen, müssen aber ein Nachweis bringen, das wir demnächst heiraten. So ein Schreiben habe ich mir beim Standesamt geholt, der Hochzeitstermin steht inzwischen fest, Ende August, war vorher kein anderer Termin frei. Habe gleich alles in der Firma abgegeben und bekomme nächste Woche Bescheid. Wenn alles klappt, könnten wir schon nächste Woche umziehen, das wäre ein Traum. Endlich raus aus dieser kleinen Buchte, obwohl es auch sehr schön war. Der Umzug ist nicht weiter tragisch, weil die Wohnung hier auf der gleichen Etage ist. Wir haben ja nicht viel Möbel und seine Eltern lassen einen großen Teil für uns drin, sodass wir nichts extra kaufen müssen, außer ein größeres Kinderbett.

Mal sehen, vielleicht lassen wir es auch so und kaufen später gleich ein richtiges Bett. Aber darüber machen wir uns später Gedanken, jetzt erst einmal umziehen.
Schön dass wir jetzt alle zusammen sind, meine kleine Familie ist komplett. Ein tolles Gefühl abends nicht mehr alleine in´s Bett gehen zu müssen, etwas Hilfe zu bekommen, in den alltäglichen Sachen. Noch hat er Urlaub und muss sich erst einmal wieder einleben und sich um eine Arbeit kümmern.

Wir spazieren am Strand, die Sonne scheint und wir genießen die Luft. Begutachten die Reste vom Winter, sieht immer noch chaotisch aus hier unten. Der ganze Unrat, den der Sturm angeschwemmt hat, liegt noch herum, kreuz und quer zwischen den Eisbergen, die nur langsam abtauen. Die Gemeinde ist schon fleißig am aufräumen, bald kommen die ersten Strandkörbe hier runter und die Saison beginnt.

Mein Schatz übernimmt nun doch ein kleines Hotel, wird Hoteldirektor, eine große und neue Aufgabe für ihn. Bestimmt wird er nie pünktlich nach Hause kommen, aber einfach wichtig dass er da ist und wir endlich ein auf Familie machen können. Es geht uns gut, sind alle drei glücklich und hoffen, dass es lange so bleibt. In der neuen Wohnung fühlen wir uns sauwohl, vor allem Moni, sie hat eine kleine Ecke nur für sich alleine, einfach abgetrennt mit zwei Schränken und einen großen Vorhang dazwischen gespannt. Sie geht schon ein paar Schritte allein und hat hier ganz viel Platz zum herumtoben.

Meine Eltern sind gerade da, Moni tobt durch die Wohnung, sie ist kaum noch zu halten. Ein kleiner Wirbelwind, der alles auf einmal entdecken will, nichts ist mehr sicher. Wir sitzen am Kaffeetisch als meine Mutti sie ruft, sie hört nicht, spielt einfach weiter. Sie versucht es noch einmal, aber Moni reagiert nicht. Wahrscheinlich ist sie so beschäftigt und hört einfach nicht hin, denke ich. Mutter macht sich Sorgen, meint, ich soll das doch endlich mal abklären und zum Kinderarzt gehen. Vielleicht kann sie ja wirklich schlecht hören. Hab es doch selbst schon öfter getestet und nichts ungewöhnliches festgestellt, außer dass sie eben ein sturer Bock ist, aber das hat sie wohl von mir geerbt. Meine Moni ist kerngesund, wird mir doch bei jeder

Untersuchung bestätigt. Wenn da was nicht in Ordnung wäre, hätte der Arzt schon längst was festgestellt. Sie plappert zwar nicht so wie andere Kinder in ihrem Alter, ist eben ein ruhiges Kind, ich finde es nicht schlimm.

Mein Schatz kommt von der Arbeit, Moni schläft längst und ich erzähle ihm von meiner Mutti, was sie für Sachen raushaut. Er meint auch, Quatsch, alles in Ordnung mit unserer kleinen Maus. Ok, bin wieder beruhigt, mache mir da keine weiteren Gedanken, bin nur sauer auf meine Mutter, wie kann sie mich so schocken.

Erneut hat mich meine Mutter angesprochen, ob ich schon wegen Moni´s Ohren beim Arzt war. Also das nervt wirklich, mache mir aber in´s Geheim trotzdem so meine Gedanken, ob da doch was dran ist. Versuch beim Spielen, ihr Gehör zu testen. Zeige auf einen Gegenstand, sage ihr, dass sie das Spielzeug holen soll. Wie jedes Kind folgt sie mir, holt das Buch oder die Puppe oder sonst was. Wenn ich mit ihr erzähle schaut sie ganz gespannt auf meine Lippen und macht irgendwelche Grimassen nach, aber ohne Stimme, nur mit den Lippen. Ich sitze direkt hinter ihr, pfeife ihr ins Ohr, schwups dreht sie sich um, also doch alles ok, sie hat es gehört. Aber wenn sie spielt, mich nicht sieht und ich rufe, dann reagiert sie nicht. Es macht mich total wuschig, weiß nicht was ich davon halten soll. Ist wirklich alles in Ordnung, ich krieg es nicht raus. Bin traurig, mache mir immer öfter Gedanken, was ist mit meiner Maus los ist, kann sie hören oder nicht? Sie macht doch ein ganz gesunden Eindruck, macht keinerlei Probleme, was soll ich machen?

Meine süße Maus muss zum ersten mal ins Krankenhaus, sie ist doch noch so klein, muss in eine Klinik. Einfach nur

schrecklich dieser Gedanke, sie dort abzugeben. Seit drei
Tagen hat sie immer wieder Durchfall, mag nicht richtig
essen und weint nur. Fühle mich gestresst und genervt, bin
genauso krank wie mein Kind. Bin nur am Waschen, kann keine
Windel mehr sehen und bin kurz davor mich selbst zu
übergeben.

Der Kinderarzt meinte „Verdacht auf Bakterienruhr", noch nie
gehört so was. Keine Ahnung was das sein soll und was man da
macht. Was machen die mit ihr, ob sie Spritzen kriegt? Ob
sich überhaupt jemand um sie kümmert? Darf ich da bleiben?
Wie läuft das ab, ich krieg Panik, tausend offene Fragen.
Schnell ein paar Sachen gepackt und los geht es. 18
Kilometer Autofahrt, Moni nur am heulen, kriege sie kaum
beruhigt, oh man meine Maus, tut mir so leid. Es hilft nicht
mal Spielzeug, nichts kann sie beruhigen. Mir wird schlecht,
die Hände zittern, die Fahrt wird zur Ewigkeit. Angekommen
nimmt mir gleich eine Schwester das schreiende Kind ab und
versucht gleichzeitig mich zu beruhigen. Na toll, ist doch
nur Gelaber, ich höre nicht hin, will nur wissen was mein
Kind hat. Der Arzt kommt, drückt bisschen auf ihren Bauch
herum und sie nur am schreien, stört ihn aber nicht. Mir
kullern die Tränen, bin völlig durch den Wind und
aufgewühlt. Kann nichts tun, ihr nicht helfen, nur hilflos
zu gucken, was der Doc mit ihr anstellt. Er meint, dass sie
erst mal hier bleiben muss. Sie müssten Stuhl- und
Blutproben nehmen, bis die Ergebnisse da sind kann es
dauern. Wir sollten doch beruhigt nach Hause fahren, unser
Kind wäre hier gut auf gehoben und sie würden alles tun,
damit sie schnell wieder gesund wird. Ich kann nicht nach
Hause und schon gar nicht mich beruhigen. Warte auf dem Flur
bis man mein Kind irgendwo, in irgendein Zimmer bringt. Ich

muss sehen wo sie liegt, mit wem sie im Zimmer ist, ob es da Spielzeug gibt. Kann jetzt nicht weg, kann doch nicht einfach weg gehen. Es dauert und dauert, bin vor lauter heulen total am Ende und kraftlos, höre im Nebenzimmer mein Kind schreien. Habe schon dick geschwollene Augen, heule mir die Seele aus dem Leib. Endlich, der Arzt kommt, lächelt mir schon von weitem zu und beruhigt mich. Er meint, dass Verdacht auf eine bakterielle Darmerkrankung besteht, die allerdings, wenn sich das bestätigt, ansteckend ist. Was bedeutet das, ich habe keine Ahnung. Er meint, dass wir Moni nicht besuchen dürften, wegen der Ansteckungsgefahr, sie würde auf eine Quarantänestation kommen und dort natürlich ganz alleine liegen ohne Spielkameraden und ohne Besuch von außen. Ich werde nicht wieder, nichts mit beruhigen, jetzt geht es mir erst recht Scheiße. Ich darf auch bis zum endgültigen Befund nicht in der Küche arbeiten, nicht mit Lebensmitteln in Berührung kommen. Wenn es wirklich so ist, dann bin ich doch längst angesteckt, so ein Quatsch alles, lasse ihn aber weiter labern. Als er endlich fertig ist, gebe ich ihm zu verstehen, dass ich mein Kind sehen will, jetzt sofort. Es ist mein Kind und mein gutes Recht. Er stimmt zögerlich zu, ich darf auf Station gehen und wenigstens durch die Scheibe gucken. So schnell war ich noch nie zwei Etagen gerannt, frage mich, total verheult, durch die Stationen und stehe dann vor einer Tür mit einer großen Glasscheibe. Da stehen drei Kinderbetten drin, in einem liegt meine Moni, total blass und verheult, total kraftlos, fällt sie immer wieder um.

Sie vermisst mich bestimmt und ich kann sie nicht mal in den Arm nehmen, kann sie nicht streicheln oder trösten. Sie ist noch so klein, niemand kann ihr erklären was gerade

passiert, das ist so schlimm und unmenschlich. Wenn sie
älter wäre, könnte man ihr alles erklären, sicher würde sie
es begreifen, aber das geht nicht, leider. Sie versucht
immer wieder aufzustehen und brüllt wie am Spieß, das höre
ich hier auf dem Flur, ich kann nicht weiter zugucken, das
macht mich fertig. Schon zu sehen wie man sie angezogen hat.
Weißen Strampler, mit großen Flecken und diversen Löchern,
wie ein..... Sie ist doch kein Baby mehr, ist doch schon
bald ein Jahr alt. Eine Schwester gibt mir die Sachen, die
sie bei der Einlieferung an hatte, die dürften nicht hier
bleiben, wegen der Ansteckung, meint sie und zu Hause gleich
waschen. So ein Schwachsinn, ich werde wahnsinnig. Will nur
noch weg hier, raus, erst einmal frische Luft schnappen.
Mein Kopf platzt bald und die Beine zittern. Ich, ohne mein
Kind nach Hause, wie soll ich das aushalten, krieg doch kein
Auge zu heute Nacht.
Wieder zu Hause, immer noch fix und fertig, gehe ich gleich
zur Firma, wegen einer Ersatzarbeit oder so was. Mein Chef
ist platt, hatte so was auch noch nicht erlebt. Soll mich
melden wenn wieder alles in Ordnung ist und bis dahin werde
ich in ein anderes Haus versetzt. Ein kleiner Hotelanbau,
eher ein alter Schuppen würde ich sagen, da muss alles
sauber gemacht werden. Die Räume wurden Jahre nicht genutzt
und sehen auch so aus. Putzmittel stehen genug herum, darf
mich jetzt täglich acht Stunden mit Putzen beschäftigen, oh
wie ich mir vorkomme, ich sag es lieber nicht. Dazu noch
ganz allein, den ganzen Tag allein hier, grauenvoll. Das ist
nun wirklich keine Ablenkung, wo ich doch nur an mein Kind
denken muss. Mein Schatz versucht mich Abends zu beruhigen,
schafft er aber nicht, ich weine die ganze Nacht. Was sie
wohl denkt, bestimmt hat sie Angst ihre Mama nie
wiederzusehen, ob sie so was schon denken kann? Denken so

Kleine schon so weit oder überhaupt? Würde mich schon interessieren.

Nach drei Tagen, weiß nicht mehr wie ich die überstanden hab, gibt es gute Nachrichten, wir können unser Kind wieder abholen. Der Verdacht hat sich zum Glück nicht bestätigt, alles wieder in Ordnung, keine Bakterien im Darm, war wohl nur eine Magenverstimmung oder so was. Überglücklich und total aufgeregt fahren wir los, unsere Moni darf wieder nach Hause, zu Mama und Papa. Das Gefühl kann ich kaum beschreiben, so glücklich bin ich, kriege mein Kind wieder. Kann mir jetzt vorstellen, wie sich Mamas fühlen, denen man das Kind wegnimmt, aus welchen Gründen auch immer. Es fühlt sich an, als würde einem das Herz stehen bleiben, als würde es einfach nicht mehr schlagen, einfach null. Überglücklich kommen wir in der Klinik an, im fünften Gang rennen wir sofort in´s Krankenzimmer auf die Quarantänestation. Moni sieht uns, strampelt und zappelt in ihrem Bettchen. Sie will gleich rausklettern, kann sie gerade noch halten und drücke sie fest an mich, ganz fest, mag sie gar nicht mehr loslassen. Es fühlt sich so gut an, meine Maus wieder in den Armen zu halten. Schnell noch die Entlassungspapiere ab geholt geht es gleich wieder nach Hause, nur schnell weg hier.

Sind wieder vereint, unsere kleine Familie komplett und überglücklich. Klar dreht sich erst mal alles um unser Kind, schließlich war sie getrennt von ihren Eltern, einfach weg, unter vielen fremden Menschen. Möchte gar nicht wissen wie es ihr diese drei Tage ergangen ist, bin nur froh sie wieder strahlend zu Hause zu sehen. Auf Schritt und Tritt verfolgt sie mich, hat bestimmt Angst, dass ich sie wieder allein lass.

Habe heute frei, Überstunden abbummeln. Wir machen ein Strandspaziergang, die Sonne scheint und die Möwen fliegen über unsere Köpfe hinweg. Ich genieße die Seeluft, atme ganz tief durch, es tut gut, bin wieder der glücklichste Mensch auf Erden. Moni stapft durch den noch etwas feuchten Strandsand, fühlt sich genauso pudelwohl und genießt es hier unten. Sie will immer zum Wasser laufen, ist eine kleine Wasserratte, aber zu kalt zum Baden heute. Ich hole sie immer wieder zurück, schwups rennt sie wieder Richtung Wasser und patsch liegt sie mit dem Gesicht im Sand. Den ganzen Mund voller Strandsand und sie weint. Ein kleiner Schokoriegel ist die Rettung und ab geht es wieder nach Hause. Bis zum Abendbrot kann sie es kaum erwarten, steht vorm Kühlschrank und will die Tür öffnen, sie hat Hunger, wie immer. Schafft sie aber noch nicht, schon weint sie wieder. Seitdem sie im Krankenhaus war, weint sie bei jeder Kleinigkeit, das nervt, ich kenne das nicht von ihr. Hoffe nur, dass es sich in den nächsten Tagen wieder bessert.

Ende August, unsere Hochzeit steht an. Mein Schatz hat in seinem Hotel alles organisiert, haben abgesprochen, es niemanden zu sagen, wollen kein großen Trubel. Ich habe mich auch daran gehalten, nur mein Schatz konnte seine Klappe nicht halten. Ständig quatschen mich Leute an, stimmt es dass ihr heiratet oder wollt ihr endlich heiraten, nervig, was geht das andere Leute an. Diese dämlichen Kommentare, habe doch selbst mein Kopf voll und keine Lust auf solch Gequatsche. Mir wäre am liebsten, einfach zum Standesamt, Papiere unterschreiben und fertig, ohne großen Aufwand. Aber da spielen die Eltern von meinem Freund nicht mit, die wollen eine richtige Feier, wie es sich gehört, also richtig altbacken.

Polterabend machen wir hier im Hotel, es gibt geschmierte Brote und fertig. War aber leider keine so gute Idee mit dem Polterabend hier. Schließlich wird da gepoltert und es gibt eine große Sauerei auf dem langen Flur. Oh man, die ganze Keller-Etage ist voller Scherben, sind nur am fegen, schließlich müssen alle, die hier unten wohnen auch hier vorbei. Na super, es kommen immer mehr Leute, schmeißen irgendwelches Geschirr hin, was sie schnell aus ihren Zimmern holen und schwupps sitzen sie schon am Tisch, essen und trinken, ohne eingeladen zu sein. Alles Arbeitskollegen oder Mitarbeiter aus der Firma. Wie ich das hasse, das macht man doch nicht, oder? Immer wieder sind wir am fegen, mein frisch gebackener Schwiegervater ist so nett, fegt alles wieder breit, ich kriege eine Krise, was soll das denn, ist doch wohl bescheuert. Bin sauer, will endlich fertig werden und mich auch mal setzen, morgen wird anstrengend genug. Kaum noch ein Überblick, wer alles hier sitzt und sich bedient, aber fühlen sich alle wohl. Drei große Obststiegen voller Scherben, die stellen wir erst mal auf den Balkon, wichtig dass der Flur wieder sauber ist und wir kein Ärger kriegen. Völlig fertig, kaputt, genervt und aufgeregt fallen wir spät in´s Bett. Können aber beide nicht schlafen, so sehen wir früh auch aus. Einfach schrecklich. Standesamt hat alles geklappt, hab auch wirklich „ja" gesagt, jetzt bin ich nicht nur Mama, jetzt bin ich auch Ehefrau, trage den Namen meines Freundes, nein meines Mannes. Nur unsere Eltern, Großeltern und Geschwister sind geladen, insgesamt 15 Leute. Reicht doch, finde es schöner in so kleinem Rahmen und die

Stimmung ist auch angenehm. Wir im Rampenlicht, nichts für mich, hoffe dass der Tag ganz schnell vorbeigeht. Abends sitzen wir gemütlich in unserer Stamm-Nachtbar bei Discomusik und kaltem Büfett. Klappt alles super, alle gut drauf, saufen, quatschen und tanzen bis in die Morgenstunden. Geschafft, bin jetzt verheiratet, was ich nie wollte, jetzt hab ich es doch getan, schrecklich. Aber glücklich bin ich doch, alles läuft wie am Schnürchen. Kind, Mann, Wohnung und Arbeit, alles gut, wir sind eine glückliche Familie. Unser Leben ist einfach perfekt, wir sind perfekt, nichts auf der Welt wird das kaputt machen.

Heute hatten wir Post von der Firma. Es werden Wohnblocks gebaut, für die vielen hunderte Mitarbeiter und wir würden mit auf der Bedarfsliste stehen, sollen uns die nächsten Tage melden und die Papiere unterschreiben. Wow, das ja der Hammer, endlich eine richtige Wohnung, nicht mehr im Keller hausen. Obwohl, hier gefällt´s uns auch, ist immer was los und wir sind nie allein. Die Wohnblock´s werden genau gegenüber von uns gebaut, hatten uns schon gewundert warum da so viel gebuddelt wird. In neun Monaten soll alles fertig sein, vielleicht auch früher, je nach Wetterlage. Moni bekommt ihr eigenes großes Zimmer, eine richtige Küche und eine Badewanne. Ich liebe baden, kann da gut abschalten vom stressigen Alltag und entspannen. Kann es kaum erwarten und möchte am liebsten sofort einziehen. Entscheiden uns für die 2. oder 3. Etage, können es uns aussuchen. Den ganzen Einkauf, dazu das Kind, alles muss ja nach oben gebracht werden, da ist fünfte Etage nicht gerade angenehm und ein Fahrstuhl wird nicht eingebaut. In Gedanken richte ich schon die Zimmer ein, mache mir ein Kostenplan und überlege wo ich das eine oder andere günstig kriegen kann. So eine 3-

Raumwohnung muss man ja erst einmal einrichten, Gardinen, Teppich, Lampen, Möbel, Betten, tausende Kleinteile und und und. Ein Teil von dem was wir jetzt haben, müssen wir in der alten Wohnung lassen, gehört der Firma. Also ist ab sofort sparen angesagt, einfach jeden Pfennig weglegen. Kann an den Wochenenden und den Feiertagen öfter arbeiten, da gibt es jede Menge Zuschläge. Jahresendprämie kriegen wir beide auch, das lohnt sich dann schon.

Mieses Wetter draußen, wie immer machen wir viel Quatsch und toben herum. Ich erzähle mit Moni, aber sie macht keine Anstalten mal zu mir zu gucken. Hm, ich pfeife hinter ihrem Rücken, schwups dreht sie sich um, lacht mich an. Ich stehe auf, klopfe an die Tür, ganz laut und immer lauter, aber es interessiert sie anscheinend nicht. Verschiedene Sachen probier ich aus, kann sie was hören oder kann sie nicht? Oder ist sie nur durch ihr Spielzeug abgelenkt? Ich versteh es einfach nicht, manchmal reagiert sie gleich, manchmal kann ich machen was ich will, keine Reaktion. Sollte meine Mutti doch recht haben? Ist da wirklich etwas nicht in Ordnung mit ihren Ohren? Gerade eben noch überglücklich, dass wir bald eine neue Wohnung kriegen, fällt meine Stimmung plötzlich in den Keller. Was ist, wenn sie wirklich schwer hören kann, was hat das für Auswirkungen, was sollen oder können wir tun? Plötzlich ist mein Kopf voller Fragen, voller Sorgen und Ängste. Wenn sie nicht richtig hört, wie kann ich ihr das Sprechen beibringen? Geht doch gar nicht oder? Wie soll sie mal im Leben klar kommen? Kann sie überhaupt in eine Schule gehen? Darf sie weiter in die Krippe, später in den Kindergarten? Manch andere Kinder können schon Mama und Papa sagen, aber unsere Moni immer noch nicht, obwohl sie schon ein Jahr ist. Sie guckt mich immer nur an, wenn ich ihr was erzähle, sie will es zwar nachsprechen, kommen aber nur ein paar wirsche Töne raus. Vielleicht doch nur ein Spätzünder. Mal wieder die ganze Nacht wach, entscheide ich mich morgen zum Arzt zu gehen, ach nein, werde morgen erst einmal in der Krippe Bescheid sagen. Schließlich haben die ja auch ihre Erfahrungen und können mal genauer drauf achten.

Mal wieder total gerädert, habe kaum geschlafen und mein Schatz meint, ich soll mir da nicht so viele Gedanken machen, unser Kind ist gesund und munter, da gibt es keine Probleme. So sehe ich es ja auch, aber trotzdem lässt es mich nicht los, werde mich verstärkt um die Sache kümmern, schließlich reagiert sie ja manchmal wirklich nicht, warum nur?

Gleich früh, die Ersten in der Krippe, geh ich zur Erzieherin, erkläre ihr meine Sorgen. Sie meint zwar, dass ich mir da keinerlei Gedanken machen soll, aber sie wird Moni genau beobachten. Erst einmal froh, dass auch sie der Meinung ist, dass alles in Ordnung sei, gehe ich wieder etwas fröhlicher in den Tag, mir geht es etwas besser.

Auf Arbeit war heute viel Streß, hatte kaum Zeit, mir über Moni Gedanken zu machen. Es tat gut, mal an andere Sachen zu denken, sich um andere Dinge zu kümmern. Nicht ständig daran denken, was ist wenn und warum und wieso. Wenn wirklich etwas sein sollte, kann ich mir noch genug Sorgen machen. Gut gelaunt komm ich zur Krippe, da steht auch schon die erste Erzieherin vor mir, zieht mich in´s Büro. „Was ist denn jetzt passiert", frage ich sie. Mit gesenktem Kopf und zittriger Stimme erklärt sie mir, dass Moni heute beim Spaziergang ihren eigenen Weg gefunden hat. Sie ist einfach, während die Erzieher gequatscht haben, auf die Straße gelaufen. Im vollen Berufsverkehr, Autos über Autos und unsere Moni geht da einfach mal so spazieren. Anscheinend hatte sie nicht mal Angst und wohl auch nicht geweint. Ein Autofahrer hatte die Situation schnell erkannt und die anderen Autos sofort gestoppt. Glücklicherweise ist nichts passiert, alle sind wohl auf und die Erzieher haben mal wieder dazu gelernt. Einwenig geschockt bin ich schon, wie kann so was nur passieren? Klatsch und Tratsch ist den Erziehern wichtiger als auf die Kinder aufzupassen, das kann doch nicht sein. Meinem Kind geht es aber gut, hat den kleinen Ausbüchser gut überstanden und das ist die Hauptsache. Die Erzieher sind allesamt ganz liebe, nette Frauen und bestimmt war es nur eine ganz dumme Situation, dass so was passieren konnte. Haben sich auch alle bei mir entschuldigt.

Wie immer will Moni nicht nach Hause. Neuerdings will sie nie mit, immer macht sie Theater, will hier bei den Kindern bleiben. Ist mir schon peinlich, mein Kind will nicht mit nach Hause, als hätten wir so ein schlimmes Heim, als wäre ich eine Rabenmutter. Aber sie fühlt sich hier wohl, zwischen den vielen Kindern, ist ja auch interessanter als alleine zu spielen, ich versteh es, aber nutzt nichts, wir müssen los. Auf dem Hof erwartet mich schon die nächste Erzieherin. Oh nein denke ich, was kann jetzt noch kommen, für heute reicht es ja wohl. Sie meint, dass sie bei Moni nichts auffälliges erkennen kann, sie hat sie heute den ganzen Tag beobachtet. Sie wäre wie alle anderen Kinder, nur dass sie noch nicht ganz so viel plappert, aber sie wäre eben ein ruhiges Kind. Wir sollen uns keine Sorgen machen und noch ein halbes Jahr abwarten. Kinder machen ganz schnell große Sprünge in ihrer Entwicklung und vielleicht sieht es in zwei Wochen schon ganz anders aus. Das beruhigt mich sehr, trotzdem lässt mich das alles nicht los. Täglich mache ich neue Versuche, probiere irgendwelche Sachen aus, um endlich raus zu finden, ob mein Kind hören kann oder nicht. Ehrlich, ich krieg es einfach nicht raus. Mal klappt es und mal klappt es nicht, ich werd noch irre. Vielleicht hört sie ja auch nur etwas schlechter, wenn sie beschäftigt ist oder andere Dinge spannender findet. Meine ach so heile Welt, sie hat einen Knacks. Alle wollen mich beruhigen, aber um so mehr habe ich den Eindruck, dass da was nicht in Ordnung ist. Mit meinem Kind etwas nicht stimmt. Ich brauche endlich Gewissheit, sonst drehe ich noch durch.

Wir gehen zum Arzt, will es jetzt genau wissen. Erkläre ihm die Situation und was wir vermuten. Er fängt an, wie es eben alle gleich tun, mich zu beruhigen. Wir sollen uns da nicht so große Gedanken machen, schließlich wäre sie gerade mal ein Jahr und da fangen die meisten erst an mit dem Sprechen. Noch mal und jetzt etwas deutlicher, erkläre ich ihm, dass wir verschiedene Sachen probiert haben, klopfen, pfeifen, rufen, Tür knallen u.s.w., aber manchmal reagiert sie und dann wieder nicht. Er kennt Moni vom ersten Tag und meint, dass sie ganz normal entwickelt ist und er nichts ungewöhnliches feststellen kann. Gibt mir aber doch eine Überweisung zum HNO-Arzt, da der die entsprechenden Werkzeuge hat, um tiefer in die Ohren zu gucken.

Na klar doch, den Besuch hier hätten wir uns sparen können, bin genauso schlau wie vorher. Was, wenn der HNO-Arzt auch sagt, „alles in Ordnung", wäre ja super, kann nur nicht so ganz daran glauben. Dann würde sie doch immer reagieren wenn es laut ist, ich rufe oder klopfe, aber so ist das nicht.

Ich komme mir vor wie besoffen, total durcheinander im Kopf, weiß nicht was ich denken soll. Soll ich wirklich erst noch ein halbes Jahr warten? Vielleicht hat sie wirklich was mit den Ohren und in einem halben Jahr bestätigt es sich dann. Dann kann man vielleicht nichts mehr machen und sie muss damit Leben. Oh nein, das werd ich meinem Kind nicht an tun. Ich werd jetzt so lange keine Ruhe geben bis ich ganz sicher bin was da los ist. Schließlich geht es um mein Kind und um ihre Zukunft. Möchte mein Kind glücklich und gesund aufwachsen sehen, wünsche mir ja auch noch ein Zweites. Solange ich keine Gewissheit habe was wirklich los ist, kann ich doch kein Zweites kriegen. Damit wäre ich bestimmt überfordert und könnte mich um beide nicht so gut kümmern, wie ich es gern wollte. Möchte doch immer eine gute Mama sein und alles tun, damit es meinem Kind oder später Kindern, gut geht.

Heute waren wir endlich beim HNO-Arzt. Knapp zwei Stunden Wartezeit, einfach grauenvoll. Der Arzt, ein ganz lieber netter Doktor, hat Moni untersucht, mit seinen vielen Instrumenten in ihren Ohren herum gefummelt. Hatte zu tun sie fest zu halten, sie war nur am quängeln, wollte immer die Instrumente zum Spielen haben, ging natürlich nicht. Er meinte, dass er nichts ungewöhnliches feststellen könne, ein Hörtest würde Klarheit bringen, geht aber bei so kleinen Kindern noch nicht. Manchmal stören auch nur die Polypen in der Nase, vor allem, wenn sie etwas verschnupft sind. Er schlägt vor, die Dinger zu entfernen, wird natürlich nur stationär gemacht. Ich gehe kaputt, mein Kind, schon wieder ins Krankenhaus, das geht ja wohl gar nicht. Sie hat sich doch gerade erst erholt, von den vielen Weißkitteln und jetzt schon wieder. Wie soll ich das nur durchstehen und

mein Kind erst einmal. Da bekommt sie ja gleich ein Trauma.
Nach einer Weile hab ich dann doch zu gestimmt, hilft ja
nichts, schließlich will ich ja nur das Beste und später
wird sie sich nicht mehr dran erinnern. Hab gleich die
Überweisung für den Eingriff unterschrieben, den der HNO-
Arzt selbst durchführen wird, was mich etwas beruhigt.
Nächste Woche soll es los gehen. Drei Tage Klinikaufenthalt,
wir kennen das ja schon.

Ziemlich bedrückt, dass unser Kind schon wieder in die
Klinik muss, gehen wir am Nachmittag bummeln, wollen uns
ablenken. Spazieren auf der Promenade und bemerke, dass mein
Mann sehr nachdenklich wirkt. Er fängt an: „Was ist wenn
Moni wirklich schwer hören kann"? Habe keine Antwort darauf,
was soll ich da sagen, weiß ja selbst nicht wie es dann
weiter geht. Hoffe nur, dass sie nicht noch öfter ins
Krankenhaus muss, find es schrecklich, sein Kind da
abzugeben, allein zurückzulassen. Vielleicht lassen die
Schwestern die Kinder stundenlang schreien, können sich ja
nicht um alle gleichzeitig kümmern. Sind sie auch behutsam,
wenn die Kleinen mal eine Spritze bekommen? Werden sie auch
mal gestreichelt oder in den Arm genommen? Oh, darf gar
nicht dran denken, es macht mich krank.

Es herrscht eine miese Stimmung zu Hause. Traurigkeit liegt
in der Luft, beide denken wir nur noch an Moni, an unsere
süße kleine Maus, was ist wenn? Ich kann kaum noch klar
denken, aber ich muss, sie braucht mich, uns, gerade jetzt
braucht sie uns.
Wir fahren zu meinen Eltern, da können wir uns, hoffe ich,
endlich etwas ablenken. Natürlich freuen sie sich wie immer
wenn wir auftauchen. Auch Moni freut sich, hier gibt es

nämlich eine kleine Katze seit kurzem. Ist doch ein schönes Spielzeug. Moni rennt ihr den ganzen Tag hinter her, will mit ihr spielen, aber die kleine Mieze will das nicht. Jedenfalls nicht andauern. Na, Moni versteht das noch nicht, wird sauer, weil die Katze immer wieder verschwunden ist und sie muss sie suchen. So schnell kann sie ja noch nicht laufen, fällt immer wieder hin, aber ohne mucks steht sie auf und weiter geht es. Endlich, sie hat die Mieze gefunden und freut sich. Sie schnappt sich das kleine Tierchen und schleppt es quer über den Hof. Die Katze zappelt und strampelt, miaut wie verrückt, das interessiert Moni herzlich wenig. Ist schon lustig mit anzusehen, wie schön sie sich beschäftigt. Oh je, jetzt liegt sie neben der Katze auf dem matschigen Hof, beobachtet ganz genau wie diese ihre Milch aus der Schale schleckt. Beide liegen neben einander, ist das süß. Meine Mutti kommt und schimpft mit mir. Moni soll nicht so herumtoben mit der Katze, wenn die nicht will, ganz schnell fährt sie ihre Krallen aus und dann haben wir die Bescherung. Recht hat sie ja, ich kenne es von früher, wir hatten schon immer Katzen. Die Katze soll nicht so vertrödelt werden, die ist da um Mäuse zu fangen. Ich rufe und zeige Moni, dass wir essen wollen und ihre Omi schon den Tisch gedeckt hat. Sie schaut mich mit großen Augen an und widmet sich doch echt wieder der Katze. Da reicht es meiner Mutter, sie bringt das Tier in den Stall und versperrt die Tür. Na toll, jetzt geht gerade die Welt unter, Moni schreit wie am Spieß, lässt sich auch nicht beruhigen, na tolle Nummer, danke liebe Oma. Vor lauter Schreien macht sie gleich in die Hose, trägt ja längst keine Windel mehr, klappt normalerweise auch ganz gut. Die schönen roten Lackschuhe, quitternass und durchgeweicht. Jetzt muss sie erst einmal barfuß laufen, habe ja keine anderen Schuhe mitgenommen. Aber das soll gesund sein und ihr scheint es auch zu gefallen. Sie tapst zum Wäscheplatz, da hängt die Nachbarin gerade Wäsche auf und freut sich Moni zu sehen. Sie erzählt mit ihr, aber Moni hat nur zu tun, ihr die Klammern aus dem Korb zu stibitzen und auf dem ganzen Wäscheplatz zu verteilen. Die Nachbarin schimpft nicht, sie findet es eher witzig. Die beiden kennen sich schon ganz gut, das ist nämlich die Mutti von meiner kleinen Freundin, die sich immer rührend um Moni kümmert, wenn wir mal hier sind. Außerdem hat sie auf Moni aufgepasst als wir geheiratet haben. Das ist eben das schöne am Dorfleben, alle so hilfsbereit und nett. Alle helfen und geben gern, auch wenn es das letzte Hemd ist, ein ganz toller Zusammenhalt.

War wirklich ein wunderschönes Wochenende, wir konnten mal abschalten von unseren Sorgen und Ängsten und uns erholen. Wieder klar im Kopf, geht es ab in die Klinik. Die Aufnahmeprozedur kennen wir ja schon, geht sehr schnell. Auf dem Flur treffen wir noch eine Bekannte mit ihrem Kind. Die fängt gleich an uns mit ihren Sorgen zu bombardieren. Ich erkläre ihr, dass wir leider keine Zeit haben, uns auf der Station melden müssen und schwups sind wir weg. Kann mich doch jetzt nicht mit fremden Sorgen belasten, habe selbst genug davon und den Kopf voll. Moni fängt an zu weinen, sie kann sich bestimmt dran erinnern, was jetzt passiert. Alle rennen mit weißen Kitteln herum und das scheint ihr richtig Angst zu machen. Sie krallt sich an meinem Arm fest und schreit, will nicht runter. Ich streichle sie und darf diesmal mit ins Zimmer. Ich ziehe ihr den Schlafanzug an, lege sie ins Bett und tröste sie. Bleibe noch bei ihr sitzen, bis sie vor lauter Erschöpfung einschläft. Jetzt kommt der Arzt, der erklärt mir was genau gemacht wird. Es ist eine kleine Operation unter Vollnarkose. Muss nichts geschnitten werden, geht alles durch die Nasenöffnung, also keine Narbenbildung. Wir sollten nur aufpassen, da es nach dem Eingriff zu Nachblutungen kommen kann. Nicht gleich los toben und klettern, also alles etwas ruhiger angehen lassen. Leichter gesagt als getan, bei so einem kleinen Würmchen. Kann sie doch nicht festschnallen, hallo das ist ein Kind. Trotzdem fahre ich diesmal beruhigter und mit gutem Gefühl nach Hause. Freue mich auch schon darauf, dass Moni besser hören kann und ich ihr jeden Tag die Ohren voll labern werde, bis sie die ersten Worte sprechen kann.

Drei Tage sind vergangen und so gut ging es mir dann doch nicht. Musste wieder ständig an mein Kind denken, aber sicher ist das normal, bin schließlich die Mutti und mein Kind liegt im Krankenhaus.

Auf Station angekommen hören wir unser Kind schon brüllen. Oh man, wie sieht sie denn aus? Das ganze Gesicht voll Blut geschmiert, keine Schwester in Sicht und das Kind nur am schreien. Das ganze Bett ist nass einschließlich ihrer Sachen, einfach eklig und das in einem Krankenhaus. Einfach ein schrecklicher Ort, schon diese Gerüche, dann das Geschrei hier auf der Kinderstation, ich ertrag es nicht. Schnell schnappe ich mir mein Kind, tröste es so gut es geht. Will ihr das Gesicht abwischen, aber sie streikt. Tut ihr bestimmt weh, also mach ich nur das Nötigste sauber und ziehe sie ganz schnell an. Die Entlassungspapiere bringt eine Schwester vorbei und sagt : „Alles gut verlaufen", wir können gehen. Die haben nicht mal ein nettes Wort übrig, geschweige denn ein paar Info´s, wie wir uns verhalten sollen, nach so einem Eingriff. Warum soll ich mich aufregen, wir werden das schon hinkriegen und ab geht es Richtung Heimat. Zu Hause rennt sie gleich in ihr Zimmer, freut sich, wieder in ihrer gewohnten Umgebung zu sein. Bin noch den Rest der Woche zu Hause, sie darf erst Montag wieder in die Krippe. Es gibt keine weiteren Komplikationen, auch keine Nachblutungen.

Die Tage vergehen, der Alltag hat uns längst ein und ich setze meine vielen Test´s fort. Kann aber noch immer keine Änderung feststellen. Wie gehabt, manchmal reagiert sie und manchmal nicht. Langsam bin ich am Ende, am Boden zerstört. Die OP hat nichts gebracht und ich tappe weiter im Dunkeln. Wie geht es bloß weiter, was soll ich nur tun. Ich muss doch wissen ob mein Kind hören kann oder nicht. Werde noch wahnsinnig, diese Ungewissheit. Als Moni zur Welt kam, war ich so glücklich, der glücklichste Mensch auf der Welt. Dieses Glück schwindet, bin viel zu oft traurig und mit den Gedanken weit weg. Es gibt da kein Knopf, den ich ausschalten kann. Muss das Leben so ertragen wie es gerade ist und das macht mich mürbe, macht mich kraft- und hilflos. Was soll ich nur tun?

Moni flitzt schon wie ein kleiner Wiesel durch die Gegend, alles findet sie spannend und wird untersucht. Ob Küchenschrank, Toilettenbecken oder sonst was, nichts ist mehr sicher. Selbst der Papierkorb muss daran glauben, den schleift sie durch das Wohnzimmer, verteilt alles auf dem Fußboden. Ich renne nur noch hinterher, schimpfe mit ihr, aber sie schaut mich an und freut sich, sie versteht es einfach nicht, dass sie das eine oder andere nicht darf.

Das schlaucht, bin abends platt wie eine Flunder. Sie ist so süß, mit ihrer kleinen Stupsnase, kann ihr nicht ernsthaft

böse sein, ist schon witzig. Ihre Haare sind auch schon
tüchtig gewachsen, mache ihr ab und zu kleine Zöpfchen.
Damit sieht sie noch hübscher und süßer aus. Nur hat sie
keine Geduld so lange zu warten bis ich endlich fertig bin,
das ist jedes mal eine Herausforderung. Aber trotz allem,
Ordnung muss sein. Dieses kleine Mäuschen bringt richtig
Stimmung in mein Alltag, es wird nie langweilig. Das gute
daran ist, dass ich nicht ständig daran denken muss, was ist
wenn. Ja bin tagsüber so abgelenkt, mir geht es einfach gut
und die Welt scheint in Ordnung. Aber abends, wenn ich zur
Ruhe komme, dann sind wieder diese schlimmen Gedanken und
Sorgen da, was soll ich nur tun. Dieses kleine Wesen, meine
süße Moni, hat doch ihr ganzes Leben noch vor sich, wie wird
sie es meistern können, wenn überhaupt. Es gibt niemanden
den ich fragen kann, ich kenne auch niemanden der ähnliche
Probleme hat, wie ich. Abwarten? Aber auf was soll ich
warten, muss doch jetzt was unternehmen, so lange sie noch
so klein ist.

Die Krippe hat angerufen, ich soll Moni sofort abholen, sie
hatte einen kleinen Unfall, soll mir aber keine Sorgen
machen. Also es wird wirklich nicht langweilig, was ist denn
da passiert? Schnell schnappe ich mir mein Rad, rase wie
eine Verrückte zur Krippe. An der Eingangstür werde ich
schon empfangen. Auf den Weg nach oben erzählt mir die
Erzieherin was passiert ist. Moni´s Gruppenraum liegt in der
oberen Etage. An der Treppe nach unten gibt es zwei
Handläufe, einen für die Erwachsenen und einen niedrigeren
für die Kleinen. Moni begreift nicht, dass sie sich am
unteren Handlauf, den für kleinere Kinder, fest halten soll
und heute hat es geklappt. Sie ist die Treppe von ganz oben
bis ganz unten runtergestürzt. Hat jetzt eine riesige Beule

am Kopf und weint noch immer. Sofort fahren wir zum Arzt, der glücklicherweise nichts weiter fest stellen kann, außer dass die Beule am Kopf blau wird. Ich soll, so weit es geht kühlen, morgen wäre wieder alles gut und sie kann in die Krippe. Oh Schreck lass nach, hätte schlimmer ausgehen können, bin froh dass nichts weiter passiert ist. Mein Mann kommt, Moni schläft schon und ich erzähle ihm das Missgeschick. Er wettert über die Erzieher, können die nicht aufpassen, ständig passiert da was. Diesmal muss ich ihn beruhigen und erkläre ihm, dass Moni selbst schuld hat. Hab es ihr schon so oft gezeigt, wie sie die Treppe runter gehen soll, aber sie macht es einfach nicht. Vielleicht hat sie es jetzt begriffen und passt besser auf. Alles wieder gut, mag jetzt nicht weiter drüber diskutieren.

Die Tage verlaufen mal wieder friedlich. Bin glücklich und zufrieden mit meiner neuen Arbeit. Bin jetzt nämlich, auf eigenem Wunsch, in einem anderen Hotel. Da ist alles bißchen kleiner, weniger Gäste, weniger Stress, tolle Kollegen und ein netter Chef. Nett ist er ja, aber anscheinend hat er nicht viel zu sagen. Managen tun alles die alt eingesessenen Kollegen, die schon viele Jahre hier arbeiten und sich als Oberhaupt fühlen. Soll mir aber egal sein, mache nur meine Arbeit. Habe immer pünktlich Feierabend und freue mich, meine Moni von der Krippe zu holen. Meistens schlendern wir noch durch den Ort, treffen hier und da Bekannte, kleines Pläuschen und dann geht es weiter. Manchmal will sie die ganze Strecke zu Fuß laufen, das dauert zwar ewig, aber egal, wir haben ja Zeit.

Moni rennt gleich zur Rezeption, zeigt auf den Briefkasten und die Kollegen dort wissen, dass sie unsere Post abholen

will. Sie quatschen mit ihr, aber sie zeigt nur auf den
Kasten, alles andere interessiert sie nicht. Ich halte mich
zurück, beobachte alles, toll wie sie das schon hinkriegt,
einfach super. Kann gerade mal laufen und holt schon die
Post. Freudestrahlend kommt sie auf mich zu gerannt, ganz
stolz gibt sie mir ein Brief. Einen Zweiten behält sie in
der Hand, will ihn mir par tu nicht geben. Schwups hat sie
sich hinter einen Pfeiler versteckt und versucht ihn
aufzukriegen. Pult den Umschlag in tausend Teile mit ihren
kleinen Fingerchen, klappt natürlich nicht und ich erwische
sie dabei. Ha, sie findet es auch noch lustig erwischt
worden zu sein, flitzt ganz schnell hinter den nächsten
Pfeiler. Na ja so toben wir noch etwas herum, die Kollegen
an der Rezeption haben ihren Spaß und dann geht es runter in
unsere Kellerwohnung. Unbemerkt kann ich ihr den Brief
abnehmen. Er ist von unserer Firma. Was wollen die schon
wieder, denke ich und reiß ihn gleich auf. Siehe da, die
Bestätigung dass der erste Wohnblock bereits fertig ist. Wir
bekommen die 3-Raumwohnung. Dritte Etage und das schon in
drei Wochen. Der zweite Block wird auch schon gebaut, die
Kelleretage ist bereits fertig. Wenn da alles Mitarbeiter
aus unserer Firma einziehen, dann wohnen da ganz viele
Kinder. Bestimmt findet Moni dann Spielkameraden und wir
können Nachmittags, wenn kein Strandwetter ist auf den
großen Spielplatz hinterm Haus gehen. Können uns mit anderen
Mutti´s treffen und die Kinder können herum toben. Freue
mich riesig drauf, bin happy und rufe gleich mein Mann an.
Er macht sofort Feierabend und kommt nach Hause.
Wir sitzen am Kaffeetisch, planen die neue Wohnung und was
wir als Erstes kaufen müssen. Eben das typische, was man
dann so macht. Moni kommt, zeigt auf den Kühlschrank und
murmelt ein paar unverständliche Worte oder eher wirsches

Zeug. Aha, denke ich, sie hat Hunger oder Durst und weiß genau wie sie es uns erklären kann. Ist schon faszinierend wie so ein kleiner Knirps, der noch nicht sprechen kann, sich verständigt. Sie zeigt im Kühlschrank auf die Salami, echt sie will die Salami essen. Jedes andere Kind will Süßigkeiten, unsere Maus will nur eine Salami, ist ja krass. Sie lutscht an dem Teil als wäre es ein Lolli, es schmeckt ihr, das salzige Etwas. Als Baby mochte sie nie süßen Brei, hat schon immer herzhafte Sachen vorgezogen. Unser Kind ist eben anders, was besonderes, ist ja auch ein Sonntagskind und kam blitzschnell auf die Welt.

Wenn sie bei meinen Eltern ist und Mutti mit ihr einkaufen geht, dann pult sie mit ihren kleinen Fingern unter der Thekenauslage bis sie an die Wurstscheiben kommt und freut sich, als hätte sie im Lotto gewonnen. Die Verkäuferinnen kennen das schon, lachen darüber und freuen sich mit ihr und schieben den Wurstteller extra dicht an die Scheibe. Natürlich ist das amüsant, gut finde ich es aber nicht, die Wurst muss ja noch verkauft werden, kann doch nicht jeder an grapschen, geht einfach nicht. Meistens kriegt sie dann auch noch ein Nachtisch und sie geben ihr eine Scheibe extra über den Tresen. Ende vom Lied, sie geht immer gern mit Omi einkaufen, am liebsten den ganzen Tag.

Eine Kollegin ist gerade zu Besuch, sie interessiert sich für unsere Wohnung, will hier mit ihrem Freund einziehen. Frage, wann sie denn heiraten will. Erstaunt guckt sie mich an, wieso heiraten, ist nicht unser Plan, meint sie. Na ich bin baff, tolle Nummer jetzt geht es auch ohne, ich musste heiraten um hier einziehen zu können. Das finde ich echt gemein, eine richtige Sauerei oder haben die uns nur verarscht? Egal, jetzt kann man eh nichts mehr daran ändern, ist so wie es ist. Sie hatten sich für eine Wohnung in den neuen Blocks beworben, leider etwas zu spät, sind alle schon vergeben. Die nächsten Jahre stampft die Firma weitere Wohnblocks aus dem Boden, schließlich arbeiten hier 1200 Mitarbeiter, die alle Wohnungen brauchen. Also ein Großauftrag für die Firma, wollen auch die Mitarbeiter zufrieden stellen und nicht nur die Hotelgäste.

Großes packen ist angesagt, bummle heute meine Überstunden ab und hab viel zu tun. Die letzten Wochen hab ich jedes Wochenende gearbeitet, klar dass sich die neuen Kollegen freuen, aber das mach ich nicht auf Dauer. Nur zur Zeit, brauche die Zuschläge, das lohnt sich, brauchen das Geld für die neue Wohnung. Überall stehen Kartons herum, Moni findet es spannend, räumt alles aus, schmeißt die Sachen durch die Gegend oder versucht sich manche Sachen selbst anzuziehen. Hilfe, alles wieder einpacken, neu sortieren und ständig klingelt das Telefon. Bis morgen muss alles gepackt sein, da ist der große Umzug. Viele von den Kollegen, die auch hier unten wohnen, ziehen ebenfalls in den neuen Block und haben tausend Fragen. Wann zieht ihr um, welche Etage und welchen Aufgang, wann kommt euer Umzugswagen und und und. Ich schaffe gar nichts, werde nervös und hoffe, dass mein Mann bald kommt und sich mit Moni beschäftigt, damit ich mal fertig werde. Meine Schwiegermutter taucht auf, will helfen, oh nein, da schaffe ich gleich gar nichts mehr, da wird nur gequatscht. Frage, ob sie Moni übernehmen kann, damit ich endlich weiterkomme. Klar, sie freut sich und fährt mit ihr nach oben in die Hallenbar, da gibt es lecker Eis und für die Oma ein Käffchen. Ha, klappt doch, endlich etwas Ruhe, Telefonstecker ausgezogen und weiter geht es.

Endlich, unser großer Tag, haben die Schlüssel für unsere neue Wohnung gekriegt. Sind beide so aufgeregt und neugierig, müssen sofort mal gucken wie es innen aussieht. Nur fünf Gehminuten und wir stehen voll im Schlamm, überall Matsch, furchtbar. Kran, Bagger, Baumaterial, alles steht hier noch herum. Das hatten wir uns anders vorgestellt, aber wird ja noch weiter gebaut, das müssen wir wohl in Kauf nehmen. Ein Wohnblock nach dem anderen soll hier noch gebaut werden, also ein richtiges Wohngebiet mit Einkaufsmöglichkeit und Kita. Im Hausflur riecht es mächtig streng nach Farbe, Zement und sonstigem Bauzeug. Ich schließe die Tür auf, ein geiles Gefühl, unsere Wohnung. Sogar die Küche ist schon drin, hat die Firma eingebaut und ich könnte gleich los kochen. Oh das wird schön, endlich mal eine richtige Küche und viel Platz, ganz viel Platz zum schnippeln und kochen. Aus dem Küchenfenster können wir den Balkon von meinen Schwiegereltern sehen, die wohnen gegenüber, geil, können wir Rauchzeichen machen, wenn der Kaffee fertig ist. Genau zwischen uns, auf der großen Freifläche kommt ein Kindergarten mit Krippe, also eine Kita, hin. Vielleicht kann Moni später, wenn sie drei ist, in diesen Kindergarten, das wäre super. Früh Tür auf und schon wären wir da. Schräg gegenüber, nur nur Gehminuten, kommt ein großer Supermarkt hin. Auch perfekt, muss ich nicht alles so weit schleppen oder mit dem Fahrrad ran holen.

Das Kinderzimmer ist riesig und das Wohnzimmer mit großem Balkon. Unterm Balkon ein großer Spielplatz, mit riesigem Sandkasten und Bänke zum sitzen. Ich freue mich, bin überglücklich, es wird so schön werden, wenn alles mal fertig ist. Wenn Moni größer ist, kann sie sogar allein

unten spielen, ich kann sie beobachten und trotzdem den
Haushalt erledigen. Alles fühlt sich wieder perfekt an.
Keine Sorgen oder Ängste im Hinterkopf, einfach frei und
glücklich. Noch die Fenster ausmessen, gebrauchte Gardinen
von Schwiegereltern holen und dann kommt schon das
Umzugsauto. Die Kumpels stehen vor der Tür und fangen an,
das Auto zu beladen. Geht alles ziemlich schnell und wieder
ab in die neue Wohnung, alles drei Etagen hoch schleppen,
wieder runter und mit vollen Händen auf ein neues. Ein
Trubel draußen, alles voller Autos und die Leute sind nur am
Möbel schleppen. Besser wäre eine Ampel im Hausflur, ständig
müssen die Männer warten bis Platz im Treppenhaus ist und
sie weiter buckeln können. Das Treppenhaus sieht schon genau
so matschig aus wie der Hof.

Unter uns in der zweiten Etage, ziehen Freunde ein, die
haben eine Tochter und das zweite Kind schon unterwegs. Hat
Moni gleich Kinder zum spielen, super. Die anderen hier im
Aufgang kennen wir auch, also Nachbarschaftshilfe
vorprogrammiert, einfach schön.
Die alte Wohnung brauchen wir nur besenrein übergeben, den
Rest macht die Firma. Ist uns recht, können wir uns um unser
Heim kümmern, Lampen und Gardinen anbauen, Schränke
montieren, Betten aufstellen, gleich beziehen, noch mal
durchwischen, fertig.
Schwiegereltern stehen vor der Tür, bringen Moni zurück. Sie
durfte mal da schlafen, hat ihr zwar nicht so gepasst, aber
hat alles geklappt. Ich zeige ihr das Kinderzimmer, ihr
Bett, ihr Spielzeug, alles da. Sie guckt mich fragend an und
murmelt was unverständliches. Ich erkläre ihr, dass wir
jetzt hier wohnen und ab heute hier schlafen. Sie will
nicht, schnappt sich ihre Plüschtiere, die Babypuppe, alles

unterm Arm geklemmt und geht zur Wohnungstür. Ich werde nicht wieder, sie schafft es die Tür zu öffnen. Das darf nicht wahr sein, müssen die immer zu schließen oder mir was anderes einfallen lassen. Für heute reicht es erst mal, bin müde und werde gleich baden, freue mich schon den ganzen Tag drauf. Bisher hatten wir nur eine Dusche, jetzt endlich eine Badewanne, Wellness pur. Ich lasse das Wasser ein und Moni guckt um die Ecke. Sie fängt an sich auszuziehen, hallo das sollte doch mein Bad werden. Aber unsere kleine Wasserratte freut sich auch darauf, also erst mal das Kind rein. Ich decke schnell den Abendbrottisch, haben alle Knast. Mein Mann wühlt noch unten, muss Fahrräder, Schlitten und solche Sachen im Keller verstauen. Freue mich, die erste Nacht, hier in unserem neuen zu Hause, hoffentlich träume ich was Schönes, soll ja in Erfüllung gehen. Wieder im Bad kriege ich den Schock des Lebens. Wie sieht mein Kind aus?, was hat sie denn gemacht, ich werde verrückt. Kein Wasser mehr in der Wanne, das Kind voller tiefroter Flecken, der ganze Körper voll und die Wanne von oben bis unten mit Zahnpasta beschmiert. Strahlend schaut sie mich an, hat noch die Hand voller Creme und schmiert sich alles ins Gesicht. Ich schnappe sie mir, dusche sie mit der Brause ab, die Zahncreme krieg ich ab, aber die vielen roten Flecken bleiben. Sieht schrecklich aus, als hätte sie eine schlimme ansteckende Krankheit. Scheint ihr aber nicht weh zu tun, hoffe nur dass es morgen wieder weg ist und wir eine ruhige Nacht haben. Muss morgen alles hochstellen, auch die vielen Putzmittel, nichts für Kinderhände. Heute mag ich echt nicht mehr, bin breit und will nur noch zur Ruhe kommen und nach dem Abendbrot endlich mein lang ersehntes Bad nehmen. Morgen noch den Rest auspacken, in die Schränke räumen und dann können wir unser zu Hause gemeinsam genießen, ganz in Familie.

Mittlerweile haben wir uns hier eingelebt und die letzten Mieter sind auch endlich fertig mit ihrem Umzug. Kein Möbelschleppen, kein Bohren und Hämmern bis spät in die Nacht oder lautes Möbelrücken mehr. Alles liebe nette Leute, insgesamt 15 Parteien die hier im Aufgang wohnen. Klingt viel, aber wir merken davon nicht´s. Gehen ja alle arbeiten, die meisten Kinder noch im Kindergarten und ein paar schon in der Schule. Am Wochenende wird abwechselnd der Etagenflur gefegt und gewischt. Meistens kommt gerade dann jemand die Treppe hoch und schon wird geschwatzt. Ist einfach traumhaft, alle fühlen sich hier wohl, einer hilft dem Anderen und eine tolle Nachbarschaft.

Wir treffen uns oft Nachmittags zum Kaffee bei unseren Untermietern, die ihr zweites Kind bekommt. Mal bei Ihr, mal bei uns. Haben auch schon die Wohnungsschlüssel gegenseitig getauscht, falls mal was ist kann jeder in die Wohnung. Die Kinder spielen zusammen, mal bei uns und mal unten in ihrer Wohnung. Manchmal machen wir Klopfzeichen an der Heizung, das heißt, hoch- oder runterkommen, der Kaffee ist fertig. Ich finde es geil und bin unendlich glücklich hier zu wohnen. Auch hinterm Haus, der Spielplatz, ist Nachmittags immer voll. Mutti´s treffen sich nach der Arbeit, die Kinder toben herum und trotz Klatsch und Tratsch haben wir alles unter Kontrolle. Zur Zeit ist Moni die kleinste und jüngste, lässt sich immer ihr Spielzeug wegnehmen und kommt dann zu mir. Zieht mich am Arm und zeigt auf ihr Spielzeug. Ich sage ihr, dass sie es sich selbst holen muss, ist schließlich ihr ´s. Aber sie zickt herum, weint und mir bleibt nichts weiter übrig als sie zu retten, bzw. das Spielzeug. Eine Mutti fragt mich warum Moni noch nicht spricht. Tja, „ weiß ich auch nicht, ist wohl ein Spätzünder", war meine kurze und knappe Antwort. Mag nicht darüber reden, bin selbst Ahnungslos, das Thema macht mich immer traurig, also gehe ich solchen Gesprächen aus dem Weg.

Habe heute noch mal in der Krippe Bescheid gesagt, sie sollen doch mal verschiedene Sachen testen, langsam kommt es mir wirklich unheimlich vor. Jetzt müsste sie wenigstens schon Mama sagen oder so ganz einfache Worte, aber sie macht es nicht. Obwohl ich mit ihr so viel rede, ihr alles versuche zu erklären, in der Hoffnung dass es bei ihr an kommt, aber bringt nichts. Wenn sie was will, zeigt sie es immer, murmelt Unverständliches oder macht irgendwelche Gesten. Als Mama versteht man natürlich was sein Kind will, aber so kann es ja nicht weiter gehen. Jeden Tag probiere ich was aus, mache laute Geräusche und Krach wo es nur geht. Immer das gleiche, manchmal reagiert sie und dann wieder nicht. Wäre verständlicher wenn sie entweder immer oder nie reagieren würde, dann wüsste ich eher was los ist.
Die Erzieherin holt mich in´s Büro, wir unterhalten uns. Sie meint, dass bei Moni wirklich alles in Ordnung ist, ich soll mich doch nicht so fertig machen, man sieht mir an, wie geknickt und traurig ich bin. Soll optimistisch in die Zukunft gucken, alles wird gut und Moni wird bald mit sprechen anfangen. Oh, wie ich solche Sprüche hasse, anstatt mir Tipps zu geben, was ich weiter tun kann, nur solch dummes Gelaber, macht mich noch verrückter. Bedanke mich trotzdem nett und freundlich und gehe zum Gruppenraum, Moni abholen. Süß, sie versteckt sich, will wie immer hier bleiben, peinlich. Die Erzieherin dort erzählt mir, dass

Moni jeden Tag den Tisch decken will. Klar doch, sie lassen sie auch, obwohl jeden Tag ein anderes Kind an der Reihe ist. Aber sie hat hier wohl Narrenfreiheit, alles wird ihr erlaubt, nur weil sie die Kleinste ist und so eine süße Maus. Ich lache nur, finde es trotzdem nicht in Ordnung, zu Hause darf sie auch nicht alles was sie will, da gibt es Regeln und die werden eingehalten.

Wir fahren über die Insel, wollen ein paar Kindersachen kaufen, vieles passt nicht mehr und brauchen dringend Nachschub. In einem Laden gibt es schöne kleine Badeanzüge, ich finde es süß. Zeige sie Moni und versuche ihr mit Händen und Füßen zu erklären, sie soll sich einen aus suchen. Ein hübscher mit rot, weiß und blauen Streifen, aber der gefällt ihr nicht. Sie schüttelt ihren Kopf, guckt weiter, reißt einen nach dem anderen vom Bügel, Schlachtfeld im Aufbau. Sie findet einen, der gefällt ihr, aber mir nicht. So ein hässliches Ding, nicht weiß, eher grau und verwaschenes grün, der Stoff, brrr, der wird im nassen Zustand immer größer, hatte früher mal so einen. Ich diskutiere mit ihr, sinnlos wie immer. Zeige ihr andere, wirklich hübsche, aber habe keine Chance. Immer wieder hält sie mir dieses hässliche Teil unter die Nase. Ich muss den echt kaufen, mir bleibt nichts übrig. Hat eben ihre eigene Vorstellung von hübsch, was ja auch ok ist.

Schon wieder Wochenende und wir sind bei meine Eltern zu Besuch, müssen mal eine Strandpause einlegen. Außerdem hat meine Mutti wieder Klamotten für Moni gekriegt, alles getragene, aber richtig gute Sachen. Meine Eltern lachen sich kaputt, als ich die Badeanzug-Aktion erzähl. Zeige ihnen das tolle Teil, meine Mutti meint auch, dass er

einfach nur hässlich aus sieht, den würde sie nicht mal
anziehen, na ich schon gar nicht.

Nach dem Mittag sitzen wir im Garten, herrliches Wetter,
Moni spielt wie immer mit den Wäscheklammern der Nachbarin.
Sie lässt sich nicht stören, ganz in Ruhe und voller
Leidenschaft verteilt sie die Klammern auf der Wiese und
freut sich als die Nachbarin auftaucht. Wir achten nicht
weiter darauf und ein paar Minuten später, wo ist Moni? Die
Nachbarin ist auch nicht mehr zu sehen. Ich raffe mich hoch,
rufe ganz laut, zwecklos, war klar, keine Rückmeldung. Hm,
geh zum Haus und da höre ich schon Gestöhne von weitem. Da
steht Moni, beide Beine stecken in Opas riesigen
Gummistiefeln. Beide Beine in einem Stiefel von Opa und sie
versucht damit vorwärts zu kommen. Schnell ein Foto gemacht,
das muss ich einfach festhalten, ein toller Schnappschuss.
Ich rufe meine Eltern, sie denken es ist was passiert und
kommen angerannt. Die kriegen sich nicht mehr ein vor
Lachen, so was putziges und so süß. Ich versuche Moni zu
retten. Stecke ihre Beine, wie sich es gehört, jeweils in
einen Stiefel. Aber das klappt gleich gar nicht. Ihre
Beinchen sind viel zu kurz und Opas Stiefel zu groß. Die
Nachbarstochter kommt um die Ecke, will Moni mitnehmen und
eine Freundin unten im Dorf besuchen. Moni freut sich und
geht gerne mit, die haben beide immer viel Spaß.
Ich nutze die Zeit mit meiner Mutti zu quatschen, sie merkt
dass ich mir große Sorgen wegen Moni mache, sie selbst
natürlich auch. Sie erzählt mir von einem jungen Mann im
Nachbardorf, der ist gehörlos geboren und wohnt mit seiner
Mutti zusammen. Wusste ich bisher nicht, hat sie mir auch
nie erzählt. Aber interessiert höre ich ihr zu, vielleicht
betrifft es mich auch mal. Immer wenn er eine Freundin hat,

erzählt meine Mutti, dann macht seine Mutter Stress, bis die Frau wieder weg ist. So hat sie ihren Sohn für sich ganz allein. Ist doch schrecklich, bestimmt leidet er schon genug unter seiner Hörschädigung, soll er doch wenigstens glücklich sein und eine eigene Familie haben. Das sollte, in meinen Augen jedenfalls, die Aufgabe der Eltern sein, ein Kind so weit zu bringen, zu erziehen, dass es später allein klar kommt im Leben und keine Hilfe von Fremden braucht. Irgendwann sind die Eltern nicht mehr da, was ist dann? Er arbeitet schon viele Jahre im Zahnlabor und verständigt sich mit Händen und Füssen. Die Arbeitskollegen verstehen seine Gesten und Gebärden, nur mit Fremden kommt er nicht zurecht. Ist ja spannend, irgendwie tut mir dieser Mann leid, obwohl ich ihn nicht kenne. Für was lebt der eigentlich? nur für seine Mutti, das kann es doch nicht sein. Der arme Kerl, hoffe dass er bald eine Frau findet und sich gegenüber seiner Mutter mal durchsetzt.

So was wünsche ich mir für meine Moni nicht, ich werde alles tun, damit sie später eigenständig leben kann, ob gesund oder nicht. Sie wird alle Unterstützung von mir und auch von meinem Mann kriegen, wir werden immer für sie da sein, aber ihr Leben muss sie schon selbst gestalten, so wie es ihr gefällt.

Abends wieder zu Hause erzähle ich meinem Mann von dem Gespräch mit meiner Mutti. Er meint, ich soll mich da nicht so reinsteigern, erst einmal abwarten was mit Moni ist. Wir sind doch glücklich so wie wir leben und alles was noch kommt werden wir auch zusammen schaffen. Na ja, wie immer hat er ja recht, ich sollte wieder runter kommen und unser schönes Leben genießen.

Moni geht heute nicht in die Krippe, wir gehen zum Arzt wegen ihrer Ohren, es muss endlich was passieren, ich halte das nicht mehr aus. Der Arzt meint, dass es jetzt langsam Zeit wird, sie müsste wenigstens Mama oder Papa sagen können. Er schreibt eine Überweisung zum HNO-Arzt. Leider hat der, bei dem wir schon wegen der Polypen in Behandlung waren, keine Sprechstunde. Wir gehen zu einer HNO-Ärztin, die soll auch ganz gut sein, vielleicht kann die uns weiter helfen. Warteraum leer und wir kommen gleich ran. Erst erzähle ich ihr von unseren Sorgen und was wir bisher unternommen haben. Sie schreibt sich alles auf, fängt an Moni zu untersuchen und ich habe zu tun das Kind abzulenken, sie will wieder mit den langen Instrumenten spielen, typisch. Die Ärztin ist so nett, gibt ihr eine ganz lange Pinzette, jetzt kann sie in Ruhe ihre Untersuchung machen. Das Ende vom Lied, wahrscheinlich liegt bei Moni eine Gehörlosigkeit vor. Welchen Grad, das kann sie uns aber nicht sagen, dafür fehlen ihr die technischen Mittel. Der Hausarzt soll uns weiter behandeln und entsprechend weiterleiten. Na super, so weit haben wir auch schon gedacht, aber was heißt wahrscheinlich? Es gibt doch nur entweder oder, oder liege ich falsch. Trotz allem, war es für mich als hätte ich was mit einem Holzhammer gekriegt. Sie meint also auch, dass irgendwas nicht so ist wie es sein soll, wieso haben alle anderen bisher gemeint, alles in Ordnung. Wut steigt in mir hoch, der Hausarzt, die Krippe, alle meinen, keine Sorge, das kommt noch. Was soll denn der Hausarzt machen, der labert auch nur herum und tröstet uns. Durch Zufall kriegen wir die Adresse von einem privaten HNO-Arzt. Privat, selbst bezahlen, egal, ich kann mehr arbeiten, das kriegen wir schon hin. Wichtig ist, dass er uns berät und vielleicht Moni helfen kann. Sie ist noch so klein,

sicher kann man da was machen, mein Kind soll doch endlich
sprechen können, möchte doch endlich Mama oder Papa von ihr
hören, ich will doch nur, dass sie mir sagt was sie will, so
wie jedes andere Kind, möchte sie einfach verstehen.

Eine Woche vergangen, wir sitzen beim privaten HNO-Arzt. Ein
ziemlich betagter Mann, aber sehr nett, strahlt eine
Wahnsinns Ruhe aus und hört mir gespannt zu. Er hat schon
ein paar andere Instrumente, als die, die wir bisher gesehen
haben. Ich denke, er kann uns endlich sagen was los ist,
atme tief durch, bin sehr zuversichtlich und schöpfe
Hoffnung, alles wird gut. Leider, nichts wird gut, die
Hoffnung verfliegt, innerhalb von Minuten, er kann, wie alle
anderen auch nichts genaues sagen. Allerdings bestätigt er
mit großer Wahrscheinlichkeit, dass Moni gehörlos ist. Wir
sollten uns doch an die Uniklinik, hier in der Stadt wenden,
die könnten uns sicher weiterhelfen, die haben ganz andere
Möglichkeiten. Geknickt über das „Wahrscheinlich", frage ich
ihn was wir bezahlen müssen. Er meint, so eine kleine süße
Maus, der muss geholfen werden, sie sei so tapfer und
pfiffig. Er wünscht uns ganz viel Erfolg, stellt nichts in
Rechnung und meint, wir würden das Geld sicher für andere
Sachen gut gebrauchen können. Das war ja mal ein toller Zug,
auch wenn es uns nicht weiter bringt, bedanken wir uns von
ganzem Herzen.

Ich halt es nicht mehr aus, was ist nur los, warum kann uns
keiner genau sagen was mit unserem Kind ist, ist das denn so
schwer?, ich werde irre. Es werden doch schon so
komplizierte Operationen gemacht, selbst am Herzen wird
herum geschnippelt und uns kann niemand sagen, ob unser Kind
hören kann oder nicht, das geht nicht in mein Kopf. Kann

mich auf Arbeit kaum noch konzentrieren, alles nervt, alles ist mir zu viel. Bin froh schnell nach Hause zu kommen, da fragt mich wenigstens keiner was mit mir los ist. Kann einfach nicht darüber reden, so lange ich nichts Genaues weiß sowieso nicht. Was könnte ich denn sagen? Vielleicht kann mein Kind nicht hören oder wahrscheinlich oder so was. So ein rum geeier nimmt mir doch keiner ab, da würden dann erst recht Fragen kommen. Abends, wenn Moni im Bett liegt, gucke ich sie minutenlang an, schalte mein Gehirn aus, stelle mir vor, dass sie morgen früh zu mir kommt, Mama sagt und alles war nur ein Traum. Bisher hatte ich so viel Glück im Leben, warum lässt es mich jetzt im Stich, ich kann es nicht begreifen. Vielleicht bin ich mit 20 Jahren noch zu jung, um so etwas zu verkraften. Sollte ich alles so laufen lassen, einfach abwarten was kommt, nee das bin nicht ich und das will ich auch nicht sein. Ich werde kämpfen bis zum umfallen, alles für mein Kind tun, egal wie es mir dabei geht. Mein Kind soll, genauso wie ich, ein schönes und glückliches Leben haben.

Habe mich wieder bisschen gefangen, besorge die Überweisungspapiere für den Termin in der Uniklinik. Nach 1 1/2 Stunden Bahnfahrt endlich angekommen, fragen wir uns gefühlte 50 Minuten durch das riesige Gebäude. Moni schon am quengeln, sie hat Hunger, ist müde und ahnt schon was hier wieder abgeht, sie sieht die vielen Schwestern und Ärzte im weißen Kittel. Bestimmt hat sie auch die Nase voll, ständig diese Arztbesuche, jedes mal wird in ihren Ohren herum gemacht und sie soll still sitzen. Mein Kopf platzt bald, er ist so voller Infos, wieder muss ich alles erzählen, immer wieder von Anfang an, das schlaucht. Auf der HNO- Station sieht es schon mal sehr professionell aus. Man, haben die hier Geräte, hab noch nie solche Maschinen und Geräte gesehen. Hoffnung steigt in mir hoch, also die müssten doch genau sagen können was los ist, nicht vielleicht und wahrscheinlich oder solch Gelaber. Als erstes müssen wir mit Moni in ein schalldichten Raum, da steht Audiometrie dran. Wusste bisher nicht was das ist, jetzt weiß ich es. Sie soll ganz große Kopfhörer aufsetzen, immer wenn sie ein Ton hört, soll sie es zeigen. Aber leider, alles andere auf dem Tisch ist interessanter. Die Schwester, die die Audio macht, schmunzelt und erklärt mir, dass so ein Verhalten normal ist, ich soll nicht ungeduldig werden, sie kennt sich da bestens aus. Fertig, wieder im Warteraum Platz nehmen und auf den Professor warten. Nach gefühlten 30 Minuten werden wir aufgerufen. Moni zieht mich zurück, sie will nicht, ist gerade so schön am spielen. Klar, die Spielecke ist interessanter als wieder beim Arzt zu sitzen.

Dem Gespräch des Professor´s kann ich kaum folgen. Hörrest von 0,5 Prozent, sie kann nur ganz hohe Töne wahrnehmen, das steht fest, meint er. Dieser kleine Rest reicht aber nicht, um die normale Sprache zu lernen, Stimme wäre aber da. Ab sofort sollten wir uns in Behandlung eines Sprachpädagogen begeben. Ich breche in Tränen aus, die Welt scheint gerade unter zu gehen. Mein Mann hält mich fest im Arm, drückt mich und sagt: „das kriegen wir schon hin", das ist immer sein Spruch, aber wie sollen wir das denn bitte hinkriegen? Einerseits bin ich erleichtert, nun endlich mal eine vernünftige Auskunft zu kriegen, andererseits bin ich am Boden zerstört, mein Kind kann nicht hören. Nicht mal meine Stimme, sie hört ihre Mama, ihren Papa nicht, es ist kein Wahrscheinlich mehr, es ist Realität. Mir kullern die Tränen, kriege kein Wort mehr raus, wie kann das sein? Meine

Schwangerschaft verlief so glatt, keine Probleme gehabt, nichts. Im Familienkreis bis hin zur Uroma gibt es keinen ähnlichen Fall, habe doch nie die Pille genommen, also warum? Ich war doch so glücklich als sie auf die Welt kam, der glücklichste Mensch. Kind, Mann, Wohnung und gut bezahlte Arbeit. Ein Traum für jede Mutti, jetzt ein Schlag ins Gesicht. Fühle mich kopflos, alles leer, will nur nach Hause. Wie geht mein, unser Leben weiter, was kommt auf uns zu, was können wir tun? Mein Schädel brummt, ist kurz vor´m platzen, jetzt noch bis zum Bahnhof, Moni im Schlepptau. Sie will nicht laufen, links die Tasche, rechts das Kind im Arm und ich nur am Heulen. Mein Mann geht schon vor, holt die Bahntickets. Moni guckt mich mit ganz traurigen Augen an, fängt auch an zu weinen. Sie weiß nicht was los ist, ich kann es ihr nicht sagen, nicht erklären, sie hört mich ja nicht. Mein Kind kann mich nicht hören, sie hört auch kein Auto, in meinem Kopf spielen sich schlimme Gedanken ab. Muss wieder klar werden, klar denken und reiß mich zusammen. Fällt mir schwer, aber ich muss die Bahnfahrt bis nach Hause überstehen.

Endlich zu Hause angekommen, gehen wir gleich zu Schwiegereltern, die warten schon, wollen wissen wie es gelaufen ist. An der Tür breche ich schon in Tränen aus, kriege kein Wort heraus, setze mich stillschweigend in die Küche. Habe das Gefühl, dass auch mein Mann mit den Tränen kämpft, aber er kann es unterdrücken, kann sich zusammenreißen. Er erzählt seinen Eltern, dass Moni nichts hören kann, sie ist gehörlos, jetzt ist es amtlich. Obwohl auch sie es schon ahnten sind sie doch geschockt, können es nicht fassen, „wie kann das nur sein", sagt meine Schwiegermutti. Auch ihr kullern die Tränen, wir drücken uns, das tut so gut. Mein Mann steht hilflos da, macht erst einmal Kaffee und kümmert sich um Moni. Langsam beruhigen wir uns und können in Ruhe über alles reden. All zu viel reden ist allerdings nicht, wissen ja selbst nicht wie es jetzt weitergeht. Wir warten den Termin bei der Sprachpädagogin ab, keine Ahnung was man da mit unserem Kind anstellt. Vielleicht sprechen üben, Stimme hat sie ja, ach wir werden sehen.

Wieder zu Hause, gibt es gleich Abendbrot, sind alle fertig und keiner hat Lust das Thema noch mal aufzugreifen, wir schweigen einfach. Albern mit Moni herum, das tut ihr gut, sie ist so eine tapfere Maus, was mag nur in ihr vorgehen? Wenn sie älter ist, irgendwann wird der richtige Zeitpunkt kommen, dann werde ich ihr alles erzählen, alles was passiert ist.

Wir sitzen beim Hausarzt, Warteraum übervoll, das kann dauern. Moni verzieht sich in die Spielecke, gut so, da ist sie wenigsten abgelenkt. Nach über einer Stunde sind wir endlich dran. Ich erzähl dem Doc was in der Uni herausgekommen ist und gebe ihm den Befundbrief. Er liest sich alles durch, meint nur, „also doch" und guckt Moni ganz traurig an. Scheint ihm auch leid zu tun. Ich frage ihn, warum man das nicht schon bei der Geburt festgestellt hat.

Da wird doch sofort alles untersucht, alle Reflexe und Sinne der Babys. Haben die das bei Moni etwa versäumt, weil Kaffeetrinken wichtiger war? Ist mir gerade eingefallen, klar finde ich, hätte man es da schon feststellen müssen, dann hätten wir uns und unserem Kind viele Sorgen, vor allem die vielen Arztbesuche, erspart. Der Arzt druckst nur herum, kriege keine vernünftige Antwort von ihm. Er schreibt die

Überweisung für den Sprachpädagogen aus, wir sollen uns schnellst möglichst einen Termin besorgen. Ich frage ihn wie es jetzt weitergeht, was wir noch tun können. Seine Antwort: „Moni muss in ein Heim". Ich glaube ich höre nicht richtig, was für ein Heim? Mein Kind in ein Heim?, niemals. Moni ist gesund, ist nicht krank, sie kann nur nicht hören, was soll sie im Heim. Am Boden zerstört sage ich nur „Danke" und schnell raus hier. Bin wütend, frustriert und mal wieder total kopflos.

Gleich zu Hause rufe ich meinen Mann an, erzähle ihm das Theater. Erst mal Stillschweigen am Telefon, dann fragt er, was für ein Heim, wir geben doch unser Kind nicht in ein Heim, was soll das denn? Er macht sofort Feierabend und kommt nach Hause. Sieht mich am herum plärren und versucht mich zu trösten. Unser Kind wird in kein Heim gesteckt, verspricht er mir, dafür will er sorgen. Glaube ihm, kann mich wieder beruhigen und wir reden ganz in Ruhe über das neue Problem. Gleich Morgen will er sich um ein Termin beim Sprachpädagogen kümmern, vielleicht kann man uns da sagen, wie es weiter geht. Ich bin so ausgelaugt, mag keine Arzttermine mehr, will nur noch mein Kind im Arm halten, ganz fest und nicht mehr loslassen, das kann alles nicht echt sein.

Wochenende, gehe mal wieder arbeiten und bringe Moni zu Schwiegermutter. Wie immer freut sie sich, wollen beide an den Strand gehen und das schöne Wetter genießen. Manchmal, wenn Schwiegermutter ihre Nägel lackiert, kommt Moni und hält ihre winzigen Fingerchen hin, sie will auch. Klar, da sagt keine Oma nein und schwups kriegt sie kleine rote Nägel. Ganz stolz zeigt sie mir dann ihre Händchen und freut sich. Sie kam sogar schon mal mit roten Lippen nach Hause, allerdings total verschmiert, ein Gemisch aus Lippenstift und Schnodder, alles im Gesicht verteilt. Lippenstift muss ja noch nicht sein, aber lustig finde ich es trotzdem. Schön, freue mich sehr, dass die sich beide so gut verstehen, obwohl Moni ja nichts hört, irgend wie klappt trotzdem alles, jedenfalls meistens und bis jetzt. Manchmal, wenn ich am Wochenende arbeiten muss, oder besser will, nimmt mein Mann sie mit zur Arbeit ins Hotel. Das gefällt ihr, viele liebe nette Menschen, alle kümmern sich um sie und jeder turtelt mit ihr herum und so viel Platz zum herumtollen. Sie steht im Mittelpunkt, fühlt sich verstanden. Weil sie ziemlich klein ist, für ihre 1 1/2 Jahre und manchmal ein paar Laute von sich gibt, merkt keiner, dass sie gehörlos ist. Haben es auch noch niemandem gesagt, ich kann es einfach nicht, kann nicht mit Fremden darüber reden. Selbst unser Freund aus der Nachtbar, den wir oft besuchen, nicht mal der hat was gemerkt. Auch unsere Nachbarn im Haus und Freunde wissen es noch nicht. Sie kann ja etwas plappern, versteht nur keiner, aber es klingt gut und fällt dadurch nicht auf.

Fühle mich wie erschlagen, bin irgendwie ziemlich fertig, gehe zum Chef und bitte ihn um drei Tage Urlaub. Erkläre ihm, dass ich etwas durch den Wind bin, ständig Arztbesuche mit Moni, das schlaucht. Natürlich sagt er sofort zu, fragt mich zum Glück nicht weiter warum, wieso, weshalb. Moni bringe ich trotzdem in die Krippe, brauche einfach etwas Ruhe und versuche das alles mal zu verstehen. Fällt mir nicht leicht, da gibt es zu viel offenen Fragen, die mir immer wieder Kopfschmerzen bereiten. Ich putze die ganze Wohnung, bin tagsüber beschäftigt und abgelenkt, aber Abends wenn ich zur Ruhe komme, dann arbeitet der Kopf, ohne dass ich es will. Habe nur einen Wunsch, mein Kind soll hören können und glücklich sein. Noch scheint sie es zu sein, aber wenn sie größer wird, was ist dann. Wird sie gehänselt und von anderen Kindern weg gestoßen werden, weil sie sich mit keinem unterhalten kann? Ich brauche nicht viel zum Leben, keine Million auf dem Konto, kein Traumhaus, kein Porsche vor der Tür, bin mit dem was ich habe bin ich zufrieden. Will nur in glückliche Kinderaugen sehen können, ich, die Mama, nur ein Wunsch.

In der Krippe schnappe ich mir die Erzieherin, gehe mit ihr ins Büro. Erzähle ihr, dass es jetzt fest steht, Moni kann nicht hören. Sie guckt mich an, ihr kullern die Tränen über das Gesicht, ganz laut schreit sie „nein". Ich sage ihr „doch", leider, es ist jetzt erwiesen, sie kann uns nicht hören. Sie wird nie die normale Sprache lernen können. Sie ist total platt, hat selbst Moni immer und immer wieder beobachtet, hat nichts Ungewöhnliches festgestellt. Um so mehr ist sie jetzt erstaunt, dass die kleine Maus wirklich nichts hören kann. Jetzt versteht sie, warum Moni, als sie zwischen den Autos herum spaziert ist, keine Angst hatte, sie hat die Autogeräusche gar nicht wahrgenommen. Trotzdem kann sie es nicht fassen, Moni macht alles, so wie die anderen Kinder auch, sie weiß wann Mittagsschlaf ist, wann es Essen gibt, der Tisch gedeckt werden muss und wann es raus zum Spielen geht. Sie meint, dass Moni bis zum dritten Lebensjahr weiter in die Krippe bleiben darf, soll mir da keine Gedanken machen, das geht schon in Ordnung. Ab Drei kommt sie in den Kindergarten, das müssten wir dann vorher absprechen. Da werden schon andere Anforderungen gestellt, die Entscheidung obliegt jeder Einrichtung selbst. Müssen dann ein Antrag stellen, dass unser Kind in den Kindergarten

darf. Was machen wir wenn der Antrag abgelehnt wird. Oh man,
die nächsten Probleme stehen an. Die Erzieherin beruhigt
mich, meint, dass in der Regel solche Kinder schon genommen
werden und Moni ist schließlich nicht so krank oder
behindert, sie sieht da keine Bedenken. Hier in der Krippe
kommen alle gut mit ihr zu recht, sie ist aller Liebling und
wird auch so behandelt. Stimmt, sie darf alles, einfach
alles machen, ständig Regeln brechen. Letzte Woche,
Mittagsschlafzeit, alle Kinder liegen auf ihren Betten und
schlafen. Moni aber nicht, nein sie geht von Bett zu Bett,
räumt die Sachen der Kinder erst mal auf. Hat es aber ganz
leise gemacht, damit ja kein Kind aufwacht. Ist schon
niedlich, aber doch nicht in Ordnung, auch sie muss sich an
Regeln halten. Ich erkläre es der Erzieherin, wie schon so
oft und sie meint nur, man könne ihr nichts übel nehmen, sie
tut ja nichts Schlimmes, diese süße Maus. Also ich finde es
wirklich nicht schön, sie alles machen zu lassen, später im
Kindergarten oder in der Schule geht es auch nicht. Da sind
die nächsten Probleme schon vorprogrammiert.

Wir versuchen jetzt den Umgang mit Moni anders zu regeln,
nicht einfach mit ihr reden, versteht sie ja nicht.
Überlegen uns bestimmte Zeichen oder Gesten, manchmal mit
Händen und Füssen. Z.B. wenn Essen fertig ist, gehe ich
nicht hin und zeige ihr sie soll kommen oder sage es ihr.
Ich zeige auf meinen Mund und tippe mit dem Finger an die
Lippen. Wenn es ins Bett geht, zeige ich meine offene Hand,
lege mein Kopf drauf und schließe die Augen. Sie versteht es
und macht sogar uns beiden Spaß. Auch sie erfindet immer
neue Gesten, dauert meist bis wir verstanden haben was sie
meint, aber es funktioniert. Ein schönes Gefühl, sein Kind
endlich zu verstehen, zwar in nur ganz kleinen Schritten,

aber es funktioniert. Immer wieder fallen uns Dinge ein,
neue Gesten, neue Zeichen, die uns endlich den Alltag etwas
erleichtern. Bin froh, endlich ein Weg für uns gefunden zu
haben, wir verstehen unser Kind und sie versteht uns.
Wieder mit der Bahn 1 1/2 Stunden unterwegs, auf zum
Sprachpädagogen. Alles riecht muffig hier, ist ziemlich
dunkel im Treppenhaus, einfach eklig. Eine uralte schmale
Treppe führt bis unters Dach, hier ist die Praxis, nicht
gerade ansprechend. Moni klammert sich an mir fest, hat
Angst, fängt an zu weinen und schüttelt ohne Pause ihren
Kopf. Das heißt, sie will da nicht hin. Ich auch nicht, aber
wir müssen. Eine nette ältere Dame begrüßt uns und bittet
uns rein. Moni darf sich in der Spielecke beschäftigen und
wir unterhalten uns. Die gute Frau erklärt uns, dass sie
versuchen wird, Moni etwas sprechen beizubringen, sie hat ja
Stimme und das klappt meistens. Wird sehr mühsam werden, da
sie sich selbst nicht hört und so die Stimmlage nicht
einschätzen kann. Außerdem hat sie die Aufgabe, die
körperliche und geistige Entwicklung zu testen
beziehungsweise zu fördern. Mein Mann und ich, wir gucken
uns an und nicken nur, warten ab was passiert und beobachten
das ganze Ritual. Sie zeigt Moni dass sie sich an den Tisch
setzen soll, aber die ist so beschäftigt, reagiert gar
nicht. Noch mal versucht sie es, tippt ganz vorsichtig auf
ihre Schulter und zeigt ihr an den Tisch zu kommen,
aussichtslos. Sie setzt sich auf den Fußboden in der
Spielecke, legt verdeckt Karten auf den kleinen Kindertisch
und Moni soll zwei gleiche aufdecken, also Memory. Wow, wir
staunen, Moni spielt mit und macht das ganz gewissenhaft.
Sobald eine Karte etwas schief liegt oder verrutscht, bringt
sie das erst einmal in Ordnung, bevor sie weiterspielt.
Entsprechend lange dauert das ganze. Dann holt die Pädagogin

ein Wattebausch, legt ihn auf den kleinen Tisch und Moni
soll pusten, einfach nur pusten. Hm, ich gucke meinen Mann
an, glaube wir haben beide die gleichen Gedanken, was soll
denn der Quatsch. Klar pustet Moni, richtig kräftig und die
Pädagogin muss sich jedes mal erheben und den Wattebausch
zurückholen. Wenn es so weiter geht, kriegt sie noch
Bandscheibenprobleme, ist ja nicht mehr die Jüngste. Moni
dagegen findet es witzig, jedesmal wenn er durch der Raum
schwebt, lacht sie sich kaputt und um so kräftiger pustet
sie beim nächsten Mal. Ist einfach nur lustig, wir können es
nicht Ernst nehmen. Zum Schluss holt sie Trommelstöcke, Moni
soll trommeln. Auch das macht ihr Spass, sie schlägt mit den
Stöcken was das Zeug hält, logisch, das mögen Kinder gern.
Ich halb taub von dem Krach und mein Mann genervt. Eine
Stunde herum, wir kriegen den nächsten Termin in einem
Monat. Ab sofort müssen wir monatlich hier zur Therapie,
jeweils für eine Stunde. Stillschweigend verlassen wir das
Gebäude und ab Richtung Bahnhof. Irgendwie waren wir beide
ziemlich sprachlos, was sollte denn der ganze Quatsch? Das
bringt unser Kind und uns bestimmt nicht weiter. Das, was
die da mit unserer Moni anstellt, das macht sie längst in
der Krippe, dazu müssen wir doch nicht drei Stunden
Bahnfahrt auf uns nehmen, nur um mal zu trommeln.

Die nächsten Monate verlaufen ähnlich, lange Bahnfahrt,
jedes mal ein Urlaubstag opfern und außer albernes Zeug
passiert nichts. Bin langsam echt sauer, erklär es der
netten Dame, dass sie sie doch mal röntgen kann, vielleicht
kann man ja sehen was im Ohr kaputt ist oder nicht
funktioniert und vielleicht kann man es reparieren. Es gibt
doch schon so viel Möglichkeiten, wir wollen doch alles
versuchen, um unserem Kind zu helfen. Sie eiert nur herum,

das würde an der Situation auch nichts ändern und blablabla. Zur Zeit ist sie die Einzige, die sich überhaupt um uns kümmert, für uns zuständig ist und somit unser Ansprechpartner. Für alle anderen ist das Thema gegessen, gehörlos, fertig.

Nach jeder Sitzung bin ich so enttäuscht, bin nur am heulen, weil nichts passiert. Mein Mann tröstet mich ständig, ich soll doch abwarten, es wird schon. Nein, ich werde nicht abwarten, wir warten schon so lange und die Zeit rennt. Ich frage und bitte nicht mehr, ich verlange jetzt, dass man Moni´s Ohren röntgt und uns genau erklärt, was da nicht funktioniert, ich muss es einfach wissen.

Endlich haben wir es geschafft, nach endlosen, anstrengenden Diskussionen und extremem Theater hat sie heute Röntgen veranlasst. Geht zwar von ihrer Sitzungszeit ab, aber das ist uns egal. Spielen kann unser Kind auch zu Hause. Wir müssen in die unterste Etage, Kelleretage. Ein Trubel hier in der Röntgenabteilung, alle rennen wild durcheinander, kein richtiges Licht, es macht mich wuschig. Eine Schwester kommt, gibt mir eine schwere Bleischürze, ich soll mit reingehen, Moni zur Seite stehen, weil sie noch so klein ist. Ist mir auch recht, dann sehe ich was da wirklich passiert. Mein Mann wartet draußen, der ist nur genervt und hofft dass es schnell geht.

Nach einer Stunde und drei mal röntgen haben wir es endlich geschafft und ein brauchbares Bild im Kasten. Moni wollte das nicht, die großen Maschinen haben ihr Angst gemacht, sie hat nicht stillgelegen, es war ein Kampf, aber egal, geschafft. Jetzt nach 1 1/2 Jahren haben wir endlich mal was in der Hand, ein Röntgenbild, ich kann es nicht fassen. Der

Kampf lohnt sich doch, nur ein bisschen Stress machen, dann geht es auch voran.

In voller Erwartung und großer Hoffnung auf eine gute Nachricht, sitzen wir auch schon beim Doktor der HNO-Abteilung, der das Bild mit uns auswertet. Er erklärt uns, dass die Gehörgänge zwar angelegt sind, dass es trotzdem keine Möglichkeit gibt, daran was zu ändern. Es gibt keine OP, die diesen Defekt beheben könnte. Hoffnung auf Hilfe wie immer schnell verflogen. Wieder enttäuscht über das niederschmetternde Ergebnis bin ich am Boden zerstört, fix und fertig. Würde mich am liebsten irgendwo verkriechen, nichts sehen, nichts hören, einfach nur ich.

Moni müsste, so schnell wie möglich, in eine Gehörlosenschule, meint er. Na super, was ist das denn, wo gibt es so eine Schule? Wir haben keine Ahnung, hatten bisher damit nicht´s zu tun. Der Doktor erklärt uns wo es so eine Einrichtung gibt, ca.160 km von unserem Wohnort entfernt. Sie könnte da schon in den Kindergarten gehen, die Gebärdensprache lernen. Später würde sie dort auch ganz normal zur Schule gehen und ihre zehn Klassen abdrücken. Das klingt schon mal nach einer klaren Aussage und endlich mal ein paar Infos, die uns etwas beruhigen. Also kein Heim, wie mir der Hausarzt sagte. Da bin ich schon mal sehr froh. Das ist eine Schule, bzw. Kindergarten mit Internat, wo nur gehörlose Kinder sind. Aber wie soll sie da hinkommen, bleibt sie die ganze Woche da oder wie ist das alles geregelt? Können doch nicht täglich diese 160 km hin- und zurückfahren, nebenbei noch arbeiten gehen, das halten wir nicht lange durch und Moni schon gar nicht. Außerdem kann ich doch mein Liebstes, mein Kind mit drei Jahren, nicht einfach weggeben, so weit weg von Mama und Papa. Eine schreckliche Vorstellung, mein Kopf qualmt, was ist richtig, was ist falsch? Ich brauche einfach mehr Info´s über diese Einrichtung, wie machen das andere Eltern, wie gehen die damit um? Wie und wo kann man solche Eltern treffen, ich kenne niemanden. Noch geht sie in die Krippe, ist noch nicht mal Zwei und wenn wir weiter kämpfen, vielleicht kann sie später in eine ganz normale Schule gehen. Also noch genug Zeit, um sich darüber den Kopf zu zerbrechen. Außerdem kann ich doch mein Kind nicht in ein Kindergarten geben, der so weit weg ist, und sie noch so klein. Es würde mir das Herz brechen, sie so weit weg in fremde Hände zu geben. Bin überzeugt davon, dass man ihr und uns helfen kann, wie auch immer und wenn es eine Operation ist.

Wieder ein Monat vergangen, wir sitzen bei der ach so netten Sprachpädagogin. Sie hat für Moni ein Hörgerät bestellt. Letzten Monat mussten wir schon Ohrpassstücke machen lassen. Da wurde so was wie Knete in ihre Ohren gedrückt und ein Abdruck gemacht. Später werden aus dem Abdruck die richtigen Passstücke gefertigt. Das hatte Moni gar nicht gefallen, immer wieder hat sie das Zeug aus den Ohren gepult, also ich fand es lustig, der gute Mann allerdings nicht, er war sichtlich genervt. Ein ganz junger Student, der mit der kleinen Maus völlig überfordert war, sie hatte ihn aber im Griff. Musste sie mit allem was ich hatte ablenken, bis das Zeug endlich hart war und er es entfernen konnte.

Wir verstehen zwar nicht was das soll, wenn sie gehörlos ist, da bringt doch auch kein Hörgerät was. Die Pädagogin meint aber, es ist besser wegen dem Gleichgewicht und vielleicht hört sie so bestimmte Töne im hohen Bereich, das

wäre schon mal ein kleiner Erfolg. Wir nehmen es so hin,
müssen es glauben. Jetzt mit einem Jahr und zehn Monaten
bekommt sie also ein Hörgerät, ein dänisches Model. Hab mal
wieder Hoffnung, dass sie vielleicht doch ihre Mama hören
kann oder wenigstens irgendwelche anderen Geräusche.
Gespannt und aufgeregt verfolgen wir, wie sie Moni das
riesige Teil, ca. 8x12 cm umhängt, sie verkabelt und die
Ohrpassstücke in die Ohren fummelt. Moni streikt, reißt die
Teile immer wieder raus, sie versteht es ja nicht. Langsam
wird sie wütend, ich versuche sie zu beruhigen, ihr mit
einfachen Zeichen zu erklären, dass es sein muss. Sie weint,
ist ihr unheimlich, was die Frau da mit ihr anstellt.
Irgendwann hat sie es dann doch geschafft. Hallo, das sieht
ja wohl schrecklich aus, ich mag es gar nicht beschreiben.
An beiden Ohrpassstücken hängen lange Kabel, die Moni bis zu
den Knien reichen. Die werden dann in das eigentliche
Hörgerät, ein großer Kasten, der vor ihrer Brust hängt,
gesteckt. Eigentlich sollte dieser Kasten vor ihrer Brust
hängen, sie ist aber noch so klein, da hängt das Ding in
Höhe der Oberschenkel. Sieht einfach schlimm aus. Sie freut
sich, denkt bestimmt, ein neues Spielzeug und zieht dauernd
die Kabel raus. Ich stecke sie immer wieder rein, finden es
eher lustig und machen ein lustiges Spiel draus. Lasse mir
die Einstellung noch erklären und packe alles wieder ein.
Moni ist froh, endlich dieses riesige Geschleuder los zu
werden. Die Pädagogin erklärt uns noch ein paar
Sprachtechniken, die wir jeden Tag mit ihr üben sollen.
Zu Hause geht der Kampf weiter, sie will sich das Hörgerät
nicht umhängen lassen, will nur damit spielen. Ist ja auch
unangenehm für die kleine Maus, solchen großen Kasten mit
sich herum zu schleppen. Es stört beim Gehen, beim Spielen,
sie kann sich nicht mal ungestört bücken. Keine gute

Erfindung für so kleine Kinder.

Habe mir lange Gedanken gemacht, wie ich es ihr so angenehm wie möglich machen kann. Die rettende Idee in geboren, ich nähe eine kleine Tasche zum Umhängen. Da stecke ich das Gerät rein und hänge es ihr, wie eine Kette um. Oben noch ein Klettverschluss dran und fertig. Jetzt kann auch nichts beim Essen reinkleckern, perfekt. Langsam gefällt es ihr und sie gewöhnt sich dran. Ab und zu glaube ich, hört sie mal ein Ton, dann schaut sie ganz aufmerksam und lauscht, ich bin happy, versuche gleich ihr ein paar Worte einzutrichtern. Aber das ist sinnlos, sie versucht es zwar nachzusprechen, kriegt das mit ihrer Stimme aber nicht so geregelt. Bestimmt nur Übungssache, also wir werden weiter üben.

In der Krippe muss ich die Erzieher einweisen, wie sie mit dem Hörgerät umgehen sollen, falls was ist. Manchmal sitzen die Ohrpassstücke nämlich nicht richtig, dann piept und pfeift es ganz laut, dann reißt sie sich alles aus den Ohren, denke dass es sie nervt. Sie haben kein Problem damit, wollen auch aufpassen, dass die anderen Kinder nicht an den langen Kabeln herumzerren. Sie meinen, dass ich Moni eine leichte Mütze aufsetzen soll, sodass die anderen Kinder gar nicht erst die Kabel sehen, auch wegen der Unfallgefahr ist eine Mütze besser. Also ab sofort immer Mütze auf. Sieht zwar bescheuert aus, beim Spielen, beim Essen, überall trägt sie jetzt Mütze, aber geht nicht anders.

Die Tage vergehen, ich immer wieder unzufrieden, mit neuen, offenen Fragen, die mir keiner beantworten kann. Das Hörgerät scheint auch nichts zu bringen. Moni nimmt es ständig ab, muss sie zum tragen zwingen, was eigentlich nur eine Quälerei ist, für uns beide. Habe den Eindruck, dass es sie einfach nur stört und unangenehm ist. Die Sprachübungen, die wir zu Hause mit ihr machen, zeigen ebenfalls kein Erfolg, sie lallt einfach was daher, so wie sie gerade lustig ist, findet es spaßig und macht nur irgendwelche Grimassen.

Warum nur ist mein Kind gehörlos? Möchte diese Frage mal beantwortet kriegen, vielleicht kann ich dann besser damit umgehen, kann wieder neue Kraft schöpfen. Meine Schwangerschaft verlief doch perfekt, vielleicht bin ich nur zu spät zum Arzt gegangen. Aber das ist ja auch Quatsch, an so was will ich gar nicht erst denken, dann falle ich in ein noch tieferes Loch.

Täglich nerve ich meinen Mann, was können wir nur tun, um es heraus zu finden? Warum, wieso, weshalb unser Kind. Sehne mich nach der Zeit zurück, wo meine Welt noch in Ordnung war. Wir hatten keine Ahnung was so alles passieren wird, waren ahnungslos und alles war wunderbar, eine heile Welt. Wir waren glücklich, mehr ging nicht, es war einfach eine schöne Zeit. Jetzt sind die Tage, Wochen und Monate mit Sorgen und Fragen gefüllt. Es gibt kein Platz mehr für glückliche Momente, ich vermisse sie, möchte mich einfach wieder frei fühlen, aber wie?

Nach ein paar Tagen kommt mein Mann mit einer Bomben-Idee nach Hause. Er meint, „ wir fahren in die Charité nach Berlin, da sitzen doch Experten, die besten Professoren". Die werden uns schon helfen, da ist doch alles möglich. Ist zwar eine geile Idee, aber da kriegen wir niemals ein Termin, nicht mal die Telefonnummer wird man uns geben. Da kommen nur bekannte Persönlichkeiten heran, Menschen die in

der Öffentlichkeit stehen, Sportler, Politiker, dazu zählen
wir nicht.

Trotzdem gehe ich zum Hausarzt, spreche ihn wegen der
Charité an. Sichtlich erschrocken, was wir jetzt wieder
vorhaben, verneint er sofort meine Bitte. Erklärt mir, dass
wir da kein Termin kriegen werden, einfach unmöglich. Er
kann doch nicht gleich nein sagen, ohne es probiert zu
haben, denke ich. Diskutiere mit ihm, mache ihm deutlich,
dass es für uns sehr wichtig ist, schließlich geht es um die
Zukunft unserer Tochter. Etwas weich habe ich ihn wohl mit
meinem Gejammer gekriegt und er gibt mir die Überweisung.

Den Termin aber sollen wir uns schon selbst besorgen. Ich,
die große Klappe, sage ihm, dass ich mit Sicherheit ein
Termin kriege. Wenn ich was will, dann schaffe ich das auch.
Er ist sehr skeptisch, wünscht mir trotzdem viel Erfolg und
unserer Moni ganz viel Glück. Ich schwebe gerade auf Wolke
sieben, bin überglücklich schon mal eine Überweisung zu
haben und rufe gleich meinen Mann an. Er freut sich, ist
stolz auf mich, dass ich schon was erreicht hab. Heute kann
er leider nicht früher kommen, hat zu viel zu tun. Schade,
hätte meine Freude gern mit ihm geteilt.

Er arbeitet nicht mehr im Hotel, sitzt jetzt in der
Kulturabteilung, das liegt ihm viel mehr. Da kann er sich
entfalten, organisieren und managen, er blüht richtig auf
und macht ständig Überstunden. Diesen Job kann er nur
machen, wenn er ein entsprechendes Studium aufnimmt. Soll
mir aber keine Sorgen machen, er kriegt alles unter einen
Hut. Na, ich lass mich überraschen und hoffe, dass noch Zeit
für uns bleibt. Zufällig hat er durch diese neue Arbeit
einen heißen Draht zur oberen Etage, da will er das Problem

mal ansprechen und hofft, dass die uns weiterhelfen, vielleicht können die uns ein Termin besorgen oder wenigstens die Telefonnummer. Bin sehr zuversichtlich, das kriegt mein Mann hin, er kann die Leute so zu texten, bis sie aufgeben. Finde ich nicht immer so gut, manchmal schon peinlich, aber in diesem Fall, bitte gern. Das mit dem Studium gefällt mir überhaupt nicht, stehe dann mit den ganzen Problemen alleine da, wie soll ich das schaffen. Er ist doch mein Ruhepol, kriegt mich immer wieder beruhigt und zurück in die Realität. Darf gar nicht daran denken, in zwei Monaten soll es schon los gehen. Moni wird ihn auch vermissen, sie ist doch ein Papa-Kind. Wenn er durch die Tür kommt, spielt sie förmlich verrückt, kreischt und schreit umher, freut sich als wäre es der Weihnachtsmann.

Das glaubt uns kein Mensch, aber echt, mein Mann hat ein Termin. Wirklich ein Termin in der Charité in Berlin. Ich wusste es, alles wird gut, die helfen uns, sind doch Profis. Überglücklich rufe ich gleich meine Eltern und die Schwiegereltern an. Bin so aufgeregt und voller Freude, muss es ihnen sofort erzählen. Sie freuen sich sehr und sind voller Hoffnung, wie ich, dass alles gut wird und Moni bald hören kann. Selbst in der Krippe, musste es auch dort erzählen, die kennen ja das Problem, auch die haben nicht schlecht gestaunt, wünschen der kleinen Maus das aller Beste. Könnte gerade Bäume ausreißen, will am liebsten sofort losfahren, so happy bin ich. Selbst das Nähen macht mir wieder Spaß. Habe schon ganz viele Kleidchen und Hosen für Moni genäht. In der Krippe fragen die immer, wo gibt es denn die tollen Sachen? Voller Stolz erzähle ich dann, dass ich das selbst genäht habe. Ein schönes Hobby! Wenn Moni schläft, mein Mann noch auf Arbeit ist, dann sitze ich an der Maschine, kann mich vom Alltag und den ganzen Problemen ablenken. Kann abschalten, an nichts denken und mich kreativ entfalten. Die letzten Wochen hatte ich allerdings immer seltener Lust dazu, habe alles Angefangene weggeräumt, quasi eingemottet. Jetzt, mit dem Ziel Charité, bin ich wieder hochmotiviert und habe viele Ideen im Kopf. Meine Devise: Aus alt mache neu. Ich zerschneide alte Jeans oder Blusen und daraus kreiere ich tolle Sachen für Moni, die gibt es in keinem Laden. Wenn was fertig ist und Moni soll es anprobieren, dann streikt sie. Nichts Neues zieht sie an, warum auch immer. Wenn sie was geschenkt bekommt, also Klamotten, dann müssen die erst zwei bis drei Wochen im Schrank liegen, dann zieht sie es auch an, hm, keine Ahnung warum sie das macht.

Wir sitzen im Zug, auf nach Berlin, endlich geht es los. Voller Aufregung, erwartungsvoll wie immer, bei solchen Terminen, freuen wir uns auf das was kommt. Es gibt keine besseren Ärzte, jedenfalls nicht bei uns, im Ausland vielleicht schon. Moni freut sich, ist ganz auf gelöst, das erste Mal mit dem Zug fahren. Obwohl sie schon 4 Uhr aufstehen musste, ist sie voll drauf. Rennt im Abteil auf und ab, unterhält die anderen Fahrgäste und verteilt ihr Spielzeug. Der Schaffner kommt, sie darf sogar helfen, die Fahrkarten zu knipsen. Den Knipser will sie natürlich behalten, der Schaffner streikt und sie weint. Schnell kriege ich sie abgelenkt und klar, jetzt muss sie auch noch auf´s Klo, ob das was wird? Wir gehen zum Waggonende, öffnen die Toilettentür, können uns zu Zweit kaum drehen. Sie will die Tür nicht schließen, na super, egal, lassen wir sie eben auf. Als sie das Klobecken sieht, mit Blick nach draußen, fängt sie an zu schreien, hat höllische Angst, setzt sich nicht drauf. Sie ist vor lauter Angst nur am zittern und schwups ist die Hose auch schon nass. Zum Glück hab ich noch Wechselsachen mit, die sicher nicht reichen bis wir wieder zurück sind. Eigentlich ist sie schon lange trocken, geht aber eben manchmal nicht anders. Ich werd es überleben und ziehe sie schnell um. Alles wieder sauber und trocken pirscht sie weiter durch das Abteil, hat viel Spaß und die Fahrgäste auch.

Je dichter wir nach Berlin kommen, um so mehr sinkt meine Stimmung. Klar habe ich Hoffnung, aber was, wenn die auch nichts machen können. Mein Mann meckert mit mir, soll mich nicht immer so runterziehen. Ja, er hat recht, fange mich wieder und versuche an das Gute zu denken. Moni hat mal Spielpause und ist auf Papas Arm eingeschlafen.

Endlich auf dem Hauptbahnhof angekommen, eine ganz andere Welt als die, die wir kennen. Alles voller Menschen, alle haben es eilig, sind spürbar gehetzt. Wir müssen mit der S-Bahn weiter, ich gucke auf den Fahrplan, habe aber keinen Durchblick. Sind böhmische Wälder für mich, weiß gar nicht wo wir jetzt lang müssen. Mein Mann kriegt das eher auf die Reihe, besorgt die Fahrkarten und weiter geht es. Erstmal in die Wohnung von seinem großen Bruder. Der hat eine kleine 1-Raumwohnung in Mitte, ist extra wegen uns zur Freundin gezogen und wir können uns breit machen. Ist wirklich sehr klein, aber für die drei Tage geht es schon mal, sind ja nur zum Schlafen hier. Schnell etwas frisch gemacht, Käffchen getrunken und wieder los. Den großen Termin haben wir erst morgen, heute geht es zum Weihnachtsmarkt, etwas ablenken. Wieder mit der S-Bahn, wieder die vielen Menschen, nichts für mich. Muss immer auf Moni aufpassen, dass sie nicht verloren geht. Sie will nicht die ganze Zeit im Wagen sitzen, fühlt sich schon groß und will lieber laufen, nur, das dauert und dauert, kommen kaum vorwärts. Schlendern über den riesigen Markt, auch hier, Menschen über Menschen, haben die alle kein zu Hause? Aber ist schön, alles hell erleuchtet, blinkt und funkelt überall. Moni ist nur am Staunen, kriegt ihren Mund nicht mehr zu. Voller Losbuden, Fressstände und sogar ein echter Weihnachtsmann rennt hier herum, er macht Fotos mit den Kindern. Lustig, manche Kinder fangen schon beim Anblick an zu brüllen und streiken. Moni sieht ihn und bleibt plötzlich wie versteinert stehen. Ich zeige ihr, sie soll kommen, wir gehen mal hin. Nein, sie schüttelt den Kopf, geht sogar drei Schritte zurück und kneift die Augenbrauen zusammen. Ich nehme sie auf den Arm, ganz langsam nähern wir uns dem guten alten, aber sehr freundlichen Mann, mit dem langen weißen Bart. Sie ballt ihre Fingerchen zur Faust, setzt sich aber trotzdem auf seinen Schoß, in voller Erwartung was jetzt wohl passiert. Von der Seite sieht sie ihn ganz böse und fragend an und schon ist das Foto fertig. Langsam wird es dunkel, total müde und fußlahm, fahren wir wieder zurück in die Wohnung. Ich kann kein Schritt mehr laufen, will nur noch ins Bett und schlafen. Erst einmal Moni bettfertig machen, ist zwar etwas umständlich hier, kennen uns ja in dieser Wohnung nicht aus. Überall Heißwasserboiler, die müssen wir erst anschalten, abwarten bis das Wasser heiß ist und dann können wir uns waschen. So was kennen wir nicht, bei uns kommt es fertig aus dem Hahn, ohne vorher was anschalten zu müssen. Moni auch fix und fertig, schläft sofort ein. Das mit dem Weihnachtsmarkt war echt eine super Idee von meinem Mann, ich war so abgelenkt und habe in keiner Weise an den Termin morgen gedacht.

Die Nacht war die Hölle, konnte vor lauter Aufregung nicht schlafen, habe mich hin und her gewälzt. Dann das enge Sofa, kaum Platz zum umdrehen, der Straßenbahnlärm und Moni auch ständig wach. So sehen wir drei auch aus, völlig knülle und zerknautscht. Dazu jetzt noch die Anspannung, was werden die uns in der Charité sagen, wenn sie uns was zu sagen haben? Mir ist übel, kann nicht mal richtig frühstücken, bin jetzt schon gereizt und genervt.

Erst mit der S-Bahn fahren, dann noch 20 Gehminuten und wir stehen vor der Charité. Oh je und nun? Wohin jetzt? Ein großes Gelände, viele alte Gebäude, in welches müssen wir nur? Wir gehen gleich in das Erste, sieht wie das Hauptgebäude aus, natürlich falsch. Ein netter Pfleger, oder so was ähnliches, hilft uns weiter, erklärt wo wir hin müssen. Also wieder raus, weiter um das Gebäude herum, endlich, da steht HNO-Abteilung dran. Aber nicht gleich da, auch innen müssen wir uns erst mal durchfragen, ganz schön kompliziert alles. Endlich geschafft, eine Schwester wartet schon auf uns, sind nämlich spät dran. Sie begrüßt uns herzlich und bringt uns zu einem Audiometrie-Raum, das kennen wir ja schon. Mein Mann geht mit Moni rein, ich warte in der riesigen Wartehalle. Mir ist schlecht, habe mächtigen Hunger, kann aber jetzt nichts essen, würde garantiert wieder rauskommen. Haben aber geschmierte Brote und Trinken mitgenommen. Mir zittern die Hände, als wäre ich auf Entzug. Hoffe nur, die Zeit hier geht schnell vorbei, lange halte ich diesen Zustand nicht aus. Nach 45 Minuten kommen beide wieder raus, endlich. Aber noch kein Ergebnis, die Schwester durfte nichts sagen, was bei der Audio rausgekommen ist. Wir sollen im Wartesaal Platz nehmen und werden dann aufgerufen. Der Warteraum, eigentlich eine riesige Halle, ist nicht so wie wir sie kennen. Bestimmt 20x 30 Meter groß, rings herum etwa 20 verschiedene Behandlungszimmer. Alles voll, bestimmt 100 Menschen sitzen hier und warten. Nach und nach werden sie aufgerufen, geht ziemlich flink alles. Moni quengelt, sie will wieder gehen. Ich hole ihr ein Spielzeug nach dem anderen aus dem Rucksack, aber nichts kann sie trösten, sie will hier weg, rennt ständig zur Tür. Nicht mal die vielen anderen Kinder hier interessieren sie. Habe zu tun sie immer wieder zum Platz zu locken und nach gefühlten 60 Minuten sind wir endlich dran. Ein älterer Herr, der Professor der Abteilung, bittet uns ins Zimmer. Ich, schon schweißgebadet und mit zittrigen Knie´n, schnappe mir Sack und Pack und wir gehen rein. Er erklärt uns, dass bei unserer Tochter eine hochgradige Hörbehinderung vorliegt. Im nächsten Atemzug fragt er, ob ich vor der Schwangerschaft die Pille genommen hab. Nein, hab ich nicht. Ursache für diese Behinderung könnten auch eventuelle Krankheiten in der Schwangerschaft oder die Pille sein, so seine Aussage. Wahrscheinlich ist es für die Ärzte dann einfacher schnell die Schuld auf die Pille zu schieben, man bin ich froh, habe sie ja wirklich nicht genommen. Für eine genauere Diagnose meint er, müsste Moni für eine Woche hier bleiben, dann hätte man genug Zeit für weitere Untersuchungen. Sie würden viele Blutproben nehmen, unzählige Untersuchungen und Test´s durchführen. Es wird für Moni anstrengend, wir sollen es uns sehr gut überlegen, ob wir ihr das antun wollen.

Wir denken nicht lange darüber nach, ob es was bringen würde, wir entscheiden uns sofort für die stationäre Aufnahme. Haben ja Hoffnung, endlich Genaueres zu erfahren, warum, wieso weshalb und was kann man tun. Was können die Profis hier in der Charité für unser Kind tun. Dass sie nichts hört wissen wir ja bereits, aber eben den Rest nicht, welche Möglichkeiten gibt es, wenn es welche gibt. Hatte eigentlich erwartet, dass man uns hier mehr sagt, aber wahrscheinlich ist die Zeit bei einem ambulanten Termin wirklich zu kurz. Etwas geknickt, aber weiter in Hoffnung schwebend, verlassen wir die Klinik.

Unterwegs überlegen wir, ob es wirklich Sinn macht, Moni eine Woche hier behandeln zu lassen. Wir wägen ab, für und wieder, doch wir tun es. Wenn nicht jetzt, wann dann. Immer noch denken wir an das Gute und hoffen, dass sich für uns und vor allem für unsere Tochter alles zum Guten wendet. Wieder muss sie eine Woche in die Klinik, das tut am meisten weh. Wenn wir nicht positiv denken, dann haben wir doch schon verloren und das werden wir beide nie tun, wir kämpfen weiter, für unser Kind. Sie soll doch auch so eine schöne Kindheit haben, wie ich sie hatte. All das hören, was wir hören können. Das zwitschern der Vögel, die Autos auf der Straße, die anderen Kinder beim Versteck spielen, wenn Mama zum Mittag ruft, einfach alles. Ein Leben ohne hören ist bestimmt sehr einsam, ich kann es mir gar nicht vorstellen, nur der Gedanke, der reicht und macht mich irrsinnig traurig. Möchte nicht, dass mein Kind ein einsamer Mensch ist, sie soll doch nur am Leben teilhaben. Wie soll ich ihr mal erklären, warum sie nicht hören kann. Wie erklärt man so was seinem eigenen Kind? Wie kann ich ihr erklären was hören ist, was in der Welt passiert, was um sie herum los ist, wo Gefahren lauern. Nur mit Händen und Füssen wird das nicht funktionieren und schon sind meine Ängste wieder da. Darf mir aber nicht´s anmerken lassen, sonst macht mein Mann mich wieder zur Schnecke, natürlich berechtigt. Wieder zurück in der Wohnung, die mit den vielen Boilern, packen wir unsere Sachen, morgen geht es wieder Richtung Heimat. Süß, Moni hilft fleißig beim packen, so gut sie es eben kann. Ich lasse sie, so hat sie ihren Spaß und kommt auch mal auf andere Gedanken. Letztendlich hat sie ja den meisten Stress von uns, muss die vielen Arztbesuche über sich ergehen lassen, ohne zu verstehen warum.

Nach vier Stunden Bahnfahrt endlich geschafft, gleich geht es zu Schwiegereltern, Bericht abgeben. Die sind auch schon ganz aufgeregt und gespannt, was wir erreicht haben. Die Tür geht auf, beide überfallen uns gleich mit tausend Fragen, das ist mir echt zu viel. Kriege kein einziges Wort heraus, will mich erst mal setzen und dann bitte ganz in Ruhe. Mein Mann ist gefasster, fängt an zu erzählen, Moni hängt auf Oma 's Schoß, ist kurz vorm einschlafen. Viel zu erzählen gibt es ja nicht, also nach kurzer Zeit, alles in Kurzfassung übermittelt und sie verstehen, dass bei diesem einem Termin nicht viel raus kommen konnte. Sie meinen auch, Moni noch mal eine Woche hinzubringen, wäre eine weitere Chance. Schlimmer wie jetzt kann es sowieso nicht werden. Wo sie recht haben, denke ich so bei mir. Die nächsten Tage sollen wir den Termin per Post zugeschickt kriegen und solange müssen wir ausharren. Hoffentlich muss sie nicht über die Feiertage rein, besser noch vor oder nach Weihnachten. Zu den Feiertagen fahren nicht alle Züge und von uns bis Berlin ist es schon umständlich genug. Schwiegervater beruhigt uns, meint, wenn der Termin rechtzeitig kommt, kann er uns vielleicht mit dem Auto hinbringen. Na wir überlegen noch, werden sowieso die ganze Woche mit in Berlin bleiben, bei unserem Kind. Kann doch nicht zu Hause sitzen und abwarten, arbeiten schon gar nicht, könnte mich gar nicht konzentrieren. Wir werden uns die Zeit schon vertreiben,

gibt genug anzugucken, wollten schon immer mal auf den
Fernsehturm.

Jetzt aber schnell nach Hause, war alles anstrengend, Moni
total durcheinander, hat schon wieder die Hose nass und ist
völlig erledigt. Ehrlich gesagt, ich auch. Will nur noch
baden, in´s Bett und endlich zur Ruhe kommen. Das Zittern
und Bangen geht weiter, wieder abwarten, so geht es nun
schon über ein Jahr. Bin völlig erledigt, ausgelaugt und
kraftlos, hoffe dass dieser Ärztemarathon bald ein Ende hat
und wir aufatmen können. Endlich unser Leben ruhig und
gesittet verläuft, so wie es angefangen hat.

Schon vier Tage nach unserem Charité Besuch kommt die
erwartete Post. Nächste Woche sollen wir Moni bringen, man
das ging ja echt schnell, Wahnsinn. Wir sind begeistert,
freuen uns riesig und klären gleich in der Firma unseren
Urlaub ab. Klappt auch alles und Weihnachten haben wir alles
hinter uns. Oh, das wird mein größtes Weihnachtsgeschenk,
nur der Satz, „wir können was für ihr Kind tun", das reicht
mir schon, scheiß auf Geschenke und egal wie lange es dann
dauert.

Die Woche verging wie im Flug, haben beide gearbeitet und
noch ein paar Geschenke für Weihnachten besorgt. Habe
organisiert, dass wir diesmal bei einer Tante in Berlin
unterkommen. Alle zwei-drei Jahre kommt sie zu meinen
Eltern, macht eine Woche Urlaub, jetzt sind wir mal dran und
das hilft ungemein. Sind froh dass wir bei ihr schlafen
können, brauchen wir kein teures Hotelzimmer nehmen. Die
kleine Wohnung vom Schwager ist zwar nett für ein
Wochenende, aber sieben Tage würde ich da nicht hausen
wollen.

Sachen gepackt und schon stehen wir am Bahnhof. Moni weiß genau, gleich kommt der Zug, wir werden einsteigen und wieder ganz lange fahren. Sie freut sich, ist ganz aufgeregt und verbindet es glücklicherweise nicht mit irgendwelchen Arztbesuchen. Sie tapst durch den Wagon, setzt sich gleich auf die erste Bank, wackelt mit ihrem Po hin und her, steht wieder auf und die nächste Bank ist dran. Irgendwann bei der 4er Bank angekommen zeigt sie uns, dass sie hier sitzen will. Klar, wir sind einverstanden, da hat sie viel Platz zum Spielen und kann sich breit machen. Noch sind kaum Fahrgäste drin, aber nach vier Stationen wird es langsam voll. Moni wieder in ihrem Element, rennt von ein Platz zum anderen. Einfach süß, wie sie auf die Leute zugeht. Manche gucken etwas genervt, sie merkt es und lässt die einfach links liegen. Tolle Reaktion, denke ich und bin ganz stolz auf die kleine Maus. Manche erzählen mit ihr, sie plappert dann einfach was zurück und ist glücklich. Moni voll beschäftigt und wir immer das Kind im Auge, vergeht die Bahnfahrt wie im Flug. Angekommen, wieder alles voller Menschen, S-Bahn suchen, Ticket kaufen und weiter geht es. Leider müssen wir samt Gepäck stehen, nicht angenehm und Moni fühlt sich ziemlich unwohl. Hier kann sie nicht hin und her laufen, Leute unterhalten und fängt an zu weinen. Obwohl es sehr eng ist, nehme ich sie auf den Arm, das findet sie natürlich großartig. Hat von uns allen wohl den besten Blick und kann über die vielen Köpfe hinweg gucken. Nach sechs Stationen, voll durchgeschüttelt, sind wir endlich da. Wir müssen bis zur Hausnummer 16, ist noch ein Stück zu laufen. Es fängt an zu schneien und Moni freut sich, versucht die Flocken zu fangen und ab in den Mund. Sie bleibt ständig stehen, es dauert mal wieder. Mein Mann ist schon vorgegangen und wartet am Hauseingang. Bin schon gespannt

wie es drinnen aussieht, war noch nie hier und hoffe, dass
wir vernünftige Betten zum Schlafen kriegen. Bin diesmal gar
nicht so aufgeregt wie beim letzten Mal, komisch, denke gar
nicht an den Termin morgen. Hoffe nur, dass meine Tante
nicht so viele Fragen stellt und uns etwas ablenken kann.
Ein großes Treppenhaus, mit ganz breiter dunkelbrauner
Holztreppe, riecht etwas muffig, aber sonst sehr hübsch.
Selbst die Wohnungstür, zweiflüglig, sieht wie in einem
echten Schloss aus, wunderschön. Habe so was noch nie
gesehen, kenne so was nur aus alten Filmen. Die Tür geht
auf, meine Tante steht vor uns, drückt uns zur Begrüßung und
bittet uns rein. Sie hat extra frei genommen, arbeitet sonst
auch in einer Klinik, aber als Hygieneärztin. Mein Onkel ist
Lehrer und nebenbei noch Historiker oder so was. So sieht es
auch in der Wohnung aus. Bücher über Bücher, teilweise zu
gestaubt, aber das passt zu diesem Haus, hat was. Wow, was
für hohe Räume, überall Stuck an den Decken und ein
riesengroßer Flur. Ich glaube der ist größer als unser 20 qm
Wohnzimmer. Erstmal gibt´s Käffchen, hallo, solch eine Küche
habe ich noch nie gesehen, ein Traum. Ganz dicke Holzbalken
quer durch das Zimmer gezogen und alles hängt voll mit alten
Töpfen und Pfannen. Ich kann es gar nicht beschreiben, bin
so begeistert, es ist traumhaft. Kurz erzählen wir, was los
ist und dass Moni morgen für eine Woche in die Charité muss.
Meine Tante ist mit dem, was wir ihr erzählen zufrieden und
bohrt nicht weiter, finde ich super, endlich jemand der
nicht nervt. Moni ist in der Zwischenzeit auf
Erkundungstour, na toll, kann sie ja nicht rufen, sie hört
es doch nicht. Meine Tante beruhigt mich und meint, dass die
Wohnungstür abgeschlossen ist, da kann nichts passieren.
Jetzt zeigt sie uns den Rest der Wohnung. Das Wohnzimmer,
gefühlt so groß wie unsere ganze Wohnung, mit großem Erker,

der steht voller Palmen. Die höchste davon bestimmt so drei
Meter. Echte Gemälde an der Wand, hat sie von ihrem Papa
geerbt, der war Maler. Sonst steht hier nur eine Couch und
ein Fernseher drin. Nicht mit Anbauwand, wie wir es kennen,
finde ich auch hübsch. Wozu braucht man eine Anbauwand, da
steht eh nur Klimbim drin. Ich muss auf´s Klo, sie zeigt mir
die Richtung und hier sieht es mal ganz normal aus, aber
auch mit Stuck an der Decke. Komme mir vor wie im Märchen,
als wäre es alles nur ein Traum. Dass es solche Wohnungen
überhaupt gibt, was die wohl kostet? Fertig und wo jetzt
lang? Links oder rechts? Hilfe, ich steh immer wieder vor
neuen Türen, wo muss ich lang, das gibt es doch nicht. Ich
rufe ganz laut und meine Tante kommt um die Ecke. Sie
erklärt mir, dass die Wohnung über 200 qm hat. Oh man,
unsere 3-Raumwohnung hat nur 65 qm, kann man so gar nicht
vergleichen. Also ich brauche ein Kompass für die nächsten
Tage, sonst bin ich nur am Suchen. Inzwischen sind wir in
einem der drei Kinderzimmer gelandet. Na hier sieht es ja
aus, voll das Gegenteil vom Rest. Keine Tapeten an der Wand,
alles voll geschmiert mit Filzer, Kreide und sonst was.
Meine Tante meint, dass die Kinder sowieso alles voll
schmieren, warum denn dann tapezieren? Das macht sie erst
wenn alle größer und vernünftiger sind. Hat sie natürlich
recht, denke ich und finde die Idee einfach genial. Muss ja
nicht alles perfekt sein, wichtig, dass sich die Kinder
wohlfühlen und sich austoben können. Moni habe ich
inzwischen auch gefunden, sie räumt das ganze Spielzeug aus,
ist voll beschäftigt und scheint uns nicht mal zu vermissen.
Dann zeigt die Tante uns noch ein Kinderzimmer, ähnliche
Wände, alles vollgekritzelt, drei Matratzen auf dem Boden
und hier dürfen wir uns breit machen für die nächsten Tage.
Ups Matratzen, Fußboden, na egal, Hauptsache wir können in

Ruhe schlafen, ist in Ordnung so wie es ist. Die Kinder, 5 und 8 Jahre, kommen aus der Schule, freuen sich uns mal kennen zu lernen und nach kurzem Beschnuppern toben sie mit Moni durch die ganze Wohnung. Schön dass sie gleich zueinander finden und viel Spaß haben. Nach dem Abendbrot geht es sofort unter die Dusche. Hier gibt es auch überall Heißwasser-Boiler, aber die sind ständig an, müssen nicht erst lange warten bis heißes Wasser kommt. Moni genießt die Dusche, platscht und spritzt alles nass und ich habe mit aufwischen zu tun. Meine Tante meint, ist nicht schlimm, geht ihr auch immer so, also alles im grünen Bereich. Die Matratzen sind natürlich ideal, ironisch gemeint. Moni liegt nicht mal fünf Minuten und schon steht sie wieder auf. Ich versuche ihr zu erklären, dass jetzt Feierabend ist und sie schlafen soll. Ich bleibe noch mit liegen und streichle ihr Köpfchen, krabble an ihrer süßen Stupsnase und irgendwann schläft sie. Endlich, jetzt habe auch ich mal Feierabend und will schnell duschen. Wo ging es noch mal lang? Ich werde irre, eine verrückte Wohnung. Gerade die Dusche angeschaltet steht Moni in der Tür und weint. Also, sie scheint sich hier schon bestens auszukennen im Gegensatz zu mir. Ich zeige ihr, dass sie warten soll, beeile mich natürlich und wir legen uns zusammen hin. Hat geklappt, zehn Minuten später schläft sie, tief und fest. Mein Mann sitzt noch in der Stube, quatscht mit Onkel und Tante, ich kann nicht mehr, bin breit und brauche meinen Schlaf.

6 Uhr, der Wecker klingelt, ich mag nicht, bin noch viel zu müde. War eine Höllennacht. Genau unter unserem Fenster fuhr die ganze Nacht die Straßenbahn. Nicht genug, die Schienen machen genau hier eine ganz scharfe Kurve und immer wenn die Bahn die Kurve fährt, quietscht sie wie verrückt. Am Tag ist

das nicht so aufgefallen, aber in der Nacht, wo es überall
ruhig ist, furchtbar. Moni schläft noch immer, war auch paar
mal wach und wollte in mein Bett krabbeln, ist aber immer
wieder gleich eingeschlafen. Ich wecke sie, streichle ganz
vorsichtig über ihren Kopf, sofort schreckt sie hoch, ist
gleich voll da und rennt durch die riesige Wohnung. Um Zehn
müssen wir in der Charité sein, kann jetzt nicht lange
Verstecken mit ihr spielen. Also immer wieder auf dass Neue,
das Kind in der 200 qm Wohnung suchen, schnell frühstücken
und auf geht es. Bis jetzt ging es mir noch recht gut,
langsam aber kommt die Aufregung, habe kein Hunger und kann
nichts essen.

Alles für das Krankenhaus eingepackt und los zur S-Bahn.
Schon am frühen Morgen geht es hier rund, Menschen über
Menschen, eine furchtbare Hektik, also ich möchte niemals
hier wohnen, niemals in einer Großstadt. Die S-Bahn
übervoll, wir müssen wieder stehen, war klar. Meine Beine
zittern, Moni schon am rum quengeln, weil es so eng ist und
sie nichts sehen kann. Papa nimmt sie auf den Arm, sie
beruhigt sich und peilt die Lage von oben. Sie flirtet mit
den Fahrgästen, bei Erwiderung freut sie sich und kreischt
ganz laut.

Endlich angekommen, raus aus dieser Bahn und ab zur Charité.
Erst mal wieder durchfragen, diesmal müssen wir nämlich
nicht in die Ambulanz, sondern direkt auf die HNO-Station.
Mir ist schlecht, habe ja nichts gegessen und dazu noch die
Aufregung, die ich nicht mehr verbergen kann. Mein Mann
guckt mich schon grimmig an, meint, ich soll mich zusammen
reißen, klar doch, mache ich, jedenfalls so gut ich kann.
Dritte Etage, oh nein Treppen laufen, ich kann nicht mit

meinen wackligen Beinen. Ein Pfleger zeigt uns den Fahrstuhl
und wie der funktioniert. Komm mir vor wie in einer großen
Lagerhalle. Riesengroßer Fahrstuhl, Platz für 100 Leute,
glaube ich jedenfalls. Großes Metallgitter als Tür, wie ein
Käfig. Moni will da nicht rein, sie fängt an zu weinen. Die
Tür schließt sich mit einem quietschendem Geräusch, mir ist
auch unheimlich, Moni schreit jetzt wie am Spieß, ist kaum
noch zu halten. Es dauert bis das Ding in Fahrt kommt,
wackelt und ruckelt, um so mehr schreit sie. Bestimmt hat
sie wahnsinnige Angst, klammert sich an Papas Bein fest. Oh
man, hätten wir doch besser die Treppe genommen, aber zu
spät. Oben angekommen, nur schnell raus hier und das Kind
wieder beruhigen, was nicht einfach ist. Ich tröste und
drücke sie, zeige ihr mit den Händen, dass wir niemals
wieder da rein gehen und besser die Treppe nehmen. Sie
versteht mich, glaube ich, wird langsam, aber nur ganz
langsam, ruhiger. Wenn sie jetzt noch mitbekommt, dass wir
sie hier lassen, Mama und Papa wieder gehen, dann ist gleich
alles zu spät, was wird sie nur denken. Sie hasst uns
bestimmt, verständlich. Später werde ich ihr alles erklären,
aber jetzt müssen wir alle, diese eine Woche noch
überstehen. Ich weiß, es wird die schlimmste Woche in meinem
Leben und bestimmt auch für Moni. Auf Station hören wir
schon tobende und kreischende Kinder, die wie wild über die
Flure rennen. Ich gehe mit Moni zur Spielecke, versuche sie
und mich abzulenken, habe das Gefühl, sie ahnt schon was
jetzt kommt, sie will mich nicht los lassen. Mein Mann klärt
inzwischen die Formalitäten an der Anmeldung, guckt immer
wieder zu uns rüber. Ich zeige ihm, noch nicht, will erst,
dass es unserer Maus besser geht. Jetzt wird es ernst, kann
mich nicht mehr zurückhalten und die Tränen kullern,
Scheiße, wie soll ich so mein Kind beruhigen. Versuch mich

zu fassen, gelingt mir aber kaum, trotzdem spielen wir beide
weiter. Sie kriegt es zum Glück nicht mit, wirkt langsam
ruhiger und nicht mehr so verkrampft. Sie bringt mir immer
wieder neues Spielzeug, es scheint, als wäre für sie die
Welt wieder in Ordnung. Mein Mann ist fertig, wir sollen
kommen. Eine freundliche Schwester winkt uns zu sich. Wir
gehen hin und mein Mann nimmt sofort Moni auf den Arm, er
sieht dass ich am heulen bin. Er tröstet mich, streichelt
über meinen Kopf und meint, ich soll ruhig schon raus gehen
wenn es mir zu schwer fällt. Ich knutsche und drücke meine
Maus noch mal ganz fest und schleiche mich raus. Ich kann es
nicht, kann nicht mein Kind da abgeben und verschwinden. Bin
total am Ende, heule Rotz und Wasser, es tut so unendlich
weh, muss ganz schnell raus hier. Mein Mann hat mehr Kraft,
kann sich besser beherrschen als ich und regelt alles
andere. Nach einer gefühlten Stunde ist auch er endlich
draußen, fix und fertig. Erzählt mir, dass er auch mit den
Tränen zu kämpfen hatte und Moni bitterlich geweint hat. Die
Schwester meinte wohl, dass sie sich bald wieder beruhigt
und gleich noch so ein kleines Kind ins Zimmer kommt, da
fühlt sie sich dann nicht ganz so allein und die
Untersuchungen gehen erst morgen los. Unser kleiner Schatz,
hoffentlich geht die Woche schnell vorbei und wir haben sie
wieder bei uns. Ich glaube, noch mal verkrafte ich das alles
nicht. Mein Kopf ist kurz vor´m platzen, kann nicht mehr
denken, muss endlich was essen sonst kippe ich noch um. Auf
dem Weg zur S-Bahn machen wir Zwischenstopp in einem Café
und essen schnell was. Kriege nur kleine Häppchen vom
Brötchen ab, rutscht einfach nicht, aber ich brauche was im
Bauch. Etwas gesättigt geht es weiter zur Bahn, beide sind
wir sprachlos. Wir stehen wie unter Schock, müssen nur an

unsere Moni denken, sprechen aber kaum, jeder von uns hat
mit sich selbst zu tun und zu kämpfen.

Die Woche verging wie im Flug, waren jeden Tag von früh bis
Abends unterwegs, haben Berlin unsicher gemacht. Die Tage
waren so schnell herum, Abends noch ein Stündchen mit Onkel
und Tante gequatscht und dann in´s Bett. Die Nächte
allerdings waren die Hölle, diese doofe Straßenbahn, habe
nicht eine Nacht durch geschlafen und dann die Gedanken nur
bei meinem Kind. Wie mag es ihr bloß gehen, erkennt sie uns
noch, was kommt bei den Untersuchungen raus, was testen die
alles, hatte richtig Alpträume. Heute, endlich können wir
sie abholen, ich freue mich riesig, bin wahnsinnig aufgeregt
und hab doch Angst davor, was man uns nun sagt. Wieder total
durcheinander im Kopf, verrückte Gedanken und kurz vorm
Ohnmachtsanfall auf zur S-Bahnstation. Ich nehme links und
rechts nicht´s mehr wahr, sehe nicht die vielen Menschen um
mich herum, verspüre nicht mal die übliche Hektik, bin
völlig abwesend. Finden sogar ein Sitzplatz, sind beide
total angespannt. Da, die Klinik, wir gehen immer schneller,
nehmen die Treppe, nicht den Höllenfahrstuhl, da gehe ich
nicht noch mal rein. Ganz schnell sind wir auf der Etage,
ich gleich ins Zimmer zu meiner Moni. Sie freut sich,
zappelt und strampelt in ihrem Bettchen. Schnell auf mein
Arm, drücke sie ganz fest an mich und heule was das Zeug
hält. Bin froh sie wieder zu haben, endlich meine Maus im
Arm halten. Sie sieht blass aus, überall blaue Flecken von
den Spritzen und sonst was. Sie sieht so schlimm aus,
einfach nur furchtbar. Sie wirkt sehr traurig, kann es gar
nicht richtig beschreiben, aber wie ein fremdes Kind, leicht
abwesend. Was haben die nur mit ihr gemacht, meine kleine
Moni. Ich drücke sie noch fester, streichle ihr über das

Köpfchen, aber sie will das nicht, zieht den Kopf weg und
fängt an zu schreien. Will sie wieder auf den Boden stellen
aber sie schreit noch lauter, ich werde irre. Die Schwester
meint, alles gut, das wäre normal nach so vielen
Untersuchungen, aber gibt sich die nächsten Tage wieder.

Wie bitte, in den nächsten Tagen, was soll denn das heißen?
Sie schreit, zappelt und wühlt auf meinen Arm herum, kann
sie kaum halten, runter will sie auch nicht, was jetzt? Mein
Mann kommt, hat die Entlassungspapiere geholt und will mir
Moni gleich abnehmen. Sie streikt, schreit wie verrückt,
will nicht zu Papa, will eigentlich gar nichts. Müssen jetzt
noch zum Professor rein, wegen der Auswertung, habe gerade
gar kein Nerv dafür, aber muss ja sein, wir wollten es so.
Mit dem schreienden und tobenden Kind also auf zum
Professor.

Er erklärt uns, dass Moni noch 0,5 Prozent Hörrest hat, was
aber nicht ausreicht um so die Sprache zu erlernen. Auch ein
Hörgerät könnte ihr da nicht helfen, es wäre zwecklos, das
dient nur dazu das Gleichgewicht zu halten. Um die nötigen
Schallwellen im Innenohr weiterleiten zu können, wäre eine
sehr aufwendige Operation nötig. Aber so eine OP ist bei uns
noch nicht machbar, die Forschung ist noch nicht so weit,
vielleicht in zehn Jahren. Sieht fasst so aus als hätte ich
mich in der Schwangerschaft mit Toxoplasmose angesteckt,
meint er, die Fehlfunktion deutet ganz darauf hin.
Allerdings kann man jetzt, wo Moni bereits zwei Jahre ist,
keine 100 % Diagnose mehr stellen, das hätte man sofort nach
der Geburt machen müssen. Wahrscheinlich hat man das wohl
bei ihr versäumt. Es hätte uns viel Sorgen und Ärger
erspart, wenn wir gleich gewusst hätten was los ist mit

unserem Kind. Noch nie gehört, was ist denn das, frage ich
ihn mit zittriger Stimme. Seine Antwort: „Die Toxoplasmose
ist eine häufig auftretende Infektionskrankheit, die primär
Katzen befällt und so auf den Menschen übertragen wird. Wenn
sich eine Schwangere mit dem Erreger ansteckt, kann sie ihn
auf das Ungeborene übertragen ohne es zu merken. Das
ungeborene Kind wird so unbemerkt infiziert und erleidet
schwerste Schäden". So schnell wie möglich sollten wir sie
in einen Kindergarten für Hörgeschädigte bringen. Nur so
könnte sie sich ihrem Alter entsprechend entwickeln und die
Gebärdensprache lernen, um sich verständigen zu können.

Ich schlage lang hin, so was gibt es? Hätten man mir doch
bei jeder Untersuchung sagen können, mein Arzt wusste, dass
ich die letzten Wochen auf das Dorf zu meinen Eltern ziehe.
Außerdem gibt es doch überall Katzen, woher soll man das
wissen, wie soll man sich da vor schützen? Bei der Geburt
kein Toxoplasmose - Test gemacht, na super geil, tolle Ärzte
wo ich entbunden habe, die hatten ja auch nur mit
Kaffeeklatsch zu tun. Mein Mann sprachlos, guckt nur wie es
mir geht, er macht sich Sorgen. Noch immer Moni auf den Arm,
die sich etwas beruhigt hat, fange ich an zu flennen, weiß
gar nicht was ich jetzt denken soll. Soll ich froh sein
endlich die Ursache zu kennen, ein Ergebnis zu haben, soll
ich froh sein, dass man vielleicht in zehn Jahren etwas für
unser Kind tun kann? Oder soll ich etwa froh sein, dass sie
nicht noch mehr körperliche Schäden hat? Ich weiß gar nicht
´s mehr, schalte komplett ab. Muss das alles erst mal in Ruhe
verarbeiten. Letztendlich heißt es nach Hause fahren,
niemand kann uns helfen, nicht mal die Vorzeigeklinik in
Berlin. Unsere letzte Hoffnung, verflogen, es ist vorbei,
wir müssen jetzt das Beste für uns alle draus machen. Ich

brauche Zeit, um wieder klar denken zu können. Wir
verabschieden uns, danken dem Professor trotzdem für seine
Mühe und verschwinden ganz schnell aus dieser Klinik.
Endlich frische Luft, ich atme ganz tief durch, das tut gut.
Mein Mann nimmt mir endlich Moni ab, die zwar strampelt und
schreit, aber ich kann sie nicht mehr halten, mein Arm ist
wie abgestorben. Das war doch unsere letzte, einzige
Hoffnung, sie ist geplatzt, wie ein Luftballon, einfach weg.
Ich kann nicht mehr, bin so fertig, die Botschaft für uns
beide so niederschmetternd. Moni dreht jetzt völlig ab, mein
Mann in Panik, ist mir einfach alles zu viel, habe mit mir
selbst zu tun und muss aufpassen dass ich nicht umkippe.
Sprachlos und gedanklich abwesend, traben wir zur S-Bahn.
Leute drehen sich nach uns um, wundern sich warum unser Kind
so schreit und gucken blöd. Die denken bestimmt wir sind
Rabeneltern, ist mir aber gerade ziemlich egal. Da, ein
Spielzeugladen, mein Mann rennt rein, kauft einen riesigen
Plüschteddy, so groß wie Moni. Was soll das denn jetzt,
haben doch zu tun mit dem Kind heil nach hause zu kommen. Er
meint, das hat sie sich verdient, sie war doch so tapfer die
ganze Woche. Ja klar, hat er schon recht, aber jetzt
schleppen wird das Ding auch noch mit. Endlich bei der S-
Bahn angekommen, noch ein freier Platz, ich setze mich,
nehme Moni auf den Schoss und bin nur am heulen, bin so
fertig, fertig mit der Welt. Sie fängt wieder an zu toben,
weiß nicht was sie will, ich kann sie nicht mehr halten,
setze sie einfach auf den Boden im Gang. Auch das will sie
nicht, schreit noch lauter, strampelt, steht mit wackligen
Beinen auf und schmeißt sich wieder zu Boden, die Hölle.
Leute gucken uns schief an, schütteln den Kopf. Was soll ich
bloß machen, ich lasse sie einfach da unten austoben, alles
andere bringt jetzt nichts. Sie guckt nicht mal den Teddy

an, will kein Schnuller zur Beruhigung, kein Trinken,
einfach nichts. Oh man, was sollen wir nur tun, mal muss sie
doch ruhiger werden. Sie ist schon ganz schlapp, kraftlos
vom vielen schreien, hört aber einfach nicht auf. Die
Bahnfahrt dauert ewig, ich drehe gleich durch. Darf ich aber
nicht, muss mich zusammenreißen und für mein Kind da sein,
ich bin die Mama. Wir sind da, bloß schnell raus hier, sonst
kommt noch die Bahnpolizei und die nehmen uns das Kind weg.
Mein Mann schnappt sie sich, ohne Rücksicht auf ihr schreien
und toben. Ich komme mir vor wie eine Asoziale. Schnell
durch den Bahnhof und ab zur Tante. Da ist keiner zu Hause,
alle auf Arbeit und in der Schule. Ich schließe die Tür auf,
alle rein und ganz schnell die Tür wieder zu. Weiter wälzt
Moni sich auf dem Fußboden, wir lassen sie einfach in Ruhe,
bestimmt braucht sie auch Zeit für sich. Muss erst mal
realisieren, dass sie jetzt wieder bei Mama und Papa ist, in
Sicherheit. Wir sitzen in der Küche beim Kaffee, können
immer noch nicht miteinander reden, sitzen nur da und
grübeln. Nach einer Weile steht plötzlich Moni in der Tür.
Ich reiche ihr meine Hand und blitzschnell kommt sie an.
Drücke sie ganz doll, sie lässt es zu, bin ich froh. Völlig
erschöpft und schweißgebadet, lässt sie sich jetzt auch über
das Köpfchen streicheln, aber nur kurz. Mein Mann gibt ihr
ein Apfel, aber sie will nicht, mag nicht´s essen. Ich
versteh es, könnte ich nach so einer Tortur auch nicht.
Jetzt geht sie sogar zu ihrem neuen Teddy, das Ding aus
Plüsch, der genau so groß ist wie sie. Ganz vorsichtig fasst
sie ihn an Nase, Mund und Ohren. Süß, wie sie sich ran
tastet und langsam zu sich kommt. Vielleicht hat sie auch
Schmerzen, wenn ich die vielen blauen Flecken sehe, der
ganze Körper voll, Arme, Beine, Bauch, einfach überall. Ich
koche ihr etwas Kakao, sie trinkt ein bisschen davon und

kippt den Rest auf den Fußboden. Egal, Hauptsache sie hat
ein bisschen im Bauch. Wir kuscheln ein wenig auf der
Matratze und dabei schläft sie ein. Ich schleiche mich aus
dem Zimmer und wir packen schnell unsere sieben Sachen,
müssen heute noch nach Hause. Aber erst müssen wir Moni
wieder etwas hin kriegen, vier Stunden Bahnfahrt kann sie
nicht so ein Theater machen, das schaffe ich wirklich nicht.
Jetzt schläft sie schön und wir hoffen, dass sie es auch
lange tut. Soll sie ruhig drei Stunden schlafen, wir
schaffen den Zug schon. Alle zehn Minuten gehe ich gucken,
habe keine rechte Ruhe. Sie scheint zu träumen, zuckt hin
und wieder zusammen, aber sie schläft. Die Tür geht auf,
meine Tante kommt von Arbeit. Sie will wissen wie es
gelaufen ist. Kurz und knapp erzählt mein Mann was in der
Charité rausgekommen ist und wie es Moni gerade geht. Sie
zeigt Verständnis, bietet an uns zum Bahnhof zu fahren, da
haben wir den Stress mit der S-Bahn nicht. Gern nehmen wir
an, sind froh dass sie uns hilft. Nach einer Stunde meint
sie, wir sollten Moni besser wecken, sinnvoller wenn sie auf
der langen Bahnfahrt schläft, als da abzudrehen. Wo sie wohl
recht hat, gehe gleich ins Zimmer und versuche sie ganz
sanft zu wecken. Streichle vorsichtig über ihr kleines
Köpfchen, noch mal und immer wieder, bis sie endlich die
Augen öffnet. Sofort weint sie los, drücke sie wieder an
mich und kuschle etwas, scheint ihr zu gefallen. Mein Mann
kommt mit dem Teddy rein und siehe da, sie lächelt und will
ihn gleich haben. Aber der ist so groß, passt nicht auch
noch ins Bett. Ich erkläre ihr mit Händen und Füssen, so gut
ich es hinkriege, dass wir uns anziehen müssen und mit der
Bahn nach Hause fahren. Ich glaube etwas hat sie verstanden,
sie freut sich. Steht sofort auf und will ihre Stiefel
anziehen. Ich zeige ihr dass es draußen kalt ist und der

Teddy auch friert. Binde ihm mein Schal um und sie findet
das lustig. Sie drückt ihren Teddy ganz fest, schleppt ihn
durch die riesige Wohnung. Mein Mann hat in der Zwischenzeit
schon die Sachen zum Auto gebracht. Schnell noch ein Haps
essen und los geht es. Habe noch paar Brote geschmiert für
unterwegs, falls Moni doch Appetit kriegt.

Timing perfekt, der Zug steht schon da, schnell
verabschieden und schon geht es los. Noch ist Moni ganz
friedlich, bleibt auf ihrem Platz sitzen und versucht den
Teddy auf ihren Schoß zu setzen. Klappt natürlich nicht, das
Monstrum versperrt ihr alle Sicht und sie kann ihn kaum
halten, weil er viel zu groß ist für ihre kleinen Arme. Ich
zeige ihr mit den Händen, wir setzen ihn auf Mamas Schoss,
sie scheint es zu verstehen. Also, ein bisschen kann ich ihr
schon verständlich machen, meistens versteht sie es, nur
umgedreht klappt es noch nicht. Manchmal zeigt sie mir was
und fummelt mit ihren Armen herum, sieht zwar putzig aus
aber ich versteh es nicht. Meistens ergibt es sich aus der
Situation und ich erahne was sie gerade von mir will.

Eine Stunde fahren wir schon, Moni noch immer mit dem Teddy
beschäftigt, aber sie sieht müde aus. Ich zeige ihr, dass
der Teddy jetzt schlafen muss, lege ihn auf den freien Platz
und sie legt sich gleich dazu. Na das ist ja süß, decke
beide noch mit meiner Jacke zu und keine fünf Minuten
schläft sie wirklich ein. Mein Mann sitzt mir gegenüber, hat
auch schon die Augen zu und ist im siebten Himmel. Bin auch
sehr müde, schlafen geht aber nicht, lasse mein Kind nicht
aus den Augen. Hab ein Rätzelheft mit und versuche mir die
Zeit damit zu vertreiben, komme ich wenigstens nicht auf
dumme Gedanken. Im Abteil sitzen nur vier Leute, völlige

Ruhe, alle schlafen und ab und zu fallen auch mir die Augen zu, aber immer nur kurz.

Moni hat ganze zwei Stunden geschlafen, räkelt sich und lächelt mich an. Sie zeigt auf ihren Mund, hat Hunger und Durst. Ich suche alles Essbare zusammen, zeig es ihr und blitzschnell schnappt sie sich ein Brot, stopft so viel wie geht in sich rein. Richtig Knast hat sie jetzt, will sogar den Teddy damit füttern. Sie erzählt mit ihm, plappert wirres Zeug, keine Ahnung was, aber sie hat Spaß daran. Drückt ihm sogar das Brot ins Gesicht, wischt Butter und Leberwurst mit ihren Händchen wieder ab, meckert mit ihm was das Zeug hält, weil er sich so schmutzig macht. Oh, ist das süß, sie taut endlich auf. Im Gang will sie nicht herum laufen, ich denke sie ist noch zu schwach, kann sich nicht richtig halten wenn der Zug so wackelt. Aber so ist es auch in Ordnung, wir albern ein bisschen herum und spielen mit dem Teddy, als wäre es auch ein Kind.
Wir haben es geschafft, angekommen, endlich zu Hause. Jetzt geht es aber auch gleich richtig nach Hause und nicht noch irgendwo Bericht abgeben. Will in meine vier Wände, müssen alle erst mal runter kommen und die letzten Tage verarbeiten.

Für mich scheint gerade die Welt unter zu gehen, meine schöne heile Welt. Hatte so gehofft, dass man uns endlich hilft, nichts. Auch die letzte Hoffnung verflogen, mein Kind wird nie hören, mich nie hören. Komme mir so hilflos vor, meine kleine Moni, nie hört sie meine Stimme. Meine glückliche heile Welt, nur noch eine Ruine, wie ein Kartenhaus zerfallen, Stück für Stück.

Muss die vielen Informationen erst einmal verarbeiten und wieder klar im Kopf werden, bin nicht in der Lage etwas anderes zu machen, brauche Zeit für mich selbst. Warum haben die nicht solch ein Test gemacht, will einfach nicht in meine Birne. Bestimmt wäre ich von Anfang an anders mit der Situation um gegangen, hätte mich sicher nicht ständig verrückt gemacht und immer wieder gehofft. Operation, vielleicht in zehn Jahren, da ist unser Kind dann 12, geht zur Schule, kann man ihr das dann zumuten? So schnell wie möglich in eine Gehörloseneinrichtung, aber sie ist doch noch so klein und braucht ihre Eltern. Ich will doch mein Kind erziehen, sehen wie es aufwächst und die Welt entdeckt, will nicht dass es andere für mich tun. Habe ich überhaupt noch die Möglichkeit Einfluss zu nehmen, wenn es Wichtiges zu entscheiden gibt, das machen dann auch andere, die Erzieher vielleicht.

Die nächsten Tage müssen wir uns echt um diese Einrichtung kümmern, will wissen wie es da abgeht, was auf uns zu kommt. Ich versinke, wie so oft, in meinen verrückten Gedanken, bin völlig abwesend als plötzlich Moni vor mir steht. Sie will auf meinen Schoss und schmusen, bei Mama kuscheln. Sie sieht meine Tränen, sieht dass es mir nicht gut geht, schon fängt sie auch an zu weinen und drückt mich ganz fest. Sie drückt so fest, kriege kaum noch Luft, aber es fühlt sich gut an. Ich muss zusehen dass ich von diesem Trip runterkomme, mein Kind braucht mich, vor allem jetzt, wo es ihr selbst nicht gut geht.
Wieder etwas gefasst albern wir beide herum. Sie freut sich, zeigt mir, dass sie schon ein Rolle Vorwärts kann. Ganz stolz steht sie vor mir, macht noch eine und gleich noch eine. Sie zeigt, dass ich klatschen soll, mache ich doch

glatt, sofort. Habe das Gefühl dass sie mich aufheitern
will, sie merkt ja dass irgendwas anders ist als sonst. So
eine kleine Maus, was die schon begreift und wie sie damit
umgeht, einfach toll, bin ganz stolz auf sie. Dann schleppt
sie ihren großen Teddy an, wickelt ein Schal um seinen Fuß
und zeigt, dass er aua hat, ist das süß. Sie spielt Doktor,
holt aus dem Bad eine Schachtel Creme und schmiert den
ganzen Teddy damit ein. Brr, wie soll ich das wieder sauber
kriegen, aber scheiß drauf, ich lasse sie. Vielleicht
verarbeitet sie so all das, was sie letzte Woche ertragen
und aushalten musste.

Endlich wieder arbeiten, das lenkt etwas ab und ich grübele
nicht so viel. Auch Moni freut sich auf ihre Krippe, auf die
Kinder, hat ihr bestimmt schon gefehlt. Ohne Küsschen rennt
sie los in den Gruppenraum, gleich zum Frühstückstisch. Ich
erzähle den Erziehern vom Untersuchungsergebnis, natürlich
sind alle geschockt, hätten sie nicht gedacht dass Moni
wirklich nichts hören kann, absolut nicht´s. Bisher hatten
sie noch gehofft, dass sie vielleicht nur schwerhörig oder
ein Spätzünder ist. Schließlich verhält sie sich wie alle
anderen, macht alles mit und folgt den Anweisungen.
Wahrscheinlich sind schon die Sehnerven ausgeprägter und sie
nimmt vieles mit den Augen wahr, anders als die Hörenden.
Außer manchmal, da macht sie einfach was sie will, die
Erzieher sehen es mit Humor und machen kein Problem daraus.
Sie lassen sie einfach machen, so lange es die anderen nicht
stört und der Kita Ablauf nicht durcheinander kommt. Je
länger ich ihr Verhalten beobachte, desto mehr fällt mir
auf, dass sie wirklich viel mehr beobachtet, mit den Augen
auf nimmt und prüft, als andere. Sie ist ein ganz helles
Köpfchen, verstehe immer öfter, was sie mit ihren kleinen
Fingerchen zeigt und was sie mir mitteilen will, es macht

vieles leichter. Oft genug sind aber auch Situationen, wo
ich nicht weiß was sie von mir will, dann wird sie auch
schon mal wütend, eigentlich verständlich. Ich hoffe, je
älter sie wird, um so besser kriegen wir das hin. Es scheint
als wäre es eine unendliche Lebensaufgabe, sich immer wieder
neu Gedanken zu machen, wie man was ohne Sprache sagen kann,
so, dass es der andere auch versteht. Vielleicht wird es
besser wenn Moni die Gebärdensprache kann, habe noch keine
Ahnung wie das funktionieren soll, wir müssen die Sprache
bestimmt auch lernen.

Auch von Toxoplasmose hat keiner der Erzieher bisher gehört.
Sie wussten nicht, dass Katzen so gefährliche Krankheiten
übertragen können. Sie wollen alle anderen Mutti´s von
diesem gefährlichen Virus erzählen, vor allem denen, die
gerade schwanger sind. Finde ich super, die ganze Welt soll
es wissen, dass es so was gibt, dass man das Neugeborene
sofort darauf hin untersuchen kann. Ich finde es besser,
schon vom ersten Tag an zu wissen, was mit dem Kind ist und
nicht erst nach zwei Jahren, wie bei uns. Bei der
Ungewissheit bleibt man kein Mensch, man ahnt es, will es
aber nicht wahr haben und immer auf´s neue hat man Hoffnung.
Es macht ein fertig und man hat kein Kopf mehr für die
schönen Dinge im Leben, man ist ständig mit diesen Sorgen,
Ängsten und sich selbst beschäftigt. Selbst auf Arbeit, die
Kollegen, sind erschüttert, dass es so was gibt, dass Katzen
so was übertragen können.

Haben heute ein wunderschönen Weihnachtsbaum geholt, ein
ganz edles Stück, bestimmt zwei Meter groß. Ich suche die
ganze Weihnachtsdeko raus, Moni wühlt alles durcheinander,
hängt etliche Kugeln an ein dünnen Zweig und zeigt es mir

ganz Stolz. Innerlich muss ich grinsen, aber ich lasse den Zweig so, ist ja ihre Vorstellung von hübsch. Voller Begeisterung hilft sie beim Schmücken und hat viel Spaß. Sie hat sich von den vielen Strapazen ganz gut erholt, ist wieder ganz die alte, das liebste Kind was man sich wünscht. Morgen am Heiligabend kommen alle Großeltern, muss noch den Kartoffelsalat machen und die restlichen Geschenke einpacken. Mache ich, aber erst wenn Moni im Bett liegt, konnte mich bisher noch nicht dazu aufraffen, aber jetzt wird es Zeit.

Es klingelt, Moni rennt zur Tür, ist total aufgeregt und kreischt als sie die Omas und Opas sieht. Sie merkt, dass heute ein besonderer Tag ist. Habe ihr zwar versucht zu erklären, dass der Weihnachtsmann kommt, so wie in Berlin auf dem Weihnachtsmarkt, aber ich glaube, das hat sie nicht so ganz verstanden. Wenn er kommt, wird sie schon verstehen was ich gemeint hab. Der Nachbar unter uns spielt im ganzen Haus Weihnachtsmann, bringe ihm noch schnell die Geschenke runter. Stehe unten an der Tür und höre oben an unserer Wohnungstür die Glocken. Haben wir extra angebaut, so was wie ein Windspiel mit drei Glocken, wenn die Tür auf geht, dann hören wir es. Nur zur Sicherheit, falls Moni mal auf die Idee kommt abzuhauen. Meistens schließen wir ab, damit sie nicht still und heimlich verschwindet. Sie ist so pfiffig, kann gar nicht genug auf passen. Ich höre sie schon die Treppe runter tapsen, gebe fix die Geschenke ab und wieder hoch. Sie will weiter runter, na gut ich warte. Bis in den Keller schafft sie es und zeigt durch das Gitter, ich soll auch kommen. Ich zeige ihr nein, sie soll hochkommen, ich mag nicht, hab doch noch zu tun. Gehe kurz aus ihrem Blickfeld und wie geplant, sie kommt schnell wieder hoch.

Alles erledigt, jetzt gibt es erst einmal Kaffee. Mein Mann
hat lecker Quarkuchen gebacken und Moni tobt mit den Opa´s
durch die Wohnung. Schön zu sehen, dass es ihr wirklich
wieder gut geht. Es klopft und poltert ganz laut an der Tür.
Moni hört es nicht. Ich tippe sie an und zeige, dass jemand
an der Tür klopft, sie soll mal nachgucken. Ganz stolz, wie
eine Große rennt sie hin, macht die Tür auf und kommt zurück
gerannt, ganz aufgelöst, hantiert mit ihren Armen und will
uns was mitteilen. Plappert was in die Kaffeerunde, keiner
versteht es, wissen aber alle, dass der Weihnachtsmann da
ist. Sie zieht an meinem Arm, ich soll mitkommen zur Tür. In
Ordnung, wir gehen zusammen und holen den Weihnachtsmann
rein. Von der Seite guckt sie ihn fragend an, kriegt das
wohl nicht so ganz sortiert, warum er so komisch aussieht,
aber sie weint nicht. Ein Geschenk nach dem anderen holt er
heraus, gibt sie Moni und ich zeigt ihr wem sie es geben
soll. Nein, sie legt alle ganz vorsichtig auf ein Haufen und
zeigt mir, alles ihre Geschenke. Alle habe ihren Spaß, ein
schöner Heiligabend und ich, ich bin total abgelenkt von
meinen eigentlichen Problemen.

Weihnachten vorbei, der Alltag hat mich längst wieder ein.
Obwohl ich den ganzen Tag über beschäftigt bin, mache ich
mir weiter Sorgen, wahrscheinlich ist das bei Mamas so, habe
keine Ahnung. Mein Mann beim Studium und ich nur auf Moni
fixiert. Täglich neue Herausforderungen, wie sag ich es ihr,
wie sag ich es meinem Kind. Bin zwar schon sehr
einfallsreich, aber manchmal kriege ich ihr einfach Dinge
nicht erklärt, so dass sie es versteht, das nervt und macht
mich wahnsinnig. Vieles sagen wir uns über den
Gesichtsausdruck oder einer bestimmten Körperhaltung, böse,
traurig, nachdenklich u.v.m., hätte nie gedacht, dass so was

funktioniert. Einfach spannend und es fordert mich jeden Tag auf´s Neue. Manchmal raucht mir echt der Kopf und vom vielen Überlegen bin ich müde. Auch Moni zeigt mir immer öfter solche Gesten, wenn wir es dann verstehen sind wir beide glücklich. Draußen beim Spielen oder beim Bummeln, quatschen uns Leute an. Fremde oder auch Bekannte fragen, warum Moni noch nicht spricht. Ich fange sofort an zu flennen, kann einfach nicht darüber reden.

Wenn wir Schwiegermutter mal auf Arbeit besuchen, müssen wir in letzter Zeit immer die Treppe nehmen. Moni kriegt regelrecht Panik, wenn sie den Fahrstuhl schon von weitem sieht. Sie macht ein riesen Bogen darum, guckt ihn ganz ängstlich von der Seite an, fängt an zu zittern und zu schreien, so bald wir dichter kommen. Sie zeigt mir, dass sie da nicht rein will. Die ersten zwei Male hab ich es nicht verstanden, jetzt weiß ich warum. Sie denkt immer noch an den Fahrstuhl in der Charité, das war ja die Hölle. Seitdem hat sie das Problem und ich dachte sie hat alles vergessen, oh nein, das muss so tief gespeichert sein in ihrem kleinen Köpfchen, einfach Wahnsinn. Also was tun, wir laufen fünf oder manchmal sechs Etagen die Treppe hoch, obwohl es nebenan ein Fahrstuhl gibt, aber mir bleibt nichts weiter übrig. Die Alltagsprobleme reißen nicht ab, immer wieder gibt es was Neues, auf das ich mich einstellen muss. Wenn wir bummeln, rennt sie gerne vor, will Mama nicht mehr anfassen oder sie sieht was und schwups ist sie schon um die Ecke verschwunden. Ich kann sie doch nicht rufen, ein großes Problem für mich. Renne wie eine Besessene hinterher und hoffe dass noch nichts passiert ist. Überall fahren Autos, Fahrräder oder sonst was, sie hört es doch nicht. Selbst vor Hunden macht sie nicht halt. Sobald sie einen sieht, rennt sie los, voll auf ihn zu, habe zu tun hinterher zu kommen. Tausendmal schon habe ich ihr erklärt, dass die beißen können und dass sie das nicht darf. Zwecklos, wenn sie Tiere sieht ist sie hin und weg. Ob Hund, Katze, einfach alle Tiere. Kann sie doch aber nicht festbinden, also ich immer voll angespannt und das Kind im Blick, was unheimlich anstrengend ist.

Neulich beim Einkaufen gab es eine Situation, die mehr lustig war als alles andere. Geht vor uns doch eine Frau, bestimmt 180 Kg oder mehr, na ja übertrieben gesagt, aber schon sehr breit. Moni schiebt den Einkaufswagen, kommt gerade so an und überholt die gute Frau. Dann bleibt sie plötzlich stehen, dreht sich um und zeigt auf die Frau, zeigt mit den Armen als hätte sie einen dicken Bauch. Am liebsten wäre ich im Erdboden versunken, man war das peinlich. Natürlich hat die Frau verstanden was gemeint war, konnte ja jeder sehen. War mir das peinlich und unangenehm, hab mich höflich entschuldigt, musste im Stillen aber trotzdem schmunzeln, so sind eben Kinder, immer ehrlich. Zum Glück nahm sie es mit Humor und musste selbst darüber lachen. Na ja noch mal gut gegangen, auch solche Situationen gibt es, die nicht weiter tragisch sind und unseren Alltag etwas versüßen.

Moni wird bald drei, inzwischen haben wir den Antrag für den Kindergarten in der Gehörlosen Einrichtung abgeschickt. Habe etliche Informationen, wie es dort ablaufen wird. Erst kommt sie in den Kindergarten, lernt das Gebärdenalphabet und später die eigentlichen Gebärden. Schule geht bis Samstag Mittag, dann erst werden alle Kinder mit Shuttlebussen nach Hause gebracht. Wenn Ferien sind, so wie an den normalen

Schulen üblich, bleibt auch der Kindergarten geschlossen, haben genauso Ferien- und Kindergartenfrei wie Schulferien sind. Also ein Internat mit Kindergarten und Schule zusammen. Die Kinder kommen aus einem Umkreis von etwa 300 km. Montag´s früh 6 Uhr fährt der Shuttle dann wieder alle in die Einrichtung. Wir müssen also Montags 4 Uhr aufstehen und Moni zum Bus zu bringen, ca. 35 Kilometer von uns. Samstag´s ist sie gegen 14 Uhr wieder zurück, bis wir zu Hause sind wird es 15 Uhr sein. Da ist der Samstag dann auch schon gelaufen. Muss mich um die Wäsche kümmern, so dass Montags alles wieder trocken ist. Oh, Scheiße, da haben wir nichts mehr von unserer Maus, nur den Sonntag, wo wir mal was unternehmen können. Ein echt trauriges Spiel, aber was bleibt uns, wir haben nun mal diese A-Karte gezogen. Ihr wird es bestimmt dort gefallen, alles Kinder wie sie, die nicht hören können, aber wie wird es uns in der Zeit gehen. Kann dann nicht an den Wochenenden arbeiten, da spiele ich nicht mit. Was mache ich, wenn sie in den Ferien zu Hause ist, kann doch nicht im Sommer acht Wochen frei machen, da spielt kein Chef mit. Hoffe nur, dass die Kollegen das auch verstehen. Die machen so schon immer Stress wenn es um Wochenende geht, dann haben sie plötzlich ihre Enkel da oder tausend andere Ausreden. Bisher habe ich gern am Wochenende gearbeitet, ist viel ruhiger und in der Woche kann man viel erledigen, außerdem gibt es mehr Geld. Oder habe die Stunden gesammelt für den freien Tag, wo wir zur Sprachpädagogin müssen. Kann nicht immer mein Urlaub dafür opfern, im Jahr sind das zwölf Tage die dafür drauf gehen.

Habe heute mit den Kollegen und dem Chef gesprochen, ihnen erklärt, dass ich an den Wochenenden nicht mehr arbeiten kann, wenn Moni in den Gehörlosenkindergarten geht.

Normalerweise soll es im September, so wie Schulanfang ist, schon losgehen. Sie zeigen volles Verständnis, meinen, dass ich mir da kein Kopf machen soll, das würde schon klappen. Bin froh dass sie da kein Problem mit haben, aber kann nicht ganz daran glauben, ist so ein eingefahrenes Team, stur und egoistisch bis zum geht nicht mehr und der Chef, der hat eh nichts zu sagen. Bin gespannt wie es wird, habe ja noch etwas Zeit. Wenn es nicht klappt, dann muss ich mir eine andere Arbeitsstelle suchen, will ja wenigstens am Wochenende mein Kind sehen. Eigentlich unvorstellbar, wenn die mir das nicht gewähren, sind doch selber alle Mama´s.

Schon ganz aufgeregt und hübsch gemacht, wollen wir heute ins Stadion zum Konzert, die Phudys spielen. Mein Mann hat alles von der Firma aus organisiert, ist ja jetzt Kulturleiter. Er ist schon Tagelang aufgeregt, nicht zu gebrauchen, hofft dass alles klappt und dass das Wetter mitspielt. Noch scheint die Sonne, aber wenn die unter geht, wird es meistens kühl, schließlich ist noch kein Sommer. Meine Freundin kommt und wir toben mit Moni los. Die ist auch ganz aufgelöst, mag Action und liebt es, wenn sie was Neues erleben darf. Erklären konnte ich es ihr nicht richtig, wusste nicht wie. Manchmal gibt mein Geist eben auf, aber sie wird es gleich sehen und dann verstehen. Wollen die paar Wochen, die sie noch zu Hause ist, voll nutzen, alles mitnehmen was möglich ist und ihr viel von der Welt zeigen. Menschen über Menschen drängen sich durch den Einlass. Teilweise werden Taschenkontrollen gemacht und das dauert. Quetschen uns zum Seiteneingang durch, da wo nur die Künstler und Organisatoren Zutritt haben. Mein Mann wartet schon, winkt uns rein und Moni strahlt. Sieht die riesengroße Bühne mit Scheinwerfern und Lichteffekten, rennt natürlich gleich hin. Kann sie gerade noch zurück halten, finde sie doch bei den Menschenmassen nicht wieder. Mein Mann nimmt sie auf die Schulter, Kind gesichert und weiter geht es durch die Massen, bis ganz nach vorn, quasi erste Reihe. Moni wie versteinert vor Begeisterung, staunt nur Bauklötzer, kreischt vor Freude und will immer wieder runter, will sogar auf die Bühne. Das Konzert fängt an, es scheppert und schallt von allen Seiten aus den Boxen, Moni wackelt mit ihrem kleinen Popo auf Papa´s Schultern. Wir glauben, dass sie was mitbekommt, sicher den Bass, das vibrieren merke selbst ich unter meinen Füssen. Mein Mann stellt sie auf die große Box, sie ist happy, da scheppert es ja nun noch mehr. Ihre Augen strahlen, sie ist so begeistert, fängt sogar an zu tanzen. Würde nie ein hörendes Kind so dicht an die Boxen stellen, aber bei uns ist eben alles anders, Moni darf. Sie soll doch mitfühlen was ein Konzert ist, soll es miterleben können, auch wenn sie nichts hört. Schlimmer kann es bei ihr nicht werden und wir haben alle viel Spaß, weil sich unser Kind freut. Auch ich kann mich für kurze Zeit mal wieder richtig fallen lassen und einfach an nichts denken, ein schönes Gefühl was ich nur noch selten habe.

Schwiegervater hat uns angeboten, wenn Moni jede Woche gefahren werden muss, dass er sie zum Shuttles bringt und auch Samstags wieder abholt. So weit haben wir noch gar nicht gedacht, ja wie soll sie bis zum Shuttle kommen, wir haben kein Auto und keinen Führerschein. Ist gerade ein Riesenproblem, können doch nicht die nächsten 13 Jahre unseren Eltern so was aufbürden. Sicher, schön zu wissen, dass sie helfen wenn es mal nötig ist, aber nicht ständig. Wir haben gehört, dass man unter bestimmten Voraussetzungen

einen Antrag stellen kann und in kurzer Zeit ein Auto
bekommt. Wenn wir einen normalen Antrag stellen kann es bis
zu zehn oder mehr Jahre dauern. Mein Mann kümmert sich,
fragt in der Firma was zu tun ist. Die verstehen unser
Problem, helfen beim Antrag und ich kümmere mich um das
Artest vom Arzt und von der Gehörlosen Einrichtung. Müssen
nachweisen, dass es notwendig und dringend ist. Mein Mann
hat sich gleichzeitig bei der Fahrschule angemeldet, hat
zwar kaum Zeit dafür, aber irgendwie muss das klappen, meint
er. Das Geld dafür kriegen wir gerade so zusammen. An was
wir alles denken müssen, habe den Kopf voll, wieder neue
Sorgen. Wenn das mit dem Auto klappt, toll, aber wir haben
nicht soviel Geld gespart, nächstes Problem. Bestimmt müssen
wir das gleich bezahlen. Ich werde meine Eltern fragen. Mein
Papa wollte längst ein neues Auto, seins ist schon 12 Jahre
alt und klappert überall. Ich quatsche mit meinem Mann, wie
wir das machen können. Seine Idee ist die Auto´s zu
tauschen, wir nehmen das Auto von mein Eltern, eine kleine
Summe monatlich abstottern und sie kriegen das Neue. Hoffe,
dass sie auch mitspielen, wäre für uns eine sehr große
Hilfe, vieles einfacher.

Antrag für das Auto ist abgeschickt, wir hoffen dass es
klappt. Die kommenden Wochen müssen wir uns um eine Garage
kümmern. Das Auto muss, ob Sommer oder Winter, immer
fahrbereit sein, darf nie kaputt gehen, also muss es sicher
untergebracht werden. Hinter unserem Wohnblock ist eine
ganze Reihe Garagen, vielleicht verkauft da jemand eine,
wäre ideal für uns. Vor allem Montag´s, wenn wir so früh
losmüssen, der Shuttle muss pünktlich los, können da nicht
zu spät kommen. Man die kostet auch wieder Geld, was kommt
noch alles, ist ja nicht normal. Sind beide 22 und spielen

kein Lotto. So viel kann man gar nicht arbeiten und sparen,
Kredite gibt es bei uns nicht und wieder raucht uns der
Kopf, haben doch eigentlich ganz andere Probleme. Wie immer
beruhigt mich mein Mann, da ist er wirklich perfekt drin.
„Schatz, das kriegen wir schon hin", immer der gleiche
Spruch. Ehrlich gesagt, meisten´s hat er auch recht, wir
kriegen das gebacken.

Komm gerade von Arbeit, Moni bummelt mal wieder, typisch.
Ständig entdeckt sie was Neues, hebt jeden Müll auf und
untersucht ihn. Überall Pfützen, hat die ganze Nacht
geregnet und sie patscht voll rein. Ich zeige ihr, dass sie
ein Bogen um die Pfützen machen soll, habe doch keine
trocknen Sachen mit. Außerdem hat sie Halbschuhe an und die
weichen sicher auf. Habe keine Lust auch noch neue Schuhe zu
kaufen, müssen etwas sparen. Kaum fertig mit erklären und
zeigen, rennt sie los. Sehe schon die Riesenpfütze, will
rufen, aber Scheiße, sie hört es doch nicht. Zu spät, hat
richtig geklappt. Ich sehe nur eine Wasserfontäne links und
rechts spritzen, Moni liegt mit allen Vieren drin. Rafft
sich auf, heult wie verrückt und bleibt doch glatt weiter in
der Pfütze stehen. Oh nein, musste ja so kommen. Wirklich
mehr nass geht nicht, keine einzige trockne Stelle mehr an
meinem Kind. Ich zeige ihr, selbst schuld, jetzt muss sie so
bis nach Hause gehen, kann ihr da nicht helfen. Selbst das
Hörgerät ist unter getaucht, hoffentlich ist es nicht
kaputt. Immer wieder diese Probleme im Alltag, könnte sie
mich hören, würden viele Dinge anders, besser laufen. Also,
Kind im Schlepptau und weiter geht es nach Hause. Die
Nachbarin sieht uns schon von weitem, lacht sich kaputt.
Moni findet es nicht mehr lustig und schreit noch lauter.
Ich lasse sie schreien, hat es sich schließlich selbst

eingebrockt. Erstmal ab in die Wanne mit dem Kind, die fest an ihrem Körper klebenden Sachen runter kriegen, sie weint immer noch. Langsam finde ich es auch lustig und kann nur noch lachen, ist ja nichts weiter passiert, nur alles nass. Wieder frisch gestylt und Zöpfchen geflochten, hört sie auf zu weinen. Fühlt sich pudelwohl und tobt durch die Wohnung. Hatten ein Brief von der Gehörlosenschule im Kasten, schon in vier Wochen soll Moni für eine Woche zur Probe kommen. Sie wollen sehen ob sie schon bereit ist, um solche Strapazen auf sich zu nehmen. Schließlich ist sie fünf Tage von Mama und Papa getrennt, hoffentlich dreht sie nicht wieder ab. Bestimmt wird es für sie diesmal angenehm, viele Kinder und die alle wie sie, gehörlos, bestimmt gefällt ihr das. Jetzt wird es langsam Ernst und von Tag zu Tag werde ich trauriger. Muss immer öfter daran denken wie es wird, wenn mein Kind die ganze Woche nicht da ist, bestimmt sehr eintönig. Keine Action, kein Kindergeschrei, muss mich nicht an Zeiten halten, wird eine große Umstellung für uns. Mein Mann stört es nicht weiter, kommt immer erst abend´s wenn Moni schon schläft, für ihn ändert das nicht viel.

Mein Papa hat mir versprochen, dass wir das mit den Autos so machen, er freut sich, kann endlich auch mal helfen und kriegt ein neues Auto. Super, wäre das Problem schon mal gelöst. Auch den Termin für die Fahrschule haben wir heute gekriegt, nächste Woche geht es los mit Theorie. Mein Mann sieht es locker, hat schon Mopedführerschein und viel anderes wird da auch nicht kommen, meint er. Na hoffentlich hat er recht, durchfallen geht nicht, können wir uns nicht leisten.

Eine Woche nachdem mein Papa zugesagt hat, ruft er mich an. Erklärt mir, dass er sein Auto behalten will, wir sollen das Neue nehmen. Seins wäre schon zu alt, ständig stehen Reparaturen an. Er kann zwar vieles selbst reparieren, das würde uns aber nicht weiter helfen. Schon, weil wir ein immer fahrbereites Auto brauchen, ist es so herum besser. Er würde das neue Auto erst mal bezahlen und wir dürfen, so wie wir Geld haben, bei ihm abzahlen. Hab ich es doch geahnt, das ist mein Papa, hätte ihm mal ein neues Auto gegönnt. Die sind auch beide nur am ackern, denken nur an ihre Kinder und leisten sich nichts, sie hätten es verdient. Er lässt aber nicht mit sich reden, er hat sich jetzt so entschieden und so wird es gemacht. Klar freuen wir uns wie verrückt, werden jeden Pfennig sparen, alles ganz schnell abzahlen und ewig dankbar sein. Mein Mann kommt von Arbeit, muss ihm das mit dem Auto gleich erzählen. Klar, er freut sich und köpft gleich eine Flasche Sekt vor Freude. Machen uns ein netten Abend und quatschen bis in die Nacht. Er redet auf mich ein, soll mir nicht immer so ein Kopf machen, Probleme wären da, um sie zu lösen. Ja, ja, er hat ja so Recht und holt mich immer wieder auf den Boden zurück.

Sind mit Schwiegervater unterwegs zur Gehörlosenschule, Moni muss für eine Woche zur Probe da bleiben. Bin wie immer unendlich traurig, was fange ich ohne sie bloß an, was mache ich nach Feierabend, auch eine harte Probe für mich. Sonst war mein Tag voll ausgefüllt, jetzt habe ich so viel Freizeit, was mache ich Nachmittags und Abends? Muss mir ein Hobby zulegen oder mehr Sachen nähen, irgendwas wird mir einfallen.

Drei große Gebäude, links der Kindergarten mit Schlafräume, rechts die Schule und in der Mitte das Internat für die Schulkinder und die Aula. Sieht ganz nett aus, auch die Erzieher machen ein netten, freundlichen Eindruck. Müssen noch ein Fragebogen ausfüllen, ob Moni trocken ist, ob sie schon alleine Essen kann und all so ein Zeug. Eine Erzieherin fragt uns wie alt Moni ist, sichtlich erstaunt darüber, dass sie schon drei ist, nimmt sie sie mit in den Spielraum. Da toben schon ein paar Kinder, Moni tastet sich langsam ran und ganz schnell ist sie mitten drin. Mama und Papa aus ihrem Köpfchen verbannt, untersucht sie den ganzen Spielraum. Na, läuft ja besser als ich dachte und bin froh, dass sie kein Theater macht. Bin mir aber sicher, dass das noch kommt.

Nach weiteren Formalitäten verabschieden wir uns. Ich drücke meine Maus noch mal ganz doll, klar fang ich an zu flennen, kann es nicht unterdrücken. Ist mir auch egal, so was tut bestimmt jeder Mutter weh. Zeige ihr nicht, dass wir wieder fahren, glaube dass sie dann wieder Panik kriegt und sich innerlich aufregt. Außerdem hat sie so viel neues Spielzeug entdeckt und hat voll damit zu tun. Die Erzieher werden das schon machen, haben schließlich ihre Erfahrung mit Neuankömmlingen und wissen damit umzugehen. Mit gutem Gefühl verlassen wir die Einrichtung, wirklich nette Erzieher, was mich etwas beruhigt. Trotzdem bin ich wieder zu nichts zu gebrauchen, sehne mich nach meinem Kind. Wenn die Probewoche gut läuft, dann wird sie ab September für immer dort hin müssen.

Die Arbeit macht keinen Spaß, Essen schmeckt nicht und erst zwei Tage vergangen. Noch vier Tage muss ich aushalten, schrecklich. Wäre die Einrichtung in der Nähe, könnte ich sie nachmittags besuchen, sie könnte ihre Mama sehen und alles wäre in Ordnung. Ob sie viel weint, weil sie Mama und Papa vermisst? Fremde Umgebung, fremde Menschen, ganz anderer Tagesablauf und dazu noch die Gebärden lernen, schafft sie das alles? Kann es kaum erwarten sie wieder abzuholen, in meine Arme nehmen und ganz fest drücken. Vielleicht hasst sie uns auch, wieder lassen wir sie eine Woche alleine, ohne dass sie versteht warum. Ich suche Nähsachen heraus, muss mich ablenken, sonst werde ich irre. Werde ihr ein schönes Sommerkleidchen aus weißen Lakenstoff nähen, vorn ein paar Blümchen drauf sticken und fertig. Habe so was ähnliches letztens in der Zeitung gesehen, allerdings als Bluse.

Hat meine Mutti doch vor vier Wochen meiner Oma erzählt, dass ich aus alten Sachen, Jeans, Blusen und Nachthemden, ganz tolle Sachen für Moni nähen kann. Was macht meine Oma, schickt mir ein großes Paket mit ihren alten Nachthemden, wirklich voller Nachthemden, ich dachte ich spinne. Mein Mann lacht sich kaputt, sagt nur „viel Spaß beim nähen". Na toll, alle machen sich lustig, habe jetzt Omas Nachthemden geerbt. Die Hälfte packe ich schon mal ein und gebe sie meinem Papa als Putzlappen, der freut sich bestimmt.

Die Woche ist doch schnell vergangen, schneller als ich dachte. Das Nähen hat mich auf andere Gedanken gebracht, hatte voll mit dem Kleidchen zu tun. Fertig, es ist so schön geworden. Werde ich ihr morgen gleich anziehen, hoffentlich gefällt es ihr auch. Jetzt aber los, sie wartet bestimmt schon auf uns. Bin ganz aufgeregt, neugierig wie sie sich angestellt hat und was die Erzieher sagen. Die kleinen

Geister sind hinterm Haus auf dem Spielplatz verschwunden. Ein großes Segeltuch über den Platz gespannt damit die Sonne nicht so darauf knallt. Ich sehe schon unsere Maus, sie schmeißt gerade mit Sand um sich und schimpft irgendwas. Die Erzieherin geht hin und erklärt ihr, dass sie das nicht darf. Na super, haben sie gleich den besten Eindruck von ihr. Hier darf sie bestimmt nicht das machen was sie will, hier muss sie Regeln einhalten, wie alle anderen und das ist auch gut so. Sie sieht uns, guckt einen kurzen Moment, überlegt und schon kommt sie angerannt, gleich auf Papas Arm. Sie windet sich, zappelt was das Zeug hält vor Freude. Dann drücke ich sie und schon will sie wieder spielen gehen. Scheint ihr wirklich zu gefallen, das freut uns. Nach kurzem Gespräch mit der Kita Leitung steht fest, Moni ist noch zu klein. Sie darf noch ein Jahr zu Hause bleiben und dann ab vier hier in die Einrichtung kommen. Sie hat zwar keine Probleme gemacht, sich schnell eingelebt und orientiert, aber man hat bedenken, weil sie körperlich noch nicht so reif ist, dass es bei ständiger Trennung zu den Eltern Probleme geben könnte. Na hallo, ist mir doch nur recht, darf mein Kind noch ein Jahr bei uns bleiben. Supertoll, ich atme auf, bin etwas befreit und total glücklich. Habe nicht den Eindruck dass sie uns vermisst hat, sie ist voll drauf wie immer, albert herum und lacht. Zeigt uns sogar ihr Bettchen wo sie geschlafen hat und den Schrank mit ihren Sachen. Ich packe ganz schnell alles ein und ab geht es wieder nach Hause. Noch ein ganzes Jahr, ich finde es geil, müssen uns aber um einen Kindergartenplatz kümmern. Krippe ist ab September sowieso vorbei. Hoffentlich klappt das auch, sonst muss ich ein Jahr zu Hause bleiben, das geht nicht, brauchen doch das Geld und würde mir nicht gut tun.

Die Woche werde ich mit meiner Maus genießen, entspannen und nur für sie da sein. Das haben wir uns beide mal so richtig verdient, jetzt wo sie noch ein Jahr bei uns bleiben darf. So ein tolles Gefühl, hatte mich schon in der Klapse gesehen, ohne Kind, schwer für eine Mutter sich daran zu gewöhnen, vor allem für mich. Habe noch fünf Tage Urlaub, Moni geht nicht zur Krippe und wir wollen uns jeden Tag am Strand tummeln. Jetzt wohnen wir schon in so einer tollen Gegend, beste Lage und für Strand kaum Zeit, eigentlich verrückt, aber wenn man arbeitet ist das so. Dann raffen wir uns mal auf, schon ist schlechtes Wetter oder wir haben anderes zu erledigen. Der ganze Ort riecht nach Sonnenöl, Urlauber tummeln sich auf der Promenade und die Geschäfte sind übervoll. Im Sommer ist das so und wer in der Gastronomie arbeitet kriegt kaum frei, nur in Ausnahmefällen. Ich hatte mal Glück, die Kollegen wollen dies Jahr später in Urlaub, also genießen wir die Tage bevor es hier noch voller wird.

Sind gerade in meiner Firma, muss berichten, dass Moni noch ein Jahr zu Hause bleibt und ich kann weiter an den Wochenenden arbeiten. Die Kollegen freuen sich, können sie weiter frei machen und sich um ihre Enkel oder sonst was kümmern. Mir ist es egal, brauche dann ab nächstes Jahr die Wochenenden frei, logisch, jedenfalls für mich. Alle turteln mit Moni herum, Schokolade hier, Eis da, wie das eben so ist, sie genießt es, steht mal wieder im Mittelpunkt und sieht dementsprechend lecker aus. Wie schade dass sie nicht hören kann, so eine kleine süße Püppi, tut uns so leid und immer wieder solch Blabla, nervig. Ganz schnell kratzen wir die Kurve, will mir nicht den schönen Tag versauen, schließlich wollen wir noch zum Strand. Das Gelaber zieht

mich nur wieder runter, geht mir gerade etwas besser und das
soll auch so bleiben, mir egal was die alle denken. Kaum aus
der Firma raus, flitzt Moni schon los. Ich sehe zwei
Lieferautos auf den Hof fahren. Will Moni zurückrufen,
Scheiße geht ja nicht. Zu spät, sie steht schon mittendrin.
Habe gerade das Gefühl von Herzstillstand, meine Maus, was
machst sie bloß mit mir. Die Fahrer haben zum Glück die
Situation schnell erkannt und sind auf die Klötzer gegangen,
dürfen hier auf dem Hof sowieso nur 5 km/h fahren. Moni
bleibt vor lauter Schreck wie versteinert stehen, wundert
sich nur, wo plötzlich diese großen Autos herkommen, die
waren vorher nicht da. Das war mal wieder ein Schreck am
Vormittag, bin ganz zittrig auf den Beinen, aber froh dass
nichts passiert ist. Glaube meine Maus hat ein Schutzengel,
den sie immer bei sich trägt und der ständig gebraucht wird.
Klar, die beiden Fahrer steigen aus, wollen mir eine Predigt
halten. Sie fangen an zu diskutieren und denken bestimmt,
dass ich eine verantwortungslose Mama bin. Ich schalte ab,
schnappe mir mein Kind und nur schnell weg hier. Hätte es
ihnen auch erklären können, aber kann doch nicht allen
Leuten immer und immer wieder verdeutschen, mein Kind kann
nicht hören, sie ist gehörlos. Das nichts hören können,
sieht man eben nicht, andere Behinderung sieht man und kann
entsprechend reagieren. Habe schon viele solcher Situationen
mit ihr erlebt, aber immer ist alles gut gegangen. Als
Erwachsener sieht man die Gefahr eben, ich kann sie aber
doch nicht festbinden, nicht rufen oder warnen und hoffe
jedes mal, dass alles gut geht. Verfall regelrecht in
Schockstarre und bange um ihr Leben, wenn ich sehe, in
welche Richtung sie rennt. Meine kleine Maus, will doch
nicht dass ihr was Schlimmes passiert, das könnte ich nicht
ertragen, könnte damit nicht leben und einsperren kann ich

sie auch nicht. Sie soll nur, wie jedes andere Kind auch, am Leben teilhaben und alles machen können.

Besuchen noch den neuen Kindergarten, bei uns vorm Haus. Der hat vor vier Wochen geöffnet und ist super modern eingerichtet. Riecht alles noch nach Farbe und neuen Möbeln. Gehe gleich zur Chefin, wir kennen uns vom Sehen. Erkläre ihr mein Anliegen, ob sie Moni ab September für ein Jahr nehmen würden, obwohl sie gehörlos ist. Brauche nicht lange auf Antwort warten, sofort sagt sie zu und weiß bereits von Kollegen, was mit Moni ist. Ab September darf sie kommen, oh man bin ich froh, läuft ja besser als ich dachte, Antrag genehmigt. Normalerweise werden keine behinderten Kinder genommen, da bräuchten sie wohl extra Betreuer, aber zwei Erzieher aus der Krippe arbeiten jetzt hier und die kennen Moni. Sie meinen, das eine Jahr kriegen sie hin und Moni wäre so pflegeleicht, da gibt es keine Probleme. Bin ich erleichtert, muss früh nicht mehr durch den ganzen Ort, bei Wind und Wetter, gehe einfach aus dem Haus und schon sind wir da, einfach geil. Meine Schwiegermutter wird sich erst einmal freuen, wohnt gegenüber auf der anderen Seite, fünfte Etage und kann vom Balkon aus, auf den Spielplatz gucken. Garantiert wird sie kontrollieren, was ihr Enkelchen so treibt, bin mir ziemlich sicher. Bestimmt wird sie mich am laufenden Band anrufen, berichten was da los war, welches Kind gehauen hat oder welches Kind gestürzt ist, ich höre es schon. Erzählen kann sie mir ja viel, Hauptsache sie löchert mich nicht mit ihren tausend Fragen, was sie liebend gern tut. Also Kindergartenplatz gesichert, Moni scheint es auch zu gefallen, hat gleich überall herum geschnökert und weiß natürlich schon wo es was zu Essen gibt. Ihre ganze Krippengruppe kommt ab September hier rein, da kennt sie wenigstens ein paar Kid´s und fühlt sich nicht ganz so fremd.

Genug für heute, erledigt und ab an den Strand, wollen uns schließlich entspannen und nicht stressen. Ist nicht viel los, An- und Abreise in den Hotels, kaum Wellen und 23 Grad. Moni planscht immer noch im Wasser, hat schon blaue Lippen, findet trotzdem kein Ende. Hole sie ohne Diskussion einfach raus, Höllengeschrei, sie zappelt und strampelt was das Zeug hält und ich mal wieder genervt. Wenn sie Wasser sieht ist alles zu spät, auch wenn sie literweise das salzige Etwas schluckt, stört sie einfach nicht. Manchmal übergibt sie sich, Salzwasser ist ja das beste Brechmittel, kann ich nur bestätigen. Kann jetzt nur mit Bockwurst und Schokoriegel die Situation retten. Hat geklappt, aber leider nicht lange und schon rennt sie wieder weg, Richtung Wasser. So geht es schon die ganzen letzten Tage. Ab und zu kriege ich sie überzeugt, eine Kleckerburg zu bauen. Natürlich rennt sie auch da, immer wieder weg, schleppt im kleinen Eimerchen ganz stolz Wasser ran und vernichtet meine Burg. Dauert nicht lange und sie sitzt wieder in dem kühlen Etwas, mit oder ohne Sachen, grinst frech und freut sich, mich aus getrickst zu haben. Ganz so tragisch ist es ja nicht, muss nur aufpassen, dass sie sich nicht verkühlt. Lungenentzündung oder Blasen-Probleme können wir nicht auch noch gebrauchen, wünsche es ihr auch nicht. Also bin ich trotz entspannter Wellnesswoche jeden Abend kaputt, erschlagen und falle todmüde ins Bett. Moni schläft auch immer sofort ein, den ganzen Tag diese salzhaltige Seeluft, die macht platt. Muss dann die ganzen Sachen ausschütteln, die Taschen, Schuhe und das ganze Spielzeug vom Strandsand befreien. Obwohl wir das schon unten vorm Haus erledigen, liegt dieser feine Sand in Treppenhaus und in der Wohnung, einfach überall. Nach dem abendlichen Duschen oder Baden können wir selbst in der Wanne eine Kleckerburg bauen. Also es gibt auch schöne Momente in unserem Dasein. Moni macht die gleichen Streiche wie alle anderen Kinder in ihrem Alter auch, nur da können die Muttis rufen oder schimpfen und es ihrem Kind richtig erklären. Das geht bei uns nicht, selbst am Strand kann ich mein Kind nicht aus den Augen lassen. Zwischen den vielen Menschenmassen, die wie Heringe aneinander liegen, finde ich sie nie wieder. Sie selbst kann sich Fremden gegenüber nicht erklären, kann weder ihren Namen noch die Adresse sagen. In dieser großen Welt wäre sie regelrecht verloren und niemand sieht ihr an, dass sie nur gehörlos ist. Ja „nur" gehörlos. Für mich ist sie nicht behindert, ich sehe in ihr nur ein Kind, was einfach nicht hören kann, alles andere funktioniert perfekt. Manchmal wünsche ich mir, dass man ihr das „nicht hören können" auch ansieht, das Leben für uns und auch für sie wäre dann viel einfacher. Wenn sie auf die Straße rennt, die Autos hupen oder die Fahrradfahrer hinter ihr klingen, geht sie nicht zur Seite, logisch. Aber die Leute wissen es nicht, halten voll drauf, in der Hoffnung, das Kind geht schon zur Seite. Das macht mürbe und kopflos, solche Situationen verfluche ich und hoffe jeden Tag dass alles gut geht.

Selbst der Rückweg vom Strand nach Hause läuft selten reibungslos ab, irgendwas ist immer. Eigentlich sind es nur zwei Straßen die wir überqueren müssen, dann sind wir schon da. Aber Moni braucht ewig, trödelt was das Zeug hält und das leidenschaftlich gern. Heute muss sie ihren kleinen Strandbeutel mit Spielzeug mal selbst tragen oder besser gesagt, sie zieht ihn hinter sich her, alles schleift auf dem Boden. Bis nach Hause ist der Beutel bestimmt

durchgescheuert. Ihr schönes neues Kleidchen, was ich aus
Lakenstoff genäht hab, ist mehr braun als weiß, alles voll
Schokolade geschmiert. Mich hat es gewundert dass sie es
überhaupt angezogen hat, normalerweise zieht sie keine neuen
Sachen an. Vielleicht dachte sie eher dass es ein T-Shirt
ist, keine Ahnung. Wenn es sauber ist, sieht es richtig süß
aus, heute eher nach Schokoladen Fondue. Plötzlich sieht sie
was, lässt alles fallen und rennt los. Ich sammle alles
hinter ihr ein, habe schon die Hände voll mit Strandkrempel
und muss noch auf sie aufpassen. Aber ich kenne es ja, ist
immer das gleiche. Jetzt steuert sie geradewegs auf die
Kaufhalle zu. War klar, sie ist schon drin, so schnell ist
sie sonst nicht. Mist, dass wir da immer vorbei müssen,
Geschrei also vorprogrammiert, muss mich sputen sie wieder
zu finden. Sie schiebt schon den Einkaufswagen, kommt gerade
so an, na super. Ich erkläre ihr, heute kaufen wir nichts,
habe kein Geld mit und wir gehen Oma besuchen. Sie hat es
verstanden, hurra, so gut klappt es selten. In Windeseile
schiebt sie den Wagen wieder zurück, reiht ihn ordnungsgemäß
ein, stellt auch alle anderen Einkaufswagen, die kreuz und
quer stehen, vernünftig hin und freut sich auf Oma. War so
jetzt gar nicht geplant, aber erst einmal schnell aus diesem
Landen raus, bevor die Welt untergeht und sie alles zusammen
schreit, weil wir uns beide mal wieder nicht verstehen. War
zwar eine geile Idee von mir, aber jetzt müssen wir wirklich
zu Oma, versprochen ist versprochen. Sie rennt vor, müssen
nicht mehr über die Straße und sie wartet am Hauseingang.
Bevor ich da bin, hat sie schon überall geklingelt, 15
Mietparteien, na super gemacht. Nach und nach gehen die
Fenster auf. Ich gucke nur hoch und bitte jeden einzelnen um
Entschuldigung. Manche nehmen es mit Humor und manche
knallen das Fenster frustriert wieder zu. Was soll es, ist

doch eh zu spät. Also fünf Etagen hoch, hier gibt es keinen
Fahrstuhl und ich mit dem ganzen Strandtrödel.
Schwiegermutter freut sich, kocht gleich Kaffee und wir
machen es uns auf ihrem Balkon gemütlich. Klar erzähle ich
ihr, dass Moni ab September hier unten in den Kindergarten
geht. Kaum ausgesprochen hängt sie über der Brüstung und
guckt was sie alles sehen kann. Sie ist ganz aufgeregt, kann
in den Frühstücksraum gucken und auf den gesamten Hinterhof
mit Spielplatz. Selbst den Eingang zum Kindergarten hat sie
voll im Blick, kann sehen wann wir kommen und gehen, na
toll, bin ich voll unter Beobachtung, das schmeckt mir.
Jetzt kann sie Moni schnell mal abholen wenn es bei mir eng
mit der Zeit wird oder Versammlung anliegt. Bis zur Krippe
war es ihr immer zu weit, da musste dann Schwiegervater mit
dem Auto fahren. Wir klatschen und tratschen was das Zeug
hält, komm mal wieder nicht zu Wort und will Moni ausfindig
machen. Meistens spielt sie im Wohnzimmer, Schwiegermutter
hat nämlich in der ganzen Wohnung massenhaft Dekosachen
stehen, ideales Spielzeug. Irgendwas findet sie immer und
kann sich stundenlang damit beschäftigen oder räumt alles
von A nach B. Am schlimmsten ist es Weihnachten und Ostern,
hunderttausend Kleinteile stehen in der ganzen Wohnung
verteilt, selbst vorm Treppenhaus macht sie nicht halt.
Dekorieren und umräumen ist ihre Welt. Hm, wo ist mein Kind,
im Wohnzimmer nicht, im Flur auch nicht. Im Hausflur
Hundegebell, ich reiße die Tür auf, steht die Nachbarin mit
ihrem kleinen Pekinesen da und Moni streichelt ihn, lässt
sich das ganze Gesicht ablecken, widerlich. Ist sie doch
echt aus gebückst und wir haben es vor lauter Gequatsche
nicht mitgekriegt. Ich schimpfe mit ihr, versuche ihr alles
Mögliche zu erklären, aber sie hat nur mit dem Hund zu tun.
Also, was sagt uns das, beim nächsten mal die Wohnungstür zu

schließen. Auch ich lerne immer wieder dazu, jeden Tag auf´s
Neue.

Viel geschafft, viel dazu gelernt spazieren wir endlich nach
Hause. Vor der Haustür entledigen wir uns vom Strandsand und
nehmen die Post aus dem Kasten, Moni trägt die Briefe und
Werbezettel hoch. Dachte ich, muss auf jeder Etage ein Brief
einsammeln, sie merkt nicht dass sie runter fallen. Klar für
uns einfach, wir hören wenn was runter fällt, sie aber
nicht. Wieder so ein Problem, womit ich lernen muss
umzugehen. Oben angekommen, alle Briefe eingesammelt und
Moni versteht nicht, warum sie nur noch einen in der Hand
hält. Ich zeige ihr die Anderen und erkläre ihr, dass sie
bisschen aufpassen muss. Sie verstehst trotzdem nicht und
ist sauer. Gut, um sie aufzuheitern darf sie alle Briefe
selbst öffnen, macht sie unheimlich gern. Ist ja krass, das
Auto steht zur Auslieferung bereit, unser Trabi. Kann es
kaum glauben, mit 22 ein niegel nagel neues Auto, Farbe
Papyrus. Können es nächste Woche schon abholen. Garantiert
werden die Nachbarn neidisch, aber mit uns tauschen will
bestimmt auch keiner von denen, bin ich mir sicher. Die
meisten kennen den Grund dafür nicht, müssen es auch nicht
jedem auf die Nase binden, ist schließlich unsere Sache.
Super, dass alles so reibungslos geklappt hat mit dem
Antrag. Ging wirklich sehr schnell, wir dachten das dauert
mindestens ein Jahr oder so, sind so gar nicht drauf
eingestellt. Na toll, mein Mann hat seinen Führerschein noch
gar nicht. Er muss noch die Fahrstunden machen, Theorie ist
alles fertig. Jetzt muss er sich aber sputen und darf nicht
durchfallen. Ich finde es witzig, Auto vor der Tür, aber
kein Führerschein, ich glaube das gibt es auch selten. Bei
uns läuft es eben alles anders, nicht so normal wie üblich,

wir sind einfach anders. Zum Glück haben wir schon die Zusage für die Garage, direkt hinterm Haus, besser geht es wirklich nicht. Mein Papa freut sich, fährt mit meinem Mann und sie holen es direkt aus dem Werk. Ist ja was für Männer, da kommt man als Normalo sonst niemals rein. Jetzt wird bestimmt vieles einfacher für uns. Müssen zur Sprachpädagogin nicht mehr mit der Bahn fahren, sind schneller wieder zurück und brauchen keine Taschen schleppen. Können sogar unterwegs kleine Abstecher machen, wenn wir Lust haben und müssen nicht auf die Uhr gucken. Sind schneller bei meinen Eltern, brauchen auf keinen Bus warten oder Papa um Hilfe bitten. Wenigstens etwas Positives hat die ganze Sache, neben all dem, was noch auf uns zu kommt. Ich will es gar nicht wissen, sehe nur mit Grauen in die Zukunft, wenn mein Kind die ganze Woche weg ist. Manchmal denke ich, vielleicht gefällt es ihr im Gehörlosenkindergarten besser als zu Hause, was dann? Vielleicht will sie für immer da bleiben, sieht die Erzieher als ihre Eltern an, ist doch noch so klein und versteht das alles gar nicht. Ich kann es ihr auch nicht begreiflich machen, dass sie anders ist, als andere Kinder, sicher würde sie mich verfluchen, ich habe sie schließlich geboren. Sehne mich danach, dass sie schnell groß wird, wir uns mit Gebärden verständigen können und ich ihr endlich alles erklären kann.

Heute geht es mal wieder zu einer Großveranstaltung ins Stadion. Mein Mann hat das Prager Autorodeo eingekauft, alles organisiert und ist entsprechend angespannt. Aufgeregt bis zum geht nicht mehr, kaum ansprechbar für uns und in voller Sorge, dass auch alles klappt. Natürlich haben wir wieder die besten Plätze und sitzen erste Reihe. Dumm wie ich bin, haben wir alle weiße Sachen an, ist doch Sommer und warm, dachte ich. Das war die blödeste Idee, die ich jemals hatte. Kaum durch den Einlass und die vielen Menschen, sehen wir schon aus wie die Schweine. Hatte wochenlang nicht geregnet, alles staubig und die vielen Autos fahren ihre Proberunden wie die Bekloppten. Das ganze Stadion, eine einzige Nebelwand, es staubt wie verrückt, vor allem wenn die Auto´s um die Kurven preschen, genau da sitzen wir nämlich. Haben das Zeug in Nase, Mund und Ohren, alles voller Sand und Staub, einfach eklig. Ich zeige Moni, dass sie die Hand vorm Mund halten soll, sie spuckt das Zeug schon immer aus und muss husten. Frage sie, ob wir wieder gehen wollen, aber nein, hier ist Action und das will sie mit erleben, keine Chance. Also alle Löcher zu halten, zwischendurch mal tief durchatmen, viel trinken und wir bleiben. Geil was die mit den Autos anstellen, zur Seite gekippt und nur auf zwei Rädern die Aschenbahn entlang. Die Massen jubeln, klatschen und kreischen. Zu guter letzt steht noch einer während der Fahrt oben drauf und lacht. Habe das Gefühl, dass Moni den großen Autolärm irgendwie mitkriegt, bestimmt spürt sie die Erschütterungen am Boden, keine Ahnung, sie klatscht kräftig mit und winkt den Fahrern zu. Ist ganz außer sich und sieht wie eine Außerirdische aus, von oben bis unten nur ein Staubfilm, nur das Weiß in den Augen ist noch zu erkennen. Zum Glück haben wir das Hörgerät nicht mit, da würden wir den feinen Staub nicht rauskriegen und wir könnten es bestimmt gleich in den Müll hauen. Keine Ahnung ob wir es dann bezahlen müssten, ob wir ein Neues kriegen oder wie das dann abläuft. Eigentlich auch egal, bringt ja doch nicht viel, besser gesagt, gar nichts.

War klar, jetzt fängt es auch noch an zu regnen, keiner ein Schirm mit und die Matsche läuft nur so an uns runter, so was Ekliges. Bis nach Hause sind wir bestimmt von Staub und Dreck befreit, wenn es so weiter gießt. Wir nehmen Moni an die Hand, meine Freundin links, ich rechts und rennen was das Zeug hält, können kaum noch was sehen. Wir sind durch bis auf die Knochen, springen abwechselnd in die warme Wanne und tauen langsam wieder auf. Trotz allem war es mal wieder ein ganz toller Tag, wir hatten so viel Spaß und Moni glücklich gemacht.

Letzter Krippentag und die Abschiedsparty von der großen Gruppe fängt an. Alles hübsch geschmückt mit Luftballons, Girlanden und Selbstgebasteltem. Die Erzieher rennen mit Faschingshüten herum, Partymusik und kleine Spielchen stehen auf der Tagesordnung. Die kleinen Geister sind ganz auf gelöst, laufen wie wild durch die Gegend, bewerfen sich gegenseitig mit Konfetti, manchmal müssen auch die Keksreste dafür herhalten. Moni alles voll im Blick, passt auf, dass sie ja genug Kekse abbekommt, wie peinlich. Macht aber alles schön mit, sogar nach der Musik tanzt sie, jedenfalls versucht sie es. Habe mich mit Blumen und Sekt bei den Erziehern bedankt. War eine wirklich tolle Zeit in der Krippe, alle sehr fürsorglich, nett und Moni hat sich immer wohl gefühlt. Ein bisschen schade, dass diese schöne Zeit hier zu Ende ist, aber jetzt kommt der nächste Lebensabschnitt und sicher wird auch die Kindergartenzeit unserer Moni gut tun. Vieles wird sie automatisch lernen, ohne dass ich es ihr erklären muss. Schleife binden, selbst an- und ausziehen und all solche Sachen. Zum Abschied haben die Kleinen noch einen persönlichen Brief und ein paar Süßigkeiten von den Erziehern gekriegt. Moni ist wie immer die Erste, die alles ausräumt, auf den Boden schmeißt und ich sammle alles wieder ein. Im Brief steht, dass sie sich sehr gut untergeordnet hat, alles voller Begeisterung mitgemacht hat und schon jetzt sehr selbstbewusst Anderen gegenüber auftritt. Na das geht runter wie Öl, da wird es wohl im Kindergarten ähnlich laufen, bin ganz stolz auf meine Moni.

Unsere Maus, sie geht jetzt in den Kindergarten, wo ist bloß die Zeit geblieben. Drei Jahre alt und immer noch so ein kleiner Knirps, in ihrer Altersgruppe immer die Kleinste. Wenn sie mal ein Stückchen wächst bin ich froh, dass sie die Anderen endlich eingeholt hat. Schwups, haben die plötzlich einen Wachstumsschub und Moni hinkt wieder hinterher. Aber gut, einer wird immer der Kleinste sein, das ist eben so und nicht zu ändern. Sie hat sich auch daran gewöhnt immer die Mütze zu tragen, ob Sommer oder Winter. So lange sie noch so klein ist, fällt es auch kaum auf. Selbst jetzt, im Kindergarten, nimmt kaum einer der Kinder Notiz davon, ist eben ihr Markenzeichen. Angenehm, früh aus dem Haus zu gehen und schon sind wir im Kindergarten, macht richtig Spaß. Wenn ich sie pünktlich 15 Uhr abhole, wartet sie meistens schon an der Tür. Obwohl es ihr wirklich gut gefällt, freut sie sich auf zu Hause. In der Krippe war es anders, da wollte sie immer dableiben und weiter mit den Kindern spielen, jeden Tag gab es Theater und Geheule. Eher selten, dass es mal reibungslos geklappt hat. Auch das ist für mich angenehmer, mein Kind wird halt größer und versteht vieles besser. Manchmal fragen Mutti´s von den größeren Kindern, was mit ihr los ist. Ich kann noch immer nicht darüber reden, fällt mir unendlich schwer, meist vermeide ich solche Gespräche, habe dann eben keine Zeit. In den meisten Fällen

sind dann die Erzieher in Erklärungsnot und berichten, dass
Moni gehörlos ist. Tagsüber, wenn mich keiner mit solchen
Fragen nervt, geht es mir ganz gut, aber abends wenn ich zur
Ruhe komme, dann arbeitet mein Kopf. Kann und will es
einfach nicht begreifen, dass meine Maus gehörlos ist und
das ihr Leben lang bleiben wird, wenn nicht bald medizinisch
was passiert. Viele unserer Freunde und Bekannte haben
versprochen, so bald sie was hören, würden sie uns Bescheid
sagen. Manchmal geschehen doch auch Wunder, warum nicht in
unserem Fall. Also meine Hoffnung noch immer nicht so ganz
verflogen, ich träume weiter und das jeden Tag. Vielleicht
schaffen wir es bis zur Einschulung und sie kann doch eine
ganz normale Schule besuchen, das wäre das aller größte
Geschenk.

Kleingarten, das ist die Idee, wir kaufen uns einen Garten.
Gibt hier überall Gartenparzellen und Vereine, da wird doch
was zu machen sein. Können uns nach der Arbeit zwischen Obst
und Gemüsebeete austoben. Sind die ganze Woche abgelenkt und
schon ist Wochenende und Moni kommt wieder nach Hause. So
verkrafte, vor allem ich, die Situation, wenn Moni in die
Gehörloseneinrichtung muss, bestimmt besser, als wenn ich zu
Hause sitze, ständig an sie denke und mich verrückt mache.
Ich kenne das von meinen Eltern, die hatten schon immer
einen Garten. Ein bißchen Ahnung habe ich auch und was ich
nicht weiß, da hilft mein Papa gerne mal aus oder ich frage
bei den Gartennachbarn. Mein Mann findet die Idee auch gut,
hat zwar mit Gartenarbeit nichts am Hut, ist ja in der Stadt
aufgewachsen, aber er will uns ein kleines Häuschen, eine
Gartenlaube, bauen. Wenn das klappt, dann könnten wir am
Wochenende sogar hier draußen schlafen, ist wie ein kleiner
Urlaub für Moni. Sie kann rum buddeln, im Sandkasten spielen

oder mit Kindern aus der Nachbarschaft toben. Gibt bestimmt viele, die ihre Wochenenden mit den Kindern im Garten verbringen. Mein Mann will sich gleich nächste Woche mal um horchen, wie und wo und was so was kostet. Kann dann Möhren und Kartoffeln anbauen, Moni kann selbst die Himbeeren und Erdbeeren ernten und lernt gleich was Gartenarbeit heißt. Dann haben wir immer alles frisch, selbst angebaut und schmeckt besser, ist viel gesünder und Geld sparen wir auch noch. Freue mich schon und könnte sofort loslegen. Ich liebe Rosen, das wird das erste sein, was ich pflanze, ganz viele Duftrosen, die ganze Rabatte voll.

Schleppe mit Moni die ganze Weihnachtsdeko aus dem Keller nach oben. Schon wieder Adventszeit, man wo ist das Jahr bloß geblieben. Adventsstimmung ist bei uns noch nicht aufgekommen, das Wetter viel zu mild und keine Aussicht auf Schnee die nächsten Tage. Egal, wir schmücken was das Zeug hält, stellen alles voll und Moni untersucht jedes einzelne Teil. Hat wie immer ihre eigene Vorstellung vom Schmücken und platziert das meiste in ihrem Zimmer. Ein bißchen mopse ich ihr, kriegt sie nicht mit und freut sich wie schön ihr Zimmer aussieht. Im Wohnzimmer haben wir einen ganz flachen Tisch, sie stützt sich immer auf eine Ecke und das Ding kippt jedes mal zur Seite. Hundertmal schon habe ich ihr erklärt, dass sie das nicht machen soll. Haben da eine große Kerze drauf stehen und wenn die umfällt, dann haben wir einen Wachsteppich. Kann mir nicht leisten, jetzt einen neuen Teppich zu kaufen und muss ja nicht sein. Immer und immer wieder hängt sie daran, bin schon sichtlich genervt. Mein Mann kommt, war noch schnell einkaufen und jetzt gibt es Mittag. Gibt heute nur Kartoffelsuppe mit Bockwurst, klar Moni will nur die Wurst und keine Suppe. Ihre

Lieblingsspeise ist immer noch Wurst, egal welche,
Hauptsache Wurst. Natürlich ist sie schnell fertig, will
weiter dekorieren und findet kein Ende. Inzwischen sieht die
Wohnung nicht weihnachtlich geschmückt aus, sondern eher wie
ein Schlachtfeld. Schon wieder hängt Moni über den Tisch, er
kippelt und bevor ich mit ihr schimpfen kann, ist es schon
passiert. Kippt, kippt diesmal richtig und die Kerze landet
auf dem Boden, eine große Altarkerze. Das flüssige Wachs
rieselt über ihre schönen langen Haare. Ich werde nicht
wieder, oh nein, ich glaub es nicht. Geschockt und schreiend
steht sie wieder auf, ich zittere an Händen und Füssen. Mein
Mann hört das Geschrei, kommt angerannt, will noch was
retten, gibt aber nichts zu retten, alles zu spät. Bin erst
einmal froh dass ihre Haare und sie nicht in Flammen steht,
hätte schlimmer ausgehen können. Die Haare, oh man, wie
kriege ich aus den langen Haaren das Wachs raus, bin gerade
etwas überfordert. Mein Mann fängt an ihr das Zeug mit den
Fingern raus zu pulen, sinnlos, da steht er morgen noch,
zieht ihr wahrscheinlich mehr Haare raus als Wachs. Ich
zeige Moni, dass sie selbst Schuld ist, hoffe natürlich,
dass sie es jetzt endlich begriffen hat, sich nicht auf den
Tisch zu stützen. Sie, immer noch geschockt, brüllt wie am
Spieß, hören bestimmt alle Nachbarn im Aufgang. Der Teppich
hat nichts abgekriegt, ist alles über Moni´s Haare, ihr
schönes Kleidchen und der Rest im Karton, der gerade
dastand, gelandet. Die Dekosachen, zum Glück nicht all zu
viel, landen gleich im Müll, kriege ich nicht mehr sauber.
Ich fackle nicht lange. Das Wachs kriegen wir so nicht raus.
Zeige ihr, dass wir die Haare abschneiden, klar ist sie
nicht einverstanden und brüllt noch mehr und noch lauter.
Aber habe gerade keine Nerven, darüber zu diskutieren.
Gleich ins Bad, Schere bereit und die Haare ab. Tut mir echt

leid, die schönen Haare, war froh dass sie schon so lang
waren, aber was anderes fällt mir nicht ein. Ein bißchen
noch im Gesicht, aber das muss sie jetzt selbst abkratzen,
Strafe muss sein.

Trotz der kleinen Unfälle und Pannen zwischendurch, war es
ein schönes Weihnachtsfest. Verwandtschaft hat sich am
Heiligabend wieder bei uns versammelt, der Weihnachtsmann
hat viele Geschenke gebracht und Moni, hatte mit auspacken
und spielen zu tun. Jetzt hat sie eine Babypuppe, die ist
ständig krank. Mit ihrem neuen Arztkoffer hat sie alles, um
die Puppe zu verarzten. Macht ihr viel Spaß und manchmal
kriegen auch wir einen Verband. Müssen dann so tun als würde
es höllisch weh tun und ewig lange im Krankenbett liegen.
Ihr fällt immer wieder was ein, hat ständig neue Ideen und
ist ziemlich kreativ in ihrem Spiel.

Versammlung zu Ende, endlich Feierabend für heute. War das
wieder ein Gelaber, Sicherheits- und Brandschutz Belehrung.
Immer das gleiche, nichts Neues, nur Blabla, aber es gab
wenigstens Kaffee. Schnell noch einkaufen und dann zu
Schwiegermutter. Sie hat Moni schon abgeholt, hatte heute
frei und will Bekannte besuchen. Die Kaufhalle, wie immer um
die Zeit knacke voll, überall warten, selbst am
Fleischerstand. Will nur Bockwurst holen, Monis
Lieblingsspeise, kalte Bockwurst. Steht eine Erzieherin
hinter mir, klopft auf meine Schulter und weiß zu berichten,
dass Moni heute weg gelaufen ist. Aber alles gut, sie ist
bei ihrer Oma, die alles vom Balkon aus beobachtet hat und
sofort die Erzieher informiert hat. Alles weitere könnte mir
Schwiegermutter selbst erzählen. Oh man, ist mir das
peinlich, hier in der Kaufhalle, wo alle ihre Ohren spitzen.
Datenschutz kennt keiner, sind alle froh wenn sie neuen

Stoff haben, um ihn weiter zu verbreiten. Na super, bin ja
schon genervt bevor ich zu Hause bin. Also schnellstens zu
Schwiegermutter, die schon mit Kaffee wartet. Sie noch immer
ziemlich aufgeregt, fängt gleich an zu erzählen. Sie wollte
noch die Wäsche abnehmen und dann Moni holen. Stand auf
ihrem Balkon und guckt zufällig runter. Sieht wie sich Moni,
samt Brot- und Sporttasche auf den Weg zum Ausgang macht.
Das große Eingangstor stand weit auf, konnte jeder rein und
raus. Sie hat beobachtet welche Richtung Moni einschlägt.
Sie tapste nach rechts um die Kurve, also Richtung Oma. Die
natürlich flinke Hufe, fünf Etagen runter und hat Moni an
der Ecke aufgefangen. Ganz stolz kam sie Oma entgegen, zeigt
ihr, dass sie ganz alleine gekommen ist. Oma dann mit ihr
zurück in die Kita und erst einmal Luft abgelassen. Sie
hätte auch leicht woanders hinrennen können, das Tor weit
auf und kein Erzieher in der Nähe. So was darf doch wohl
nicht passieren. Die Erzieher sichtlich geschockt, hatten
das noch gar nicht bemerkt. Entschuldigten sich tausendmal
und versprachen für mehr Sicherheit zu sorgen.
Schwiegermutter war fix und fertig, hatte keine Lust mehr
zur Bekannten zu gehen. Arme Schwiegermutter, hat sie solch
ein Stress wegen unserem Kind, tut mir Leid. Was wäre wenn
sie es nicht zufällig beobachtet hätte, wo wäre Moni
gelandet? Kaum auszudenken, was hätte passieren können. Wir
philosophieren bis zum geht nicht mehr. Denken, dass Moni´s
innere Uhr gesagt hat, Feierabend, war schließlich 15 Uhr,
so wie ich sie immer abhole, immer nach ihrer Kaffeezeit.
Darf gar nicht weiter drüber nachdenken, werde mich morgen
in der Kita noch mal richtig aufregen, so was darf einfach
nicht passieren. Genauso gut hätte sie mit Fremden mitgehen
können, keiner hätte was bemerkt. Langsam kommen wir beide
wieder runter und beruhigen uns gegenseitig, alles gut und

nichts weiter passiert. Moni versuch ich es mit ernstem
Gesichtsausdruck begreiflich zu machen, hoffe dass sie es
verstanden hat und nie wieder solche Dummheiten anstellt.
Klar nickt sie mir zu, heißt aber noch lange nicht, dass sie
es kapiert hat, wir werden sehen.

Es klingelt Sturm an der Tür, mein Papa ruft hoch, dass sie
zurück sind. Ich gucke vom Balkon runter, geil, unser Auto
steht da unten, ein papyrusfarbener Trabi, unser erstes
Auto. Mein Mann ganz stolz, winkt mich runter. Bevor ich
unten bin, stehen schon die ersten Nachbarn da, bestaunen
das neue Gefährt von allen Seiten und geben ihre Kommentare
ab. Immer mehr bleiben stehen, labern irgendwelches Zeug,
Männersprache und ich versteh nichts. Klar die meisten
müssen 10-15 Jahre drauf warten, da sind sie natürlich
neugierig, wie wir das gemacht haben, wie wir so jung zu
einem neuen Auto kommen. Ich gucke mir alles an, mache
Probesitzen, bin ganz stolz und gleichzeitig froh, dass wir
jetzt ein Auto haben und die Männer heil zurück sind. Der
Geruch von den neuen Bezügen und dem frischen Lack beißt in
der Nase. Werde alles daran setzten, dass wir so schnell wie
möglich alles zu bezahlen, bin von Natur aus sparsam und
hoffe in fünf Jahren heben wir es erledigt.

Sind gut durch den Winter gekommen, war ein milder und
schneearmer Winter dies Jahr. Alles schön abgetrocknet und
die ersten Frühjahrsboten zeigen sich. Sind heute das erste
mal in unserm Garten, na ja eigentlich noch kein Garten,
eher Feld. Alles abgesteckt in 300 qm Felder und mit Nummern
versehen. Aus dem Stück Wiese müssen wir uns einen Garten
zusammen basteln. Mein Papa hat Maschendraht besorgt und
zieht mit zwei Cousins den Zaun hoch. Wir wüssten gar nicht,

wie man das anstellt. Moni hat Buddelzeug mit, Matschehosen an und sieht schon dem Maulwurf ähnlich. Jetzt heißt es umgraben, das ganze Feld, 300 qm umgraben. Eine echte Quälerei, alles voller Quäke, hab das Gefühl, es wird immer mehr statt weniger. Mein Mann buddelt die Hälfte davon wieder unter, denkt ich merke es nicht. Er zeigt stolz was er schon geschafft hat, wie schnell er ist und ich mache wie immer Stress. So werden wir das Zeug nie los, muss alles raus, sonst haben wir später alles im Gemüsebeet und ich bin nur am hacken. Der Tag verging wie im Flug, waren so abgelenkt und mit Garten beschäftigt, haben nicht gemerkt, dass schon Abendbrotzeit ist. Moni hat sich den ganzen Tag allein beschäftigt, hat immer wieder Neues entdeckt und will noch immer nicht nach Hause, obwohl es langsam dunkel und kühl wird. Mir tun alle Knochen weh, habe lange nicht so gewühlt, den ganzen Tag umgegraben. Sieht schon richtig gut aus. Eine ganz einfache Gartenlaube kriegen wir auch für kleines Geld, will mein Mann, so wie er Zeit hat, Stück für Stück größer bauen. Soll eine kleine Küche, ein Klo und eine Schlafecke rein. Dann wohnen wir nicht nur an der Ostsee, haben auch noch ein Wochenendgrundstück hier, ich finde es geil. Bin ganz stolz drauf, was wir uns trotz der vielen Sorgen schon so viel angeschafft haben und das in unserem Alter. Glaube auch, dass die Idee mit Garten perfekt ist, war wirklich den ganzen Tag abgelenkt, habe nicht eine Minute an die ganzen Probleme gedacht. Habe nur mit dem vielen Unkraut gekämpft, Blasen an den Händen und bin jetzt völlig breit.

Aufgeregt ruft mein Mann an, er kommt gleich nach Hause und hat eine ganz große Überraschung. Hm, so aufgeregt hat er mich noch nie angerufen, muss was ganz Besonderes sein, habe keine Ahnung in welche Richtung ich denken soll. Stelle die Kaffeemaschine an, decke den Tisch und schon kommt er zur Tür. Kramt irgendwelche Papiere raus, gibt mir ein Zeitungsartikel, den ich sofort lesen soll. Ein Ausschnitt aus der Zeitung „Heilberufe", hat ihm eine Kollegin mitgebracht. Überschrift: „ Hören mit Kochlearimplantat". Ist ja irre, die ersten Operationen sind möglich, gerade mal ein Jahr her, als man uns in der Charité was von zehn Jahren erzählt hat. Meine Hände zittern, mir wird schlecht, lese ganz aufgeregt weiter. Zwei Ärzte aus Wien haben die ersten zehn Patienten, mit beidseitiger Ertaubung, erfolgreich operiert. Den Patienten wurde eine Reizelektrode in die Schnecke transplantiert. Mit anschließendem, jahrelangem Hör- und Sprachtraining, werden sie wieder ganz normal hören können. Das gibt es nicht, mir kullern die Tränen, zittere an Händen und Füssen, würde am liebsten gleich Sachen packen und losfahren. Umarme meinen Mann und kriege mich nicht mehr ein, heule was das Zeug hält, aber diesmal vor Freude. Er, wie immer, beruhigt mich erst einmal, will sich kümmern und gleich ein Brief an die Charité schreiben. Will nachfragen, ob sie bereits Kenntnis davon haben, ob solch eine OP bei unserer Tochter möglich ist. Schließlich haben sie alle Unterlagen von ihr und können bestimmt einschätzen, ob es geht oder nicht. Wenn es geht, vielleicht können sie uns helfen, die Adresse zu besorgen oder uns sogar an diese zwei Ärzte zu vermitteln. Gleich nach dem Abendbrot sitzt mein Mann, schreibt und schreibt, hört gar nicht mehr auf. Nach drei Seiten ist der Brief endlich fertig, Briefmarke drauf und ab zum Briefkasten. Happy und voller Glücksgefühle strahle ich über beide Backen, könnte gerade Bäume ausreißen und mein Glück laut in die Welt hinausschreien. Vielleicht kann unsere Moni doch noch in eine ganz normale Schule, ich

kann jeden Tag mit ihr hören und sprechen üben. Kann in der
Firma fragen, ob sie mir unbezahlten Urlaub geben, müssen
uns dann zwar mehr einschränken, aber das soll kein Problem
sein. Werde mit ihr von früh bis abends üben, üben und
nochmals üben, bis mir der Kopf raucht, wir schaffen das.
Bin in meinen Gedanken schon voll am planen, kann nicht
schlafen, bin nur aufgeregt, kribbelig und hoffe, dass sich
die Charité schnellstens meldet und uns nicht ewig warten
lässt.

Moni wartet an der Kitatür, pünktlich wie immer, sie weiß,
nach der Kaffeezeit wird sie abgeholt. Die Erzieher haben
heute mal nichts zu berichten, lief alles glatt und wir
spurten fix nach Hause. Im Briefkasten wieder keine Post,
langsam müssten die sich aber melden, bin so ungeduldig,
will doch endlich wissen, ob wir eine weitere Chance haben
und hoffen können. Ein wenig frustriert gehen wir auf den
Spielplatz, die Sonne scheint, ein paar Mutti´s sitzen schon
unten und die Kinder toben herum. Wie so oft, Klatsch und
Tratsch, macht mir aber nicht so richtig Spaß, bin
gedanklich abwesend, sehe mich schon mit Moni sprechen üben,
wie sie die ersten Worte raus stottert. Plötzlich steht sie
vor mir, zeigt irgendwas am Ohr. Ich gucke, alles blutig,
aus dem Ohr läuft Blut raus, schon am Hals runter. Oh man,
was ist denn jetzt passiert, sie ist doch nicht gefallen,
hat nur im Sandkasten gespielt. Ich gleich panisch, weiß gar
nicht was ich machen soll vor lauter Schreck. Eine der Mutti
´s holt schnell ihr Auto, parkt hinterm Haus und ab zum Arzt.
Die Schwester sieht gleich was los ist, schickt uns sofort
zum Arzt rein. Der meint, das muss sie schon länger haben,
ist eine verschleppte Mittelohrentzündung und müsste ihr
eigentlich weh tun. Durch das ständige Hörgeräte tragen

fehlt meist die Belüftung der Ohren und entzünden sich so
natürlich sehr schnell. Hm, ich glaube es ihm, klingt etwas
logisch, hätte man uns doch aber schon längst sagen können.
Schließlich hatte sie dieses Jahr schon drei Mal so eine
Entzündung, auf Dauer bestimmt auch nicht gut und jetzt
reicht es mir. Mache ihr das Hörgerät in der Freizeit und
beim Spielen nicht mehr rein, hoffe dass sie dann weniger
Probleme hat. Komisch, dass sie das selbst nicht gemerkt
hat, so was tut doch weh, wie der Arzt mir schon erklärt
hat. Hab es immer nur durch Zufall mitbekommen, sie hat mir
nie gezeigt, dass sie Schmerzen hat. Aber so schlimm wie
heute war es noch nie. Erstmal nicht in die pralle Sonne,
Medizin schlucken und drei Tage Kitafrei. Meine Maus, was
sie auch alles aushalten muss, in solchen Sachen steht ihr
der Schutzengel nicht bei. Mist, können wir nicht mal an den
Strand, bald ist die Saison und das schöne Strandwetter
vorbei. Langsam spazieren wir zurück, schnell noch in die
Apotheke und dann zu Schwiegermutter. Die empfängt uns schon
ganz aufgeregt, wollte uns auch gerade besuchen. Ich erzähle
ihr was passiert ist, sie hört kaum hin, will ihre
Neuigkeiten selbst los werden. Erzählt mir, dass sie gestern
in der Bar, wo sie arbeitet, eine ganz nette Frau kennen
gelernt hat. Wie das so ist, haben sie auch über ihre Enkel
gequatscht. Schwiegermutter natürlich über Moni, dass sie
gehörlos ist und bla bla. Die nette Frau ist zufällig Ärztin
in einer bekannten Klinik, hatte Moni einen Tag zuvor in der
Bar beobachtet und meinte wohl, dass man da bestimmt helfen
kann und wir sollten uns nach ihrem Urlaub melden. Oh man,
jetzt überschlagen sich die Ereignisse, bin ganz aufgeregt
und freue mich, wieder etwas mehr Hoffnung. Notiere mir den
Namen und die Adresse mit Telefonnummer. Aber erst einmal
warten wir die Antwort von der Charité ab, da habe ich doch

mehr Vertrauen zu. Mein Kopf platzt bald, ist gerade alles ein bißchen zu viel und kein Platz mehr für irgendwelche Neuigkeiten. Muss das alles erst mal sortieren, schön der Reihe nach.

Mein Mann kommt von Arbeit, schon wieder ziemlich spät geworden, aber ich muss ihm gleich alle Neuigkeiten von heute berichten. Er meint, dass wir abgesehen von der Charité, trotzdem mal bei der Ärztin anrufen und einen Termin machen. Na, hat er ja recht, absagen können wir immer noch. Quatschen noch lange bis in die Nacht, bin richtig aufgedreht und komme nicht zur Ruhe, kann nicht schlafen. Brauche mal Urlaub, nur für mich allein, muss endlich mal neue Kraft schöpfen, fühle mich nur noch schlapp und ausgelaugt.

Moni hat lange geschlafen, bestimmt durch die Medizin, ist gut drauf und es geht ihr schon viel besser. Hab mich auch wieder etwas erholt, sechs Stunden geschlafen, aber mein Schädel brummt noch immer, ist kurz vorm platzen. Moni tobt durch die Wohnung, das kann ich jetzt gar nicht gebrauchen, jede Erschütterung hämmert in meinem Kopf. Wir ziehen uns an, gehen auf den Spielplatz runter, ich brauche frische Luft, das hilft meist. Ist ziemlich wolkig, keine Sonne und später soll es noch regnen, also nutzen wir den Vormittag. Einige Mutti´s sitzen schon, fragen gleich, was beim Arzt gestern heraus kam. Ich erzähle, allerdings in Kurzfassung, habe kein Bock lange zu quatschen, will eigentlich nur abschalten. Wie immer vergeht die Zeit rasend schnell, gehen wieder hoch Mittag essen und nehmen gleich die Post aus dem Kasten mit. Krass, ein Brief von der Charité, endlich, dachte schon die haben uns vergessen oder unsere Absichten falsch verstanden. Oben in der Wohnung angekommen, schmeiße

ich alles auf den Boden, reiße den Brief auf, zittre wie
immer an Händen und Füssen. Erst nur Blabla, dann schreiben
sie, dass es wahrscheinlich unmöglich wäre, unser Kind im
Ausland operieren zu lassen, die gesamten Kosten müssten wir
selbst tragen. Ob es bei ihr möglich sei, das müsste man
allerdings vor Ort noch mal prüfen. Ist doch keine konkrete
Aussage auf unser Schreiben, nur Gelaber. Sind die denn
bescheuert, das soll doch unser Problem sein. Habe schon die
ganze Verwandtschaft mobilisiert, alle sind bereit uns zu
unterstützen und würden sich freuen, wenn sie Moni damit
helfen können. Mal wieder enttäuscht und ziemlich traurig
verbringen wir den Nachmittag drin, draußen pladdert es wie
verrückt. Selbst das Wetter zieht mich heute runter, habe zu
nichts Lust und warte, dass endlich mein Mann nach Hause
kommt.

Er kommt, sieht mein Gesichtsausdruck, ahnt nichts Gutes und
löchert mich schon in der Tür mit Fragen. Ich kann nicht
sprechen, zeige ihm nur den Brief, fange wie gewohnt an zu
flennen und er beruhigt mich wieder. Geht ins Wohnzimmer,
nimmt das Telefon und ruft sofort in der Charité an, obwohl
es schon spät ist. Nach mehreren Weiterleitungen hat er
endlich einen kompetenten Arzt an der Strippe. Der erklärt
ihm, wie diese Operation gemacht wird. Dabei wird die
Schädeldecke geöffnet und ein Implantat ein gesetzt.
Allerdings liegen dort viele Nerven, es kann schnell zu
Verletzungen kommen, vor allem der Sehnerven. Sie könnte
erblinden oder sogar querschnittsgelähmt bleiben. Den Ärzten
fehlt ganz einfach noch die Erfahrung und wir sollten in
Ruhe abwägen, ob wir unserem Kind so ein Risiko zumuten
wollen. Das waren mal Fakten, harte Worte und wir sind etwas
schlauer als vorher. Wieder quatschen wir die halbe Nacht,
entscheiden uns, die Sache erst mal ruhen zu lassen, ein

paar Jahre abzuwarten, bis die Ärzte mehr Erfahrung gesammelt haben. Vielleicht gibt es bald bessere OP-Methoden auch bei uns und nicht solche gefährlichen wie diese. Wir wollen kein Risiko eingehen, entscheiden uns beide, die Sache nicht weiter zu verfolgen. Unsere Moni ist gesund, kann nur nicht hören, was zwar schlimm ist, aber dazu noch blind, das wäre für mich unerträglich. Damit könnte ich nicht leben, würde mir ständig selbst Vorwürfe machen. Wie sollte ich dann mit meinem Kind noch kommunizieren, ist so schon immer ein Problem, dann würde es überhaupt nicht mehr gehen. Oh nein, das werden wir unserer Maus nie an tun. Trotzdem bin ich mal wieder enttäuscht, am Boden zerstört und kann nicht schlafen. Im Kopf dreht sich alles, wälze mich die ganze Nacht hin und her und bin früh total durch den Wind. Immer wieder dieses Hoffen und dann enttäuscht werden, wie lange halte ich das noch aus, ich will es nicht wissen, darf nicht so weit denken. Muss einfach nach vorn gucken, weiter kämpfen, kämpfen für mein Kind, dafür, dass sie später trotz allem ein schönes Leben führen kann. Schließlich kann sie ja nichts dafür, dass Katzen solch ein schlimmen Virus übertragen.

Eine Option haben wir ja noch, die Ärztin, die Schwiegermutter kennengelernt hat. Schnappe mir das Telefon und rufe da an. Habe sie auch gleich an der Strippe und sie weiß sofort was mit mir anzufangen. Wir sollen Moni eine Woche in ihre Klinik bringen, sie will selbst alle Untersuchungen durchführen und macht mir große Hoffnung, dass Moni bald hören kann. Wieder ein wenig zuversichtlicher beruhige ich mich und glaube erneut an ein Wunder. Weiß zwar nicht, was und wie die uns nun noch helfen will, aber ein Versuch ist es wert. Am 30. August sollen wir Moni in den

Gehörlosenkindergarten bringen und am 31. soll sie in die Klinik kommen. Ein echt blöder Termin, aber geht nicht anders. Hm, dann fahren wir eben hin, geben die Sachen, Bettzeug und was sie alles da braucht ab, entschuldigen sie im Kindergarten für die erste Woche und fahren wieder nach Hause. Nächsten Tag in die Klinik, sechs Stunden Autofahrt und sechs Stunden zurück, das wird Stress pur, für uns alle. Vor allem für mein Mann, er ist noch Fahranfänger und gleich so lange Strecken fahren, hoffe dass er das durchhält. Vielleicht können wir ihre Sachen dann aus der Einrichtung gleich wieder abholen und Moni kann doch zu Hause bleiben. Ich hoffe wie immer, kann aber langsam nicht mehr denken, ist mir wirklich alles zu viel. Dieses hin und her, es macht mich langsam wahnsinnig und mürbe. Verkrafte kaum noch Enttäuschungen, bin total knülle und kraftlos, will endlich zur Ruhe kommen und mein schönes Familienleben, so wie jeder Andere auch, genießen.

Der Sommer ist gelaufen, schon ruhiger auf der Insel und die Ferien gehen zu Ende. Das Auto beladen, Bettzeug, Wechselwäsche und sonst was, alles für den Kindergarten eingepackt. Lege noch vorn in die Ablage ein Sternrecorder, so haben wir unterwegs ein bisschen Unterhaltung. Müssen uns mal ein Radio einbauen, ist doch praktischer, aber erst einmal muss das so gehen. Sind ziemlich spät dran, haben uns irgendwie in der Zeit vertan und entscheiden uns, Moni nicht mitzunehmen. Bringen sie zu Schwiegermutter, die hat heute frei und freut sich natürlich. Wird morgen anstrengend genug für unsere Maus, nur wegen der Versammlung und Einweisung muss sie nicht mit in den Gehörlosenkindergarten. Also wir fahren alleine los, haben mehr Ruhe und sind schneller zurück. Eine Stunde zu spät, die Fahrt war wie verhext, alle

Ampeln rot, Bahnschranken runter, warten, warten, mehr geht wirklich nicht. Versammlung natürlich zu Ende, die Eltern alle weg und wir trudeln ein. Peinlich, aber egal, wir können es nicht ändern, ist eben so. Geben die Sachen im Kindergarten ab, quatschen kurz mit der Erzieherin, erklären ihr, dass Moni eine Woche später kommt oder auch nicht. Sie drückt uns diverse Zettel und Infomaterial, was mich erst einmal nicht weiter interessiert, in die Hand. Schmeiße alles in das Auto und hoffe doch insgeheim, dass Moni nicht her muss. Alles was die Erzieherin uns in fünf Minuten erzählt hat, habe ich gar nicht aufgenommen, ging irgendwie alles an mir vorbei. Schon eigenartig, geht doch um unsere Maus, will es aber irgend wie doch nicht wahr haben, dass es jetzt Ernst wird. Konzentriere mich mehr auf Morgen und die kommende Woche, um alles andere kann ich mich später kümmern.

Jetzt will ich nur nach Hause, muss noch die Sachen für die Klinik packen. Morgen zwölf Stunden Autofahrt, darf gar nicht daran denken. Dann unser Kind mal wieder in der Klinik abgeben, für eine Woche und wieder hoffen. Wieder kann ich es ihr nicht erklären, es macht mich alles so knülle, so kaputt. Ich bin nicht mehr ich, irgendwie funktioniere ich nur noch.

Mein Mann will noch für Schwiegermutter einen Blumenstrauß holen, sie hilft uns so viel. Sie passt so oft auf Moni auf, können uns immer auf sie verlassen. Ich schalte das Radio ein, drehe die Lautstärke hoch, einfach geil, es lenkt etwas ab. Ohne Auto wären wir wieder den ganzen Tag unterwegs oder hätten andere Leute um Hilfe bitten müssen. So ist es wirklich bequemer und wir sind beide ziemlich stolz auf unser schönes Auto. Jetzt fängt es noch an zu regnen, mein Mann geht etwas vom Gas. Knall, Bumm, quietschende Reifen, Stille, unheimliche Stille. Kann nichts mehr sehen, träume ich oder wache ich. Die Motorhaube steht offen, versperrt die Sicht, was los, kann es gar nicht registrieren. Mein Mann guckt mich an, sagt immer und immer wieder „ich bin nicht Schuld". Wie Schuld, warum, was soll das? Ich brauche ein paar Sekunden, verstehe jetzt, wir haben einen Unfall. Ja ein Unfall, habe doch gesehen wie einer auf uns zukam, ein weißer Kombi, genau, der hat uns gerammt, frontal. Muss mich sammeln, klar denken, wir müssen aussteigen, vielleicht gibt es Verletzte. Ich kann nicht, klebe wie versteinert im Sitz, versuche noch immer zu kapieren, was gerade passiert ist. Ging alles so schnell, wie kann das sein? Wenn Moni mit im Auto wäre, sie steht immer zwischen den Vordersitzen, muss sich hinten nicht anschnallen, oh man, die wäre bei dem Aufprall durch die Scheibe geflogen. Ich fange an zu verstehen, heule wie verrückt, zittere am ganzen Körper und denke nur daran, was Moni passiert wäre. Oh, nein, das wäre nie so gut ausgegangen, ich darf nicht weiter denken. Langsam kapiere ich, registriere, dass der voll in uns rein geknallt ist und dass es einen riesigen Knall gab, ja ich höre den Knall noch. Ich komme zu mir, sehe noch wie der auf uns zukommt. Mein Mann steigt aus, hält sich seine linke Hand, ist er verletzt? Ich frage ihn, keine Antwort. Ich höre Männerstimmen, bestimmt die aus dem anderen Auto. Ich raffe mich hoch, steige aus und sehe beide Autos. Oh nein, beide vorne total breit. Unser schönes neues Auto, wir brauchen es doch so dringend. Morgen in die Klinik, wie sollen wir das anstellen. Was machen wir jetzt. Immer wieder gucke ich unser Auto an und stelle mir vor, wenn Moni, oh nein, das hätte sie nie überlebt. Hatte sie wieder ein

Schutzengel, eigentlich sollte sie mit, nur weil es schon so spät war, wir knapp in der Zeit waren, haben wir sie zu Schwiegermutter gebracht. Tausend Gedanken im Kopf, höre ich von weitem: „sind sie verletzt"? Nein ich nicht, merke nichts, keine Ahnung, träume ich oder ist das alles gerade wirklich passiert? Muss mich sammeln, kneife mir ins Bein, ja ich merke es, also doch kein Traum, es ist passiert. Mein Mann auch durch den Wind, total geschockt, steht da und guckt die Autos an, kann es auch nicht fassen. Zwei Männer und eine Frau, alle aus dem anderen Auto, stehen da und quatschen durcheinander, sind aufgebracht. Polizei fährt vor, mit Blaulicht, sperren die Straße ab und fragen sofort, ob es Verletzte gibt. Nein, zum Glück, keine Verletzen. Der Polizist stellt tausend Fragen, die Fahrer müssen den Unfallhergang schildern, wissen selbst nicht genau wie alles passiert ist. Ich setze mich wieder ins Auto, in das kaputte Auto, ein Film läuft ab, kriege alles nur halb mit. Ein Polizist reißt die Tür auf, ich soll aussteigen, sie müssen das Auto von der Straße schieben. Das andere Auto springt noch an, die können bis zur nächsten Werkstatt fahren, unser Auto muss abgeschleppt werden. Wie abgeschleppt werden? Bis nach Hause? Das sind 160 km, was soll das kosten? Ich werde verrückt. Unser neues Auto, noch nicht bezahlt und schon breit. Ein Polizist erklärt uns wie wir zum nächsten Bahnhof kommen, etwa zwei Kilometer, da fährt ein Zug bis zu uns nach Hause. Mein Mann holt das Wichtigste aus dem Kofferraum, da sieht es wüst aus, alles durcheinander vom Aufprall und wir gehen los. Sprachlos, zwei Kilometer Fußweg, immer parallel zur Straße. Ich werde immer langsamer, meine Knie tun weh, mein Hals brennt. Wir machen Pause, setzen uns an den Straßenrand. Habe Abschürfungen am Hals, bestimmt vom Sicherheitsgurt, es brennt wie Feuer.

Meine Knie, kann sie kaum noch bewegen, es schmerzt
höllisch. Mein Mann hat was mit der Hand, hat auch höllische
Schmerzen. Warum jetzt, wahrscheinlich standen wir so unter
Schock, haben es nicht gleich bemerkt. Wie soll ich das bis
nach Hause schaffen, kann nicht mehr gehen, die Schmerzen
werden immer schlimmer. Ich muss, raffe mich hoch und weiter
geht es, können den Bahnhof schon sehen. Wie viel hält ein
Mensch aus, ich kann nicht mehr, jeder Schritt ist qualvoll.
Geschafft, jetzt schmerzt noch mein rechter Arm, kann ihn
kaum noch hochheben. Mein Mann, seine Hand wird immer
dicker, bestimmt gebrochen. Morgen mit Moni in die Klinik,
ich kann nicht, müssen den Termin absagen. Der Zug hält,
mein Mann stützt mich und ich schaffe es bis ins Abteil.
Schnell sitzen, bevor ich umkippe, selbst das schmerzt, habe
inzwischen überall Schmerzen, am schlimmsten die Knie. Ich
weiß, der Sternrekorder, vorn in der Ablage, genau den habe
ich mir beim Aufprall unter die Kniescheiben gehauen. Also
doch ein Radio einbauen und nie wieder was in die Ablage
legen. Genau, die Ablage hat die gleiche Höhe wie meine
Knie. Mein Mann stöhnt, reibt sich seine Hand, die ist
inzwischen noch dicker, ist bestimmt gebrochen, so kann er
kein Auto mehr fahren. Wir haben gar kein Auto, das steht
weit weg, irgendwo im Straßengraben und wird die nächsten
Tage nach Hause abgeschleppt. Oh man, wieder Gesprächsstoff
für die netten Nachbarn, ich höre es schon. Die Fahrt dauert
eine Ewigkeit, wir sprechen kein Wort miteinander, haben mit
uns selbst zu tun, stehen bestimmt noch unter Schock, keine
Ahnung. Endlich der Zug hält, bloß schnell raus hier, ist
schon dunkel. Schwiegermutter macht sich bestimmt große
Sorgen, war so nicht geplant, wollten schon zum Kaffee
zurück sein. Jeder Schritt ist die Hölle, noch 800 Meter und
drei Etagen hoch, ich beiße die Zähne zusammen, schalte mein

Gehirn aus. Geschafft, Schwiegermutter reißt panisch die Tür auf, hatte uns schon im Hausflur gehört. Ihr Gesicht von Sorge verzerrt, fragt sie gleich was los ist. Ich kann nicht reden, lege mich, so wie ich bin, auf die Couch, bin fix und alle, kriege nicht mal die Schuhe aus, habe nicht mal Hunger vor lauter Schmerzen. Mein Mann berichtet, erzählt ihr alles in Kurzfassung und kocht sich nebenbei einen Kaffee. Ich kriege nichts runter, habe nur Schmerzen, mir ist schlecht. Schwiegermutter ruft den Arzt an, ein Bäderarzt, sind im Sommer immer einige zur Verstärkung auf der Insel. Abends sitzen sie oft in der Hotelbar, wo Schwiegermutter arbeitet, daher kennt sie einige von denen.

Dann quatschen wir, versuchen eine Lösung für Morgen zu finden. Ich will im Krankenhaus anrufen und den Termin absagen. Sind doch beide nicht im Stande unser Kind zur Klinik zu bringen, schon gar nicht so lange zu fahren. Mein Mann streikt, will das trotzdem durchziehen, geht zu den Nachbarn im Haus, fragt sich durch ob einer von denen Zeit hat. Ja, einer hat Zeit, erklärt sich sofort bereit. Mein Mann fährt dann mit, will seine Hand in der Klinik zeigen und behandeln lassen. Ich verbinde sie notdürftig mit einem kleinen Holzbrett und einer dicken Binde, so hat er etwas Ruhe und wird die Fahrt morgen überstehen. Moni schläft seelenruhig, kriegt von all dem nichts mit. Schwiegermutter hatte sie schon ins Bett gebracht und voller Sorge auf uns gewartet. Es klingelt, der Bäderarzt kommt, stellt gleich seine Fragen, tastet meine Knie ab. Starke Prellungen mit Bluterguss unter den Kniescheiben. Verschreibt mir Morphium zur Beruhigung und damit ich vor Schmerzen in den Schlaf komme. Er verbindet die Knie, schreibt mir noch Salbe auf und ich soll die nächsten Tage die Beine schonen. Mein Mann sucht die Sachen für die Klinik zusammen, will früh 5 Uhr schon los. Ich kriege alles nur noch halb mit, werde innerlich immer ruhiger, die Tabletten wirken echt Wunder. Wieder allein, meine Maus weit weg im Krankenhaus und ich liege hier auf der Couch, kann nicht laufen, kann nur warten. Warten bis mein Mann zurück ist, warten was die Woche bringt und einfach nur warten. Bin innerlich ganz ruhig und könnte nur schlafen, obwohl ich ohne Pause an mein Kind denk. Wie mag es ihr bloß gehen, konnte nicht mal Tschüss sagen, konnte sie nicht drücken, nicht knuddeln, meine kleine Maus.

Habe den ganzen Tag verpennt, mein Mann steht vor mir, ist gerade zurück und natürlich total breit. Hat immer noch das Brett und die Binde um seine Hand. Er meint, dass die dort im Krankenhaus nichts machen konnten, er soll zu Hause zum Arzt gehen. Ich glaube es nicht, gibt es denn so was? Er rennt schon den zweiten Tag mit gebrochener Hand herum und die schieben ihn einfach ab, was ist das für ein Krankenhaus? Oh man, da liegt jetzt unser Kind, ob das eine so gute Idee war, mir kommen Zweifel. Hoffe nur, dass die Woche rasend schnell vorbeigeht und ich sie wieder in meine Arme halten kann.

Mein Mann kommt vom Arzt, hat seine Hand im Gips und meint, der Mittelhandfinger ist gebrochen. Das mit der Schiene hätten wir richtig gemacht, so hat sich nichts verschoben und in sechs Wochen ist alles wieder verheilt. Na toll, sechs Wochen krank geschrieben, jetzt hängen wir beide da und können nichts richtig machen, was ein Mist. Er wettert noch immer über diese Klinik, würde am liebsten hinfahren und Moni wieder abholen. Die drei Tage schaffen wir jetzt auch noch, Freitag kann sie schon raus und Schwiegervater fährt mit seinem Auto hin, hat extra frei genommen.

Geht mir heute schon viel besser, kann in der Wohnung etwas herumlaufen und die Schmerzen halten sich in Grenzen. Bin überglücklich, heute kommt meine Maus wieder nach Hause, endlich, habe solche Sehnsucht, kann es kaum abwarten. Decke den Tisch zum Abendbrot und schon höre ich sie die Treppe hoch poltern. Humpel so gut es geht zur Tür, schließe sie in meine Arme und würde sie am Liebsten nicht wieder loslassen. Sie ist gut drauf, nicht so gestresst wie in der Charité, hat alles gut weggesteckt und rennt gleich in ihr Zimmer, als wäre nichts gewesen. Ich frage meinen Mann was die in der Klinik gemacht haben und was dabei rausgekommen ist. Leider ist nichts rausgekommen. Die haben das gleiche wie in der Charité gemacht. Ergebnis 0,5 % Hörrest, keine Operation möglich und Blabla. Also die ganze Woche hätten wir uns sparen können, ich kann es nicht glauben. Die Ärztin dort wusste doch, was wir schon alles unternommen hatten, warum machte die uns solche Hoffnung. Ich finde es unverantwortlich und egoistisch und das auf unsere Kosten. Wollte sie nur Geld mit uns verdienen oder sich nur wichtig tun, eine ganz große Schweinerei. Ein kleines Fünkchen Hoffnung hatte ich ja, dachte im Stillen doch, dass wir Moni´s Sachen aus dem Kindergarten wieder abholen können, aber nein, nun muss sie doch hin. Die ganze Woche da bleiben, ohne Eltern, ganz allein. Wie wird sie das nur verkraften, mal eine Woche ist sicher spannend, aber nun für immer, Woche für Woche. Darf gar nicht daran denken, kriege Herzrasen und bin unendlich traurig.

Es klingelt Sturm, der Abschleppdienst ist da, bringt unser schönes, neues, aber kaputtes Auto. Ich gucke vom Balkon herunter zur Garage, oh man, das sieht echt schlimm aus. Die Motorhaube noch immer nach oben gebogen, sieht gleich jeder was los ist. Dauert keine fünf Minuten stehen schon die Ersten da und löchern meinen Mann mit Fragen. Ich gehe gar nicht erst runter, will das kaputte Ding nicht sehen, kommen mir nur wieder komische Gedanken in den Kopf, was wäre wenn Moni u.s.w.. Nein ich will das nicht, lenke mich in der Küche ab und rühre mit Moni Kuchenteig an. Wollen uns noch ein schönes Wochenende machen, bevor sie Montag los muss. Mein Mann kommt wieder hoch, erzählt mir, dass das Auto nächste Woche in die Werkstatt kommt. Vorn ist alles verzogen, einschließlich Rahmen und Vordersitze. Die Kosten übernimmt zum Glück die Versicherung, müssen keinen Pfennig bezahlen und in vier Wochen kriegen wir es wahrscheinlich wieder. Schwiegervater fährt so lange Moni hin und her, bis wir unser Auto wieder haben, kann sich sein Dienst selbst einteilen und wir sollen uns keine Sorgen machen, das klappt schon. Ich weiß, wenn er das sagt, dann klappt es auch, müssen wir wenigstens nicht fremde Leute anquatschen. Sind heilfroh dass Schwiegereltern hier im Ort wohnen und uns so viel helfen, wären sonst ziemlich aufgeschmissen. Meine Eltern wohnen zu weit weg, würden bestimmt genauso helfen, aber es wäre alles viel umständlicher und komplizierter.

Bringen Moni heute das erste Mal in ihren neuen Kindergarten, Kindergarten für Gehörlose. Hätten auch zum Sammelbus fahren können, aber wollen uns die Einrichtung ganz in Ruhe mal angucken und mit den Erziehern quatschen, wie das alles vonstatten geht. Mir ist ganz mulmig, kann noch immer nicht richtig gehen, habe nichts gegessen und

hoffe, dass sie kein Theater macht. Bestimmt denkt sie, dass
wieder irgendwelche Ärzte an ihr herumhantieren und wir
Eltern sie im Stich lassen. Eine ganz nette Erzieherin steht
schon auf dem Hof und empfängt uns mit freundlichem Lächeln.
Sie zeigt uns die Räumlichkeiten, wo Moni die Woche über
wohnt. Sehr hübsch hier, die Kleinen flitzen über den langen
Flur und scheinen sich recht wohl zu fühlen. Habe den
Eindruck, dass Moni sich daran erinnert, schon mal hier
gewesen zu sein. Rennt in das Spielzimmer zu den anderen
Kindern und fühlt sich gleich heimisch, also kein Theater,
super, bin etwas erleichtert. Trotzdem fühlt es sich nicht
gut an, meine Maus die ganze Woche hier, wahrscheinlich bis
sie aus der Schule kommt. Also drei Jahre Kindergarten und
zehn Jahre Schule. Dann wird sie bestimmt irgendwo eine
Lehre beginnen, die wieder zwei bis drei Jahre dauert, also
unser Kind wird mindestens 16 Jahre von uns getrennt sein,
weit weg ihr Leben selbst bewältigen. Ich muss da durch,
muss es akzeptieren, mich endlich damit ab finden. Überall
an den Wänden hängen große Bilder mit Alltagsgegenständen
wie Tisch, Stuhl Schrank, Baum und sonstiges. Drunter steht
in großen Buchstaben der dazu gehörige Name und drunter noch
die Buchstaben in Gebärdenzeichen. Die Erzieherin erklärt
uns, dass die Gehörlosen, so schneller lernen und die
Zusammenhänge besser verstehen. Das soll nun auch unsere
Aufgabe an den Wochenenden sein, solche Karten zu machen,
kriegen immer die entsprechenden Infos zum Wochenende mit.

Die ersten drei Wochen sind geschafft, ist schon komisch
ohne Kind, ohne meine kleine Maus. Kein Kindergeschrei, kein
rumtoben, nur Totenstille in der ganzen Wohnung. Wird wohl
noch lange dauern bis ich mich daran gewöhnt hab. Ist alles
noch so frisch und unwirklich, hoffe im Stillen doch noch

auf ein Wunder. Manchmal denke ich, alles ist nur ein Traum, ist nicht mein Leben, so hab ich es mir nicht vorgestellt, wollte es doch nach meinen Vorstellungen gestalten. So ein Leben hat doch keine Mama verdient. Montags 4 Uhr aufstehen, Moni zum Shuttles bringen und Samstags ist sie erst 15 Uhr wieder da. Dann hab ich mit Wäsche waschen zu tun, muss Bilder ausschneiden, auf Pappe kleben und den Namen dazu schreiben. Sodass sie den Namen „Tisch" sieht und dazu das Bild. Sieht manchmal aus wie in einer Bastelstube, aber das müssen alle Eltern machen und es hilft den Kindern beim Lernen. Dazu müssen wir immer und immer wieder die Namen sprechen, so dass sie die Mundbewegung sieht und sie soll es dann nachsprechen. Komme mir teilweise wie ein Lehrer vor. Das ist alles unheimlich anstrengend, dabei will ich doch die 1 1/2 Tage mit meiner Maus genießen, nicht mal das kann ich. Moni scheint die allerwenigsten Probleme damit zu haben. Sie freut sich schon Sonntagabend, wenn ich ihre Tasche packe. Sie legt noch ein paar Spielsachen rein und geht freiwillig ins Bett. Früh am Shuttles, ich noch im Halbschlaf, versammeln sich die Eltern, manche Kinder schreien, wollen nicht mitfahren, klammern sich an ihre Mamas oder Papas, ein schreckliches Bild. Unsere Moni dagegen ist immer ganz aufgeregt, geht ihr nicht schnell genug, sagt gerade mal so Tschüss und ganz schnell rein in den Bus, hat noch nicht einmal geweint. Ist ein komisches Gefühl, aber ich denke, lieber so, als wenn sie herumschreien würde, das wäre für mich furchtbar. Bin froh, dass wenigstens sie das alles so gut wegsteckt und wir nicht damit noch Probleme haben. Mit vier Jahren im Kindergarten hat sie schon bis Nachmittags 15 Uhr Unterricht, Gebärden lernen, Sprechübungen und natürlich Buchstaben lesen und die Namen den Bildern zuordnen. Die kleine Maus, will selbst am

Wochenende sofort weiter üben und lernen. Ein Zeichen dass sie viel Spaß daran hat und sie sich immer besser mit den anderen verständigen kann. Hätte nie gedacht, dass das so gut funktioniert. Die Erzieherin meinte, dass die Kleinen von September bis Weihnachten bereits das ganze Alphabet können. So wie die Buchstaben, als auch die entsprechenden Gebärden. Später lernt sie dann Wort-Gebärden. Eigentlich auch wieder gut, dass wir uns am Wochenende damit auseinander setzten müssen, automatisch lernen wir mit und müssen keinen zusätzlichen Lehrgang machen.

Probleme gibt es bei mir auf Arbeit, war zu erwarten. Kann einfach nicht arbeiten, wenn mein Kind am Wochenende da ist, wie soll ich das alles schaffen. Ständig zicken die Kollegen herum, brauchen dringend frei, wenn sie ihren Willen nicht kriegen, kommt eben der Krankenschein. Macht keinen Spaß mehr, habe selbst den Kopf voll und muss mit der neuen Situation klarkommen. Meinem Chef, der zuckt nur die Schultern, kann sich nicht durchsetzen. Muss ich eben den Personalchef einschalten, der wird sich schon darum kümmern. Glaube nicht dass ich da zu viel verlange, ist in meinen Augen doch eigentlich nur menschlich, dass eine Mama bei ihrem Kind sein möchte.

Seit Wochen quäle ich mich schon mit Rückenschmerzen, mal besser, dann wieder ganz schlimm. Kann nicht lange stehen, selbst beim Sitzen tut mir alles weh.
Bin erst mal krankgeschrieben, soll mich ausruhen und muss jeden zweiten Tag zur Physiotherapie, kriege Reizstrom und muss noch zum Röntgen. Kriege einen Koller, die ganze Woche zu Hause, dann noch allein, mein Mann kommt immer erst spät. Es schneit, ist eisig kalt draußen und ich wurschtle hier in

der Wohnung, suche die Weihnachtsdeko zusammen, aber die
Zeit vergeht nicht. Bin völlig deprimiert und am Boden
zerstört. Denke immer wieder an meine Maus, würde so gern
mal spionieren, was sie da treibt, wie sie sich anstellt.
Wenn sie Samstag´s kommt, dann macht sie mit ihren kleinen
Fingerchen irgendwelche Zeichen, alles was sie neu gelernt
hat die Woche über, ich verstehe meist nur Bahnhof, lerne
Stück für Stück von ihr die Bedeutung.

Mein Röntgenbild zeigt starke Abnutzungen an der
Wirbelsäule, soll mir eine andere Arbeit suchen, so schnell
wie möglich, Küche geht nicht mehr. Der Doktor gibt mir ein
Artest mit, was ich in der Firma vorlegen muss. Also klärt
sich das mit den Wochenenden von ganz allein. Bin aber
weiter krank geschrieben, bis ich eine andere Arbeit habe.
Gehe gleich in der Firma vorbei, die werden sich freuen.
Mein Chef fragt natürlich, wann ich endlich wieder komme,
wie lange ich noch krank geschrieben bin. Stumm wie ein
Fisch halte ich ihm nur das Artest vom Arzt unter die Nase.
Seine Kinnlade fällt runter, er fängt an zu stottern. Hatte
er mich doch schon wieder für das Wochenende eingeteilt,
jetzt muss er die Schicht selbst übernehmen, Pech gehabt.

So schnell geht es manchmal, bin eigentlich froh, dass es so
gekommen ist, hätte nur noch Stress hier mit den Kollegen,
alles sture Böcke. Jetzt wo es Ernst ist, zeigt nicht einer
Verständnis für mich, obwohl sie vorher alle die große
Klappe hatten.

Endlich Samstag, dachte mein Mann hat mal frei am
Wochenende, aber er hat Weihnachtsfeier im größten Hotel
hier. Er muss moderieren, 300 Urlauberkinder kommen und er
will Moni mitnehmen. Die Eltern haben schon massenhaft

Päckchen abgegeben, die mein Mann mit dem Weihnachtsmann zusammen verteilen darf. Moni will mit und ist schon ganz aufgeregt, habe ihr auch ein Geschenk eingepackt, was sie dann vom Weihnachtsmann bekommt. Wäre ja gemein, wenn alle Kinder was bekommen und sie nicht. Ich beschäftige mich derweil mit Bilder raussuchen, aufkleben, Namen dazu schreiben und alles schön abheften. Die Mappe ist schon ziemlich voll, man was Moni schon alles für Wörter in Gebärden zeigen kann, hätte ich nie gedacht. Bis auf die letzten zwei Buchstaben kann sie schon das ganze ABC, jeder Buchstabe ein Handzeichen, haben die Erzieher doch recht gehabt, bis Weihnachten. Bin unheimlich stolz auf unsere kleine Maus, sie lernt so fleißig, selbst an den Wochenenden, es macht ihr so viel Spass. Das Leben kann doch aber nicht nur aus Lernen bestehen, mein Kind soll doch auch Kind sein und das noch lange bleiben. Alles könnte viel einfacher sein, hätte es diesen verfluchten Virus nicht gegeben. Andere Kinder toben nach der Schule draußen herum, kommen dreckverschmiert Abends nach Hause und berichten was sie erlebt haben. Das sind Kinder, so wie ich es mir vorstelle, aber all das kann mein Kind nicht. Sie muss, so klein wie sie ist, bis 15 Uhr pauken, ist die ganze Woche weit weg und wird sogar von fremden Menschen erzogen. Hat zu Hause kaum Freunde, wie auch, nur die Kinder aus der direkten Nachbarschaft, die aber lieber mit ihren Freunden spielen, die sie jeden Tag sehen. Ich kann an 1 1/2 Tagen in der Woche kaum Einfluss auf die Erziehung nehmen, geht gar nicht, selbst das machen Andere. Kriegen zwar immer ein kleines Muttiheft mit, wo wichtige Informationen für uns Eltern drinstehen, aber was die ganze Woche über im Gehörlosen Kindergarten abgeht, wissen wir längst nicht. Wir können nicht mal einschätzen wie es ihr gerade geht, bestimmt ist sie manche Tage auch nicht so drauf, keiner da der sie dann tröstet oder mal in den Arm nimmt oder sie drückt. So was braucht doch ein Kind, eine Mama kann man doch nicht ersetzen.

Meine zwei Geister kommen von der Weihnachtsfeier zurück, sind durchgefroren und haben keinen Hunger mehr. Na toll, kann ich den Tisch wieder abräumen, hätte es mir doch denken können. Moni hantiert mit ihren Fingerchen vor meiner Nase herum, verstehe gar nichts. Mein Mann erzählt, dass sie ganz fleißig war, hat dem Weihnachtsmann die Päckchen gereicht und sich gefreut, wenn Kinder nach vorn auf die Bühne kamen. Ganz stolz stand sie auf der großen Bühne zwischen Weihnachtsmann und Papa. Sie liebt es mit Papa zur Arbeit zu gehen. So kriegen wir auch die Ferienzeiten überbrückt, muss sie nicht so oft zu Schwiegereltern.

Jedesmal lernt sie neue Leute kennen, ob es Mitarbeiter, irgendwelche Musiker oder Prominente sind, mit denen mein Mann zu tun hat. Viele kommen zu uns nach Hause, vor allem wenn Feiertage anstehen. Die müssen dann irgendwelche Termine abklären oder wollen einfach nur quatschen. Sind zwar alle lieb und nett, aber manchmal wird es mir echt zu viel. Moni ist ganz aufgelöst, wenn sie den einen oder anderen später im Fernsehen sieht. Dann zeigt sie immer in Gebärden dass sie ihn kennt, freut sich und muss es allen mitteilen.

Weihnachten und Silvester vorbei, es schneit und stürmt wieder kräftig. Hoffentlich wird es nicht wieder so ein harter Winter, dann immer Moni fahren und Schneesturm, nicht gerade angenehm. Es waren schöne Feiertage, unsere Maus musste nicht los, hatte Ferien und war endlich mal für längere Zeit zu Hause. Habe zwar die Feiertage nur in der Küche gestanden, die ganze Sippe bekocht, aber unsere Familie war komplett, das war so schön. Hatten viel Spaß und es in vollen Zügen genossen. Sie hat ein großes Puppenhaus vom Weihnachtsmann gekriegt, stammt noch von der Schwägerin, bei dem riesigen Paket hat sie Bauklötze gestaunt und über das ganze Gesicht gestrahlt. Habe mit ihr die ganzen Tage dran herum gewerkelt, neu tapeziert, gemalert und hübsche Gardinen genäht. Waren beide so begeistert und hatten immer wieder neue Ideen. Jetzt ist die schöne Zeit vorbei, packe gerade ihre Tasche und morgen geht es wieder in den Kindergarten. Sie zeigt mir, dass sie das Puppenhaus mitnehmen will. Oh nein, das geht natürlich nicht, ist viel zu groß das Teil. Sie wird sauer, zickt herum und versteht es einfach nicht. Nach langem Theater kriege ich sie überzeugt, ihre große Babypuppe mitzunehmen, die hat sie zum vierten Geburtstag gekriegt und spielt gerne damit. Anziehen, ausziehen, windeln und alles was man mit Babys so macht, dann spielt sie stolze Mama.

Bin wieder gesund geschrieben, habe neue Arbeit und freue mich riesig. Soll mich ab sofort um die Kinderbetreuung in einem unserer Hotels kümmern. Veranstaltungen und Kinderpartys organisieren. Muss nicht permanent stehen, kann es mir selbst einteilen, habe die Wochenenden frei und bin froh nicht mehr in der Küche zu arbeiten. War die letzten Wochen eine echte Quälerei mit den starken Rückenschmerzen. Salben und Tabletten haben nichts gebracht. Bei dieser Arbeit kann ich Moni in den Ferien sogar mitnehmen, was vorher nicht ging. Ist doch perfekt, habe gleich zwei Fliegen mit einer Klappe geschlagen und glaube, dass es eine schöne abwechslungsreiche Arbeit wird. Vor allem kann ich

mir selbst überlegen was ich mit den Kindern machen will, ob
basteln, turnen oder sonst was.

Mein neuer Chef kommt zu mir, erklärt noch ein paar
Einzelheiten und meint, dass ich schon 15 Uhr Feierabend
machen kann. Bin verdutzt, wieso das denn, muss doch wie
alle anderen meine Stunden vollmachen. Er meint, laut
Gesetzt steht mir eine Stunde zu, weil ich ein behindertes
Kind habe, die ich weniger arbeiten muss. Na super, kriege
ich jeden Tag eine Stunde geschenkt, aber was bringt es mir.
Frage ihn, ob ich die Stunden sammeln und in den Ferien
abbummeln kann wenn Moni da ist. Nein, das geht leider
nicht, er versteht es zwar, kann es so aber nicht
genehmigen. Schade, dann würde es für mich Sinn machen, so
ist es eigentlich Quatsch. Aber was soll es, gehe ich eben
jeden Tag eine Stunde früher und schaffe was im Garten.

Sind gerade am Shuttles, wollen unsere Maus abholen,
unterwegs noch einkaufen und zu meinen Eltern fahren. Immer
mehr Eltern versammeln sich, tauschen sich aus und alle
warten und warten. Ist immer ein Krampf, selten dass der Bus
mal pünktlich ist. Entweder unterwegs Stau oder von der
Schule zu spät losgefahren, weil manche Kinder trödeln,
irgendwas ist immer. Haben da aber keinen Einfluss, müssen
es so hinnehmen, auch wenn wir erst im Dunkeln zu Hause sind
und der Tag gelaufen ist, das interessiert niemanden. Wenn
es wirklich spät wird, dann haben wir nur noch den Sonntag
zusammen, ein Tag in der Woche, was will man da noch groß
anstellen. Moni will in ihrem Zimmer spielen, Omas und Opas
besuchen und dann noch die vielen Hausaufgaben.
Ausschneiden, aufkleben und sprechen üben. All das schaffen
wir nicht an einem Tag, da bleibt man kein Mensch mehr.
Endlich, der Bus kommt, Gesichter kleben an den Scheiben,

alle suchen ihre Eltern und freuen sich auf zu Hause. Moni,
wie immer die Letzte die aussteigt, freut sich und stolpert
die Treppe herunter. Knie aufgeschrammt, aber das stört sie
nicht. Selten, dass sie weint bei solchen Ausrutschern. Sie
ist ziemlich hart im Nehmen und steckt das einfach weg.
Andere Kinder fangen bei jedem bißchen an zu brüllen,
schrecklich, so was kenne ich nicht. Vielleicht hat sie
schon zu viel durchgemacht, wir wissen es nicht, aber es ist
gut so. Ab zum Auto, Moni sammelt unterwegs noch den Müll
von der Straße, Steine und Stöckchen, sie kann alles
gebrauchen. Auf geht es in die Stadt, brauchen ein paar
Kindersachen, unsere Maus hat gerade wieder ein
Wachstumsschub, fast alle Sachen sind zu klein. Gerade
losgefahren legt mein Mann eine Vollbremsung hin. Vor uns
eine Entenfamilie, wollen wohl auch gerade in die Stadt und
wackeln quer über die Straße. Ich höre Moni weinen, drehe
mich um, sehe ihr tränendes und rot unterlaufenes Auge. Wir
halten an, gucken uns das Auge an. Sieht nicht gut aus. Hat
sich bei der Bremsaktion den Stock ins Auge gepickt. Oh
nein, so ein Mist, hätte ich doch besser aufgepasst, so was
hat nichts im Auto zu suchen, schon gar nicht während der
Fahrt. Also nicht shoppen, ab nach Hause zum Arzt. Meine
Maus, wir sind froh, dass sie endlich zu Hause ist, dann so
was. Bin gleich total nervös und die Hände fangen an zu
zittern. Hoffe nur, dass nichts Schlimmes am Auge ist, das
wäre fatal, sie ist doch schon gehörlos, das reicht ja wohl.
Bleibe hinten bei ihr sitzen, nehme sie in den Arm und
versuche ihr Auge mit Tüchern zu schützen. Sie weint nicht
mehr, hat sich schnell beruhigt, kann aber nicht richtig
gucken. Fahren gleich in die Klinik, ein Augenarzt hat zum
Glück Bereitschaft und wir müssen nicht lange warten. Jetzt

weint sie, klar wieder ein Weißkittel, der an ihr herum
fummelt.

Sie zappelt und strampelt was das Zeug hält, kriege sie
nicht beruhigt. Der Doktor versichert uns aber, dass nichts
am Auge verletzt ist, will uns trotzdem eine Überweisung zum
Spezialisten zuschicken, um ganz sicher zu gehen. Sollen
übers Wochenende das Auge kühlen und Montag wäre alles
wieder gut.

Die Faschingsvorbereitungen laufen, mache aber nicht mehr
mit, will lieber bei meiner Maus bleiben, wenn sie schon mal
Ferien hat. Habe keine Lust mich jeden Abend in dem Trubel
herum zu schlagen, bis früh 3 oder 4 Uhr und Moni zu den
Eltern bringen. Nein, ich möchte jede freie Minute mit
meinem Kind verbringen, wir haben sie so selten zu Hause.
Gehe mit ihr zum Kinderfasching, ist in allen Hotels und so
wie wir Zeit und Lust haben, klinken wir uns ein. Im
Kindergarten hat sie vor den Winterferien noch Fasching und
will unbedingt als Rotkäppchen gehen. Also suche ich alle
Stoffreste heraus, die ich finden kann und nähe ihr ein ganz
süßes Kostüm. Die rote Kappe bastel ich aus Pappe und klebe
nur roten Stoff darauf. Sie passt genau auf wie ich mit der
uralten Nähmaschine das Röckchen nähe. Will auch mit ihren
kleinen Füßchen das Gaspedal treten, schafft sie aber noch
nicht, ist viel zu schwer. Sieht das süß aus, viel hübscher
als ein gekauftes Kostüm. Erstaunlicherweise will sie es
gleich anprobieren. Von mir aus gern, hole noch ihre weiße
Bluse und schon ist mein Rotkäppchen fertig. Ganz stolz
spaziert sie durch die Wohnung, will es nicht mehr
ausziehen. Soll für ihre Babypuppe das gleiche Kostüm nähen,
der Stoff reicht aber nicht mehr, muss erst welchen besorgen

und dann kriegt ihre Puppe auch ein Kostüm. Als mein Mann nach Hause kommt, tanzt sie vor seiner Nase herum, er soll nur zeigen, dass es schick aussieht und sie ist glücklich. Will das Kostüm sogar zum Schlafen anbehalten. Erkläre ihr, dass ich es einpacken muss, Morgen geht es wieder in den Kindergarten und da ist dann Fasching. Wow, sie hat es verstanden, super, klappt immer besser mit uns.

Manchmal hat es auch Vorteile, wenn man nichts hört. Wenn wir zur Kaufhalle gehen, schnappt sie sich den erstbesten Einkaufswagen. Egal ob ihn gerade einer nehmen will oder nicht, das ist dann ihrer. Sie schiebt stolz durch den Laden ohne sich auch nur umzudrehen. Den Stress hab ich dann, die Leute wettern und machen mich an, wie unerzogen mein Kind doch ist. Im Stillen finde ich es ja lustig, sind schneller durch und müssen nicht lange warten. Aber es nervt schon und bin jedes mal geknickt. Selbst an der Kasse stellt sie sich nicht an, drängelt sich bis ganz vorn durch, peinlich, aber lange Diskussionen bringen nichts und ich bezahle schnell. Versuche ihr zu erklären, dass auch sie auf andere Rücksicht nehmen muss und sich bitte schön in die Schlange einzureihen hat. Sie sieht es aber nicht ein, zeigt mir einfach, dass sie es nicht hört wenn die Leute meckern und dass es ihr egal ist. Nur ich höre es, die Mama, und ich muss mich rechtfertigen. Immer öfter versuche ich ihr zu erklären, dass die Leute es nicht sehen können, dass sie denen zeigen muss, dass sie gehörlos ist. Das wird wohl noch ein hartes Stück Arbeit, sie will es einfach nicht verstehen. Bin Abends fix und fertig, gestresst und genervt. Je älter sie wird, um so mehr gibt es solch unangenehme Situationen. Langsam habe ich den Eindruck, dass sie ihre Gehörlosigkeit auch zu nutze macht. Auch verstehe ich immer mehr, dass sie ein viel ruhigeres Leben hat, als alle anderen. Hörende werden von allen Seiten mit Geräuschen, Worten und sonst was taktiert und sind oft schon dadurch gestresst. Unsere Moni kann nichts und niemand aus der Ruhe bringen. Wenn wir Montags zum Shuttle müssen, fängt sie an ihr Zimmer aufzuräumen, ist ja wieder eine Woche weg. Bin dann echt genervt, der Bus wartet schließlich nicht, aber sie zieht ihr Ding durch, in aller Seelenruhe. Frage sie jedes Mal ob sie noch mal auf das Klo muss, nein muss sie nicht. Gerade fünf Minuten unterwegs, zeigt sie, dass sie ganz dringend muss. Na toll, am Straßenrand anhalten und schnell das Geschäft erledigen. Ja, so ist es jede Woche, ich kann es einfach nicht verstehen. Fahren schon immer zehn Minuten eher los, weil wir wissen, was kommt.

Immer öfter beobachten wir, dass sie ihren Kopf schief hält, denken, dass sie es bei anderen Kindern beobachtet und es sich nur angewöhnt hat. Zeige ihr, dass sie den Kopf gerade halten soll, hält aber nicht lange an. Manche Tage macht sie es nicht und manche Tage ständig. Sieht aus, als wäre sie geistig nicht ganz auf der Höhe, mache mir Gedanken wo das plötzlich herkommt. Wieder bringt mich diese Situation total durcheinander, irgendwas stimmt nicht. Vielleicht kann sie schlecht gucken, versuche mit ihr Buchstaben zu lesen. Erst das linke Auge, alles super, kann alles erkennen. Dann das rechte Auge, das linke soll sie zuhalten. Macht sie aber nicht, streitet mit mir, will mit beiden Augen gucken. Ich lasse sie in Ruhe, bringt nichts wenn sie herum quengelt. Probiere es jeden Tag auf´s Neue, immer wieder das gleiche Theater, links alles gut und wenn sie mit rechts die Buchstaben lesen soll, streikt sie. Hm, ich glaube dass sie mit dem rechten Auge schlechter gucken kann. Den Stock hatte

sie sich ins linke Auge gepickt, davon kann es also nicht
sein. Also wieder zum Augenarzt, er untersucht sie, zeigt
ihr verschiedene Tafeln und sie macht alles wunderbar mit,
kann alles lesen. Nur das rechte Auge tränt wie verrückt.
Der Arzt meint, das wäre nicht schlimm, alles in Ordnung.
Kann es zwar nicht so ganz glauben, mache mir weiter meine
Gedanken und beobachte sie. Es wird nicht besser, eher
schlimmer mit dem Kopf schief halten. Nächste Woche hat sie
ihre erste Schuluntersuchung, werd es in ihr Muttiheft
schreiben, dass die mal die Augen richtig prüfen.

Oh man, wie die Zeit rennt, jetzt hat sie schon die erste
Schuluntersuchung, noch so klein und bald geht es richtig
zur Schule. Sie hat im Kindergarten schon so viel gelernt,
kann so viel Gebärden und jeden Tag kommen Neue dazu. Habe
beobachtet, dass die Kinder untereinander immer wieder neue
Gebärden lernen, nicht nur im Kindergarten. Also die Kleinen
lernen automatisch von den Großen, ist schon spannend.
Können uns auch schon richtig mit ihr unterhalten, verstehen
zwar nicht immer alles, aber vieles ergibt sich aus der
Situation und ich kann es erraten. Manchmal hantiert sie so
schnell mit ihren kleinen Fingern, da kapiere ich gar nichts
und sie lacht sich kaputt. Wenn wir irgendwo hingehen, sie
mit ihren Händen herumhantiert, ist es mir etwas unangenehm.
Nicht weil wir mit den Händen sprechen, viel mehr, weil die
Leute gucken, die verstehen nicht was wir da machen, kommen
und nerven mich mit Fragen. Versuche wie immer solchen
Fragen und Situationen zu umgehen, will nicht darüber reden,
fällt mir immer noch sehr schwer. Furchtbar wenn die Leute
so starren, machen wir doch auch nicht, finde es einfach
unhöflich. Sie hat jetzt sogar ein Schwerbehinderten-Ausweis
bekommen, ist ein komisches Gefühl. Mein Kind ist doch nicht

schwerbehindert, sie ist nur gehörlos, kann einfach nicht hören. Wir wissen nicht mal ob sie später überhaupt einen Beruf lernen kann, wie es später weiter geht. Aber jetzt kommt bald die Schulzeit und die wird mit Sicherheit auch nicht einfach. Können nicht, wie andere Eltern, bei den Hausaufgaben helfen, sehen erst am Wochenende wo es Probleme gibt, wenn es welche gibt.

Im Muttiheft steht, dass bei der Schuluntersuchung alles in Ordnung war. Moni ist ihrem Alter entsprechend normal entwickelt und der Einschulung steht nichts im Wege. Klingt sehr beruhigend, aber das mit den Augen finde ich schon seltsam, haben die das überhaupt untersucht, wir haben doch extra Bescheid gesagt? Wie so oft kommen mir Zweifel, denn sie hält immer noch den Kopf schief, das müssen die doch auch merken, das bilde ich mir doch nicht ein. Bei der Elternversammlung nächste Woche werd ich es noch mal ansprechen. Solche Facharzt-Termine können wir nur in den Ferien machen, geht nicht anders. In dringenden Fällen, kann sie auch mal eine Woche zu Hause bleiben, aber den Lernstoff muss sie dann wieder an den Wochenenden nachholen und das artet für uns alle in Stress aus. Will doch nicht, dass sie zur Schule kommt und kriegt nur die Hälfte mit, nur weil sie nicht richtig gucken kann. Sie hat doch schon genug zu leiden und muss sich immer wieder auf´s Neue durchkämpfen. Jetzt geht es aber erst einmal baden, haben uns mit Bekannten verabredet und wollen den ganzen Tag mit den Kindern am Strand herumtoben, das haben wir uns endlich mal verdient. Moni ist schon richtig braun, sieht putzig aus mit ihren langen blonden Zöpfen und der sonnengebräunten Haut. Sie freut sich auf den Strand, möchte am liebsten jeden freien Tag runtergehen, ist eine richtige Wasserratte und nicht mehr weg zu kriegen aus dem nassen Etwas. Im Kindergarten sind sie auch ganz viel draußen an der frischen Luft, machen sogar an heißen Tagen Unterricht auf dem Hof. Natürlich angenehmer, als in den überhitzten Räumen zu sitzen. Ja die Gehörlosen haben selbst im Kindergarten schon richtig Unterricht, müssen ja bis zum Schulanfang schon alle Buchstaben und die Gebärde dazu kennen. Ohne dem können sie nicht lesen und schreiben. Wenn es mal zu heiß ist, fahren sie sogar in das Stadtbad und können sich abkühlen. Also ich muss sagen, die unternehmen wirklich viel mit den Kindern, kenne ich hier von den normalen Einrichtungen nicht so. Letzte Woche haben sie eine Schultüte gemalt, Moni fragt mich nun Löcher in den Bauch, will wissen wie das mit der Schule abläuft. Ich verstehe mal wieder nur Bahnhof und kann leider nicht auf alles antworten. Würde es so gern tun, aber ich kenne nicht die Zeichen, um ihr die nicht alltäglichen Dinge zu erklären. Bin zwar schon in vielem sehr einfallsreich, aber oft auch damit überfordert. Sie kennt zwar alle Buchstaben, kann vereinzelt Wörter lesen, kennt aber deren Bedeutung nicht und die kann ich ihr kaum erklären. Es ist so schwer, je älter sie wird um so mehr kommen solche Fragen und für mich wird es immer komplizierter, ihr das in Gebärden zu vermitteln. Dabei möchte ich meiner Maus doch alles erklären was nötig ist, selbst wenn ich mich mit Anderen unterhalte, finde ich, dass sie das Recht hat, zu wissen, was wir gerade bequatschen. Wenn es Probleme in der Familie oder im Kindergarten gibt, sie soll es einfach wissen, wissen was um sie herum passiert. Soll einfach am Leben teilhaben und nur ich kann es ihr vermitteln, Fremde können es doch gleich gar nicht, können nicht ihre Sprache mit den Händen, können keine Gebärden. Die Gehörlosen leben in ihrer eigenen Welt, haben ihre eigene Sprache, die kaum Hörende verstehen. Ich springe täglich von einer Welt in die Andere, es macht mich mürbe und traurig. Ich dachte Gebärdensprache ist wie englisch oder französisch lernen, aber das ist nicht so. Je länger ich damit zu tun hab, desto mehr verstehe ich, dass Gehörlose einfach anders ticken. Sie haben ihre eigene Welt geschaffen, in der sie leben. Den meisten Gehörlosen interessiert die hörende Welt nicht, das ist ihnen viel zu anstrengend und umgedreht ist es genauso. Gehörlose unterhalten sich so, als würden wir alles in Steno, also in kurzen Sätzen, sagen. Es gibt auch keine Artikel. Da heißt es eben nur „Auto fahren", wobei wir sagen würden „gleich fahren wir mit dem Auto los". Darum mögen Gehörlose auch keine Bücher oder Zeitungen lesen, sie verstehen einfach unsere langen sinnlosen Sätze nicht. Genauso verstehen sie nicht die Bedeutung von Redewendungen oder irgendwelchen Slogan´s auf Plakaten. Das dann zu erklären ist sehr kompliziert, weil sie es immer sehr wörtlich nimmt. Überall hängen Plakate und alles soll ich ihr erklären, mache schon meistens ein riesen Bogen darum, in der Hoffnung, dass sie die Dinger nicht gesehen hat. Vor allem müssen wir ja von A nach B kommen und haben nicht immer die Zeit, alle Plakate stundenlang zu studieren. Intelligent wie sie ist, versucht sie selbst alles zu lesen und das dauert und dauert und dann kommen noch die vielen Fragen hinterher. Ist zwar sehr anstrengend, aber teilweise auch amüsant. Fragt sie mich neulich ob sie mal tauchen darf, weil an einem Hotel ein Plakat mit der Überschrift „Tauchen Sie ein..." hing. Sie hat nur das Wort Tauchen gelesen und das Bild von einem Taucher gesehen und dachte, dass man da jetzt tauchen kann. Oh man, das war ein Akt ihr zu erklären, dass sie dort nicht tauchen oder baden kann, dass es nur eine Redewendung ist.

Manchmal denke ich, dass ein Leben in dieser doch einfacheren Welt angenehmer ist als in unserer. Wir reden oft stundenlang und labern, dabei würde auch ein Satz reichen um das Wichtigste zu sagen. Dann werden wir noch mit den aller möglichsten Nebengeräuschen konfrontiert, die wir oft nicht beeinflussen können, aber die uns beeinflussen. Meistens können wir uns wegen der vielen Geräusche gar nicht auf das Wesentliche konzentrieren, wie der Straßen- oder Baulärm. Selbst Nachts schrecken wir hoch, wenn Blaulicht oder Sirenengeheul uns aus dem Schlaf holt. All diese Sachen spielen bei Gehörlosen keine Rolle und das ist was Schönes. Sie leben einfach ruhiger, nichts kann sie aus dem Gleichgewicht bringen.

Neuerdings geht sie uns jede freie Minute auf die Nerven, will unbedingt einen Hund. Wir reden es ihr permanent aus, sie nie da, wir müssen arbeiten, wer soll sich um das Tier kümmern. Wenn wir in den Urlaub wollen, wo können wir das Tier dann lassen, es geht einfach nicht. Verstehe schon, dass sie auch ein Freund haben will, gerade Hunde sind ja ganz treue Gefährten, wäre schon schön für sie. Hätte sie am Wochenende auch jemanden zum Spielen und wäre nicht so oft allein. Sie fängt sogar schon bei Schwiegereltern an zu bettelt, will, dass die sich eben ein Hund holen, wenn wir es schon nicht tun. Sie verspricht, dass sie dann jedes Wochenende rüber kommt und sich um ihn kümmert. Ach, unsere Maus, macht sich so viel Gedanken, aber alle Wünsche können wir auch nicht erfüllen, auch wenn wir es wollten. Selbst das macht mich traurig. Sie hat nie Wünsche, ist mit allem zufrieden, nun hat sie mal einen und wir erfüllen ihr den nicht. Ist doch schon gemein, aber es geht einfach nicht. Clever wie sie ist, würde sie auch eine Katze oder einen

Vogel als Haustier nehmen, na mal sehen was ihr noch alles so einfällt.

Ich verstehe gar nichts mehr, bei der ersten Schuluntersuchung alles in Ordnung, auch die Augen. Jetzt bei der zweiten Schuluntersuchung kriegen wir eine Überweisung mit und weist auf Dringlichkeit hin, weil irgendwas nicht stimmt. Na toll, bin total geplättet, bin sauer. Obwohl wir immer wieder darauf hingewiesen haben, niemand wollte es glauben, niemand hat was bemerkt und jetzt geht es nicht schnell genug. Oh man, langsam reicht es doch wohl. Komm mir vor, als wäre ich schlauer als so mancher Arzt. Früher wollte auch niemand glauben, dass mit ihren Ohren was nicht stimmt, plötzlich hieß es, sie ist gehörlos. Man kann doch nicht so mit Menschen umgehen. Habe kein Vertrauen mehr in diese Leute, hasse diese ständigen Arztbesuche und das ewige herum Gelaber. Ansonsten verlief die Schuluntersuchung aber prima, sie hat alle Test´s mit Bravour bestanden und kann im September eingeschult werden. Habe es ihr mit Händen und Füssen erklärt, sie hat es verstanden und ist ganz kribbelig. Würde am Liebsten sofort zur Schule gehen, sie will lernen und den Kleineren im Kindergarten auch Gebärden beibringen. Süß, wie weit sie schon denkt, denkt nicht nur an sich, denkt auch an die anderen Kinder, bin ganz stolz auf die kleine Maus. Freue mich jedes Wochenende, wenn sie kommt und uns erzählt wie fleißig sie wieder gelernt hat und was sie schon alles kann, kriegt einfach nicht genug davon. Am Liebsten würde sie die halbe Nacht noch pauken. Nimmt sich am Wochenende sogar Hefte mit ins Bett und paukt wie verrückt, bis ich irgendwann das Licht ausmache. Selbst dann zickt sie noch herum und diskutiert mit mir. Sie ist eine sehr

wissbegierige Maus, alles soll ich ihr erklären, stoße aber
ständig an meine Grenzen, was mir unendlich leid tut und
mich ziemlich oft hilflos aussehen lässt. Manchmal frage ich
mich, ob andere Eltern auch so ticken oder sehe ich das
alles nur so verbissen. Andere Eltern erklären ihren Kindern
nicht, was gerade gesprochen wird, scheint sie auch nicht zu
interessieren. Aber gut, jeder geht damit anders um, ich
jedenfalls möchte, dass mein Kind so viel wie möglich von
der Welt erfährt und so lange sie es will, werd ich es auch
tun.

Endlich Sommerferien und Moni acht Wochen zu Hause. Ich
freue mich riesig, wieder für mein Kind sorgen zu können, so
wie es sein soll, so wie es sich jede Mutti wohl wünscht.
Soll Bombenwetter werden, können jeden Nachmittag an den
Strand. Meist will auch Schwiegermutter mit und wir können
die Zeit zu dritt genießen. Früh bleibt sie bei
Schwiegereltern bis ich Feierabend habe oder fährt mit
meinem Mann mit zur Arbeit. Sie kann sich es selbst
aussuchen, wo sie hin will und auf was und wen sie gerade
Lust hat. Zwischendurch bringen wir sie auch auf´s Dorf zu
meinen Eltern, kann da den ganzen Tag draußen herumtoben,
die Katzen von A nach B scheuchen oder die Nachbarn nerven.
Meist kommt dann die Nachbarstocher, die von Moni schon jede
Menge Gebärden gelernt hat und sie ziehen gemeinsam durch
das Dorf. Manchmal fahren sie auch mit Freunden zum Strand,
die ganze Truppe versammelt sich, bauen eine Sandburg und
sitzen um Moni herum. Alle wollen die Gebärden lernen, sind
ganz heiß darauf. Können sich mit den Handzeichen in der
Schule unterhalten und keiner versteht es, nicht mal die
Lehrer und Moni ist ganz stolz ihnen all das beizubringen.
Nach ein paar Tagen kommt Moni dann braungebrannt wieder

zurück und erzählt, dass Opa nur Quatsch mit ihr gemacht hat. Ihr Liebling, der gute Opa, kann keine Gebärden, geht mit seinen dicken Arbeiterfingern auch nicht. Aber er verständigt sich über irgendwelchen Blödsinn oder Grimassen mit ihr und das findet sie wiederum lustig und das Beste, sie verstehen sich. Selbst bei den Nachbarn dort darf sie ein- und ausgehen, die freuen sich immer wenn Moni da ist und etwas frischen Wind rein bringt.

Sind alle schon älter und die Kinder meist weit weg. Überall gibt es kleine Geschenke oder Leckerli´s, die sie aber meist gar nicht will. Von einer Nachbarin hat sie ein Kinderfahrrad bekommen, zwar schon uralt, etwas verrostet, aber zum Lernen und Üben reicht es. Ein paar Mal ist sie schon gestürzt, Knie aufgeschrammt und die Nase voll. Jetzt guckt sie das Rad nicht mehr an. Meine Mutti meint, einfach das Rad auf den Hof stellen, wenn sie es sieht, übt sie von ganz allein und irgendwann kann sie fahren.
Wenn meine kleine Nichte, gerade mal ein Jahr älter als Moni, auch da ist, hat Oma zwar Stress, aber die Kinder viel Spaß. Spielen im großen Sandhaufen, den Opa zum Bauen braucht und schaufeln ihm alles breit über den Hof. Er kann nicht schimpfen, verdreht nur die Augen und muss dann lachen. Manchmal dürfen sie auch mit ihm auf den großen Traktor, hat er selbst gebaut und ist sein ganzer Stolz. Fahren dann quer über den Hof und die Kinder kreischen vor Freude. Abends wird oft gegrillt, einschließlich Nachbarn und die Kinder toben bis zum Dunkelwerden. Landleben ist was Tolles, ich kenne es aus meiner Kindheit und Moni genießt es jedes Mal. Nur im Winter mag sie nicht hin, da gibt es noch Ofenheizung und das kennt sie nicht. Früh alle Zimmer ausgekühlt, manche Räume werden gar nicht erst beheizt,

finden selbst wir schrecklich. Bei uns zu Hause gibt es
überall Zentralheizung, alle Räume gleich warm und
gemütlich.
So vergehen die Ferien wie im Flug, sind wie immer sehr
abwechslungsreich und die Einschulung rückt immer näher.
Waren heute den ganzen Tag auf der Insel unterwegs, ein paar
Sachen für die Schule und die große Schultüte kaufen. Die
trägt sie ganz stolz selbst hoch. Jeder der uns im Hausflur
entgegen kommt, muss die Tüte bestaunen und sie erklärt in
Gebärden was das ist. Jetzt weiß auch der Letzte im Haus,
dass unsere Maus zur Schule kommt. Oh man, bald ist sie ein
Schulkind und das in der Gehörlosenschule, genau das, was
wir nie wollten. Die Worte des Hausarztes damals waren:
„Moni muss in ein Heim". Ich werde diese bescheuerten Worte
nie vergessen, wie war ich am Boden zerstört, mein Kind, so
süß und niedlich in ein Heim geben. Also heute kann ich
sagen, dass das kein Heim ist, sondern wirklich ein ganz
tolles Internat mit Kindergarten und Schule nur für
Gehörlose. Ganz tolle Erzieher, Betreuer und auch Lehrer,
die was von ihrem Fach verstehen.

Jetzt steht die Schulzeit an und es werden lange zehn
Jahre, die nur aus pauken und noch mal pauken bestehen
werden, darf gar nicht daran denken.
Termin beim Augenarzt, eine sehr gute Ärztin, hat mein
Schwiegervater empfohlen, er ist schon viele Jahre bei ihr
und immer wieder begeistert. Zu unserem ortsansässigen
Augenarzt wollen wir nicht mehr, warten bis heute auf seine
Überweisung. Wollte er uns zuschicken, als Moni sich den
Stock in das Auge gepickt hatte, ist ja nun schon eine
Ewigkeit her. Müssen jetzt zwar 30 km fahren, aber das soll
es uns Wert sein. Erklären der Ärztin warum wir zu ihr

kommen und dass Moni letzte Zeit den Kopf immer schief hält, dass ihr rechtes Auge bei jeglicher Anstrengung tränt. Eine wirklich sehr nette und kinderfreundliche Ärztin. Zwar sehr füllig und bereits im reiferen Alter, aber sie strahlt etwas aus, was mir sehr viel Vertrauen schenkt. Selbst unsere Maus scheint Vertrauen zu gewinnen und versucht ihr irgendwas mit den Fingern zu sagen, einfach süß. Frau Doktor setzt sich so, dass sie mit ihr auf Augenhöhe ist und guckt gespannt auf ihre kleinen Finger. Natürlich versteht sie nichts, aber sie versucht es und bleibt ganz ruhig dabei. Sie zeigt ihr die Maschine zum Augen testen und schwups sitzt Moni schon darauf. Zeigt in Gebärden, dass sie das kennt, dass sie da durchgucken muss. Also, läuft besser als ich dachte. Dann erklärt sie, dass unsere Tochter wirklich schlecht gucken kann mit dem rechten Auge. Verschreibt ihr eine Brille und gibt uns Vitamintabletten mit. Wenn wir Glück haben reguliert sich das von allein, sollen in vier Wochen aber wieder kommen. Unglaublich, was die Ärzte mit uns machen. Erst sagen sie alles in Ordnung, jetzt muss unsere Maus sogar eine Brille tragen. Habe kein Problem mit der Brille, aber jetzt Hörgerät und Brille, was braucht sie noch alles für Hilfsmittel. Bleibt man da noch Mensch, ich nicht, bin nur noch fassungslos was so abgeht. Was ist, wenn die Augen schlechter werden, bin gerade wieder am Boden zerstört und mache mir tausend Gedanken. Wie schnell man sich am Auge verletzen kann, haben wir ja schon erlebt. Da kann selbst ich als Mama, nicht genug aufpassen. Kriege Kopfschmerzen, mir wird schlecht und bin total durch den Wind. Oh man, was kommt noch alles, wie soll ich es meinem Kind erklären, verstehe es doch selbst alles nicht. Was macht ein Mensch der nicht hört und nicht gucken kann, das wäre doch der schlimmste Albtraum den es gibt. Glaube, ich muss mich übergeben, habe bestimmt schon Magengeschwüre von diesem ganzen Stress. Will jetzt nur noch nach Hause, einfach meine Ruhe haben und die letzte Ferienwoche mit Moni genießen.

Zum Abendbrot gibt es Eierkuchen, sie hilft mir und deckt schon den Tisch. Beim Essen fragt sie mich, warum ich so traurig bin. Oh nein, sie merkt es, ist ja keine Dumme. Kann ihr doch nicht erklären, dass ich ihretwegen Zukunftsängste habe. Zeige ihr nur, dass mir der Kopf weh tut und sonst nichts. Scheint geklappt zu haben, sie fragt nicht weiter. Ich muss mich wieder fangen, sie soll nie erfahren, dass ich mich ihretwegen so fertig mache. Wenn sie alt genug ist, werde ich ihr schon alles erklären. Bestimmt hat sie später auch Kinder und kann dann die Sorgen einer Mutter besser verstehen.

Sind heute schon seit 5 Uhr auf den Beinen, der große Tag, die Einschulung. Voll in Hektik und Moni außer sich vor Freude. Sie spielt dauernd mit ihrer Schultüte herum, ist so neugierig und will wissen was drin ist. Zeige ihr, dass sie da noch nicht reingucken darf, ist schließlich eine Überraschung. Immer wieder zerrt sie das Ding durch die Wohnung, kriegt zum Glück die Schleife nicht auf. Auto beladen und los geht es zur Gehörlosenschule.

Der Parkplatz gerammelt voll, Kinder rennen aufgelöst durch die Gegend. Überall hängen Luftballons und Girlanden. Die Eltern hübsch angezogen, tragen die Schultüten und die Kleinen unterhalten sich in Gebärdensprache, was keiner von uns Erwachsenen versteht. Die machen das einfach viel zu schnell, machen es ja jeden Tag und wir Eltern nur an den Wochenenden, wenn überhaupt. Die meisten Eltern können gar keine Gebärden, versuchen mit den Kindern normal zu sprechen. Die wiederum verstehen nur Bahnhof und akzeptieren die Situation, so wie sie ist und hinterfragen nichts, im Gegensatz zu Moni. Treffen uns alle in der Aula, die auch wunderschön geschmückt ist, im Hintergrund leise Musik. Eltern und Angehörige setzen sich in die Stuhlreihen.

Die neuen Schüler dürfen vorne auf der kleinen Bühne sitzen, zusammen mit ihren Lehrern. Es sind drei erste Klassen mit jeweils neun Schülern. Mehr geht wohl nicht, das schaffen die Lehrer nicht. Schüler und Lehrer müssen sich gegenübersitzen um alles zu verstehen, müssen sich auf Hände und Mund konzentrieren können, um alles mitzubekommen. Das würde mit 15 oder mehr Schülern nicht funktionieren. Im Klassenraum sitzen die Kinder im Halbkreis und in der Mitte der Lehrer, so erreicht er Alle und jeden Einzelnen, je nach Bedarf. Feierstunde endlich vorbei, die Kinder stürmen auf den Hof wo die Schultüten verteilt werden. Aufregung und Gekreische natürlich voll im Gange. Die drei Dolmetscher, die den Kindern alles in Gebärdensprache übersetzt haben, verabschieden sich und wir quatschen noch mit den anderen Eltern. Kennen uns schließlich schon aus der Kindergartenzeit. Eine Erzieherin kommt, geht mit uns zum Internat und zeigt uns wo die kleinen Schützlinge ab sofort in 2-4 Bettzimmern die Woche über wohnen. Ganz toll gemacht, neben Spielzimmer, Fernsehzimmer und Leseraum gibt es sogar eine kleine Küche, hier können sie sich selbst was brutzeln oder mit den Erziehern backen und kochen. Ich finde es super, wie eine kleine Wohngruppe, die Kinder müssen selbst für Ordnung und Sauberkeit sorgen. Kriegen sogar wöchentliches Taschengeld, dürfen mit größeren Kindern eigenständig in die Stadt fahren, bummeln oder auch ins Kino gehen. Da wird unsere Maus bestimmt schnell selbständig, lernt früh mit Geld umzugehen und sich in der Gemeinschaft einzuordnen. Trotzdem hätte ich sie lieber zu Hause, würde ihr all das gern selbst vermitteln, aber nun ist das so und nicht mehr zu ändern. Auf dem Hof stehen Tische mit Kaffee und selbst gebackenem Kuchen, für die Kids Säfte aller Art.

Die Eltern stehen in Trauben herum und klönen was das Zeug hält. Die Erstklässler entleeren ganz aufgeregt ihre Schultüten, alles fliegt durch die Gegend. Sie tauschen sich aus, wer mehr drin hat und wessen Schultüte wohl größer ist. Rundum eine gelungene Feier, alles sehr schön gemacht und eine perfekte Organisation. Die Kleinen, jetzt ja schon die Großen, fühlen sich wohl hier, haben einen guten Draht zu ihren Betreuern und zu den anderen Kindern. Die Großen passen auf die Kleinen auf, bringen ihnen neue Gebärden bei und können ihnen mehr vermitteln als wir Eltern. Auch die Eltern, allesamt, sind mit der Einrichtung und der Betreuung zufrieden. Schon im Kindergarten war eine ganz tolle Atmosphäre, die Kleinen wurden zur Selbständigkeit herangezogen, was sie jetzt gut gebrauchen können. Jetzt ist unsere Moni ein Schulkind, wir ganz stolze Eltern und froh, dass sie das alles so toll meistert.

Wenn sie an den Wochenenden aus der Schule kommt, zeigt sie sofort ihre Errungenschaften. Will uns alle neuen Gebärden beibringen, womit wir natürlich in der kurzen Zeit völlig überfordert sind. Habe doch den Kopf nicht frei um Gebärden zu lernen, will einfach mit ihr zusammen sein, schöne Stunden verbringen und was unternehmen. Sie hat unheimlich viel Spaß am Lernen, kriegt selbst am Wochenende nicht genug davon. Hat sie bestimmt vom Papa geerbt, von mir auf keinen Fall. Sie kann sogar schon kleine Sätze gebärden, muss mich da unheimlich auf sie konzentrieren, sie angucken. Kann nicht links und rechts noch andere Dinge aufnehmen, dann kapiere ich gar nichts mehr. Ist sehr schwer und anstrengend, sich nur auf die kleinen Hände und die Mundbewegung zu achten, wenn noch nebenbei Radio oder Fernseher läuft. Noch anstrengender wird es wenn meine Schwiegereltern auftauchen, die reden alle auf mich ein oder durcheinander und verstehen nicht, dass ich mich doch konzentrieren muss, um Moni zu verstehen. Wenn sie ihr was sagen wollen oder umgedreht, dann bin ich gefordert und überfordert, muss für alle Dolmetscher spielen. Sobald am Tisch einer anfängt zu lachen, will Moni natürlich wissen warum. Ich versuche ihr dann grob den Inhalt zu erklären, inzwischen wird aber weiter gesprochen, was ich versuche weg zu schalten. Natürlich fehlt mir dann ein Teil der Unterhaltung und das versteht Moni wiederum nicht. Es macht mich traurig, dass ich ihr nicht alles dolmetschen kann, eben weil ich die Gebärden nicht alle kenne, weil ich nicht zuhören und gleichzeitig dolmetschen kann. Bin Abends total kaputt, nur vom dolmetschen und überlegen, wie sag ich es meinem Kind. Fühle mich gereizt und gestresst, es schlaucht. Hatte eigentlich gedacht, je größer sie wird, desto leichter wird das Leben, aber da habe ich wohl falsch gedacht. Die Woche über kann ich mich voll meiner Arbeit widmen und mich vom Wochenende erholen, klingt zwar bescheuert, ist aber so.

Die Schule läuft prima, nur positive Mitteilungen im Muttiheft, immer wieder Lobe über ihr Verhalten und Betragen, auch Anderen gegenüber. Sie ist sehr hilfsbereit, aufgeschlossen und natürlich wissbegierig. Erst wenn die Hefte voll sind, kriegen wir sie zu sehen, finde ich immer sehr aufregend. Nur dann ist es zu spät, auf das eine oder andere noch Einfluss zu nehmen. Sogar Diktate schreiben die Gehörlosen, stelle ich mir sehr schwer vor. Hat Moni letztens ihr volles Heft mitgebracht und ich habe studiert.

Da hat der Lehrer ein Text vorgetragen, alle Kinder mussten von seinem Mund ablesen und sollten das, was sie ablesen zu Papier bringen. In Moni´s Heft war nur Kauderwelsch geschrieben, ohne Zusammenhang und alles durcheinander. Zum Glück gab es keine Zensur. Ich denke, dass solche Aktionen die Kinder anregen sollen, auf die Mundbewegung zu achten. Der Lehrer ist, wie viele andere, auch ein Älterer, mit viel Erfahrung, aber ich finde ihn viel zu streng. Wenn die Kinder etwas nicht richtig aussprechen, die meisten haben ja Stimme, dann müssen sie wiederholen, nochmal und nochmal, bis der Lehrer zufrieden ist. Mein Mann findet es gut, so lernen sie es am besten, meint er. Ich glaube er hat recht, finde es aber trotzdem sehr brutal, wie er mit den Kleinen umgeht. Trotzdem mögen ihn die Kinder sehr gern, was ja entscheidend ist.

Endlich Samstag, Moni kommt nach Hause, der Bus hat wie so oft Verspätung. Schnell den Nudeleintopf noch mal heiß gemacht und vor lauter neuer Gebärden kommen wir kaum zum Essen. Haben mal wieder eine Überweisung im Muttiheft. Diesmal hat sie ungewöhnliche Herzgeräusche, sollen das so schnell wie möglich abklären. Na super, bin gleich wieder geknickt, nimmt denn das kein Ende, das Wochenende natürlich schon jetzt gelaufen. Mein Kind, vielleicht noch Herzprobleme, nein, es reicht, mehr geht nicht. Ständig kriegen wir irgendwelche Überweisungen mit. Mal sind es Herzgeräusche, dann wieder Verdacht auf Diabetes und nichts

von dem bestätigt sich, zum Glück. Aber es nervt und nervt
und nervt.

Sollen heute nach dem Essen sofort zu Schwiegereltern
kommen, die haben für Moni eine ganz große Überraschung.
Keine Ahnung was, habe auch nicht weiter gefragt. Ich
erkläre es ihr, natürlich ist sie sofort satt und will
gleich los toben. Schnell noch den Tisch abgeräumt und wir
spazieren rüber. Sind alle ganz aufgeregt, was das wohl für
eine Überraschung ist. Im Hausflur schon große Aufregung und
Hundegebell. Findet Moni toll, hier die ganzen Hunde im
Haus, darum geht sie auch gern her. Schwiegermutter steht
schon oben vor der Wohnungstür und hält ein Babyhund auf dem
Arm. Hm, haben die sich etwa einen Hund geholt, geht doch
gar nicht bei dem Job, denke ich. Moni sieht das kleine
Würmchen und fliegt förmlich die letzten Stufen hoch. Reißt
das kleine Babyhündchen sofort an sich und knuddelt es bis
es anfängt zu quieken. Schwiegermutter selbst deutlich
aufgeregt, erzählt uns, dass sie sich den jetzt angeschafft
haben. Ich werde nicht wieder, das haben die nur wegen Moni
gemacht, sie hat ja schon ein Jahr lang gebettelt. Na toll,
die nächsten Wochenenden sind dann wohl gelaufen, kann ich
mir eine andere Beschäftigung suchen. Aber schön für Moni,
ich freue mich, jetzt hat sie auch zu Hause endlich einen
echten Freund. Kann mit ihm Gassi gehen und herumtoben, so
wie sie Lust hat. Boris soll der Kleine heißen, das müssen
wir noch üben, ist für Moni etwas schwer auszusprechen, aber
das schaffen wir. Der kleine Boris, ein Pekinese, ist schon
ganz außer Puste. Moni scheucht ihn durch alle Zimmer, beide
finden kein Ende und haben ihren Spaß. Nicht mal schlafen
darf er, Moni fängt immer wieder an mit ihm zu toben. Also
die Überraschung ist wirklich gelungen. Müssen wir uns

wenigstens kein Haustier mehr anschaffen. Jetzt muss der kleine Winzling erst mal lernen draußen Pipi zu machen. In der Wohnung latscht man ständig in seine kleine Pfützen, schon etwas eklig, aber das braucht wohl seine Zeit. Unsere Maus ist überglücklich, will gar nicht nach Hause, na klar ist ja ihre Überraschung und soll sie es genießen.

Der kleine Boris hat unser ganzes Wochenende ausgefüllt, selbst ich bin auf andere Gedanken gekommen und hatte viel Spaß. Jetzt wird die Tasche gepackt, morgen geht es wieder zur Schule. Moni kommt, mein Mann hat sie von ihrem neuen Freund geholt, sicher hat sie herum gezickt und wollte nicht. Am liebsten würde sie ihn bestimmt mitnehmen wollen, ich würde es verstehen. Mein Mann verdreht schon die Augen, habe ich es doch geahnt, gab höllisches Theater, nur wegen diesem Hund. Moni sieht ganz rot aus im Gesicht, ich denke mal vom herumtoben. Hat aber plötzlich kein Appetit, fühlt sich schlapp und müde. 38,9 Fieber, man das auch noch, vielleicht eine fette Grippe im Anmarsch. Also schnell ins Bett, Wadenwickel und noch ein Buch angucken. Morgen früh geht es hoffentlich wieder, sonst bleibt sie die Woche mal zu Hause und kann sich auskurieren. Wäre auch nicht so schlimm, dann könnten wir gleich zum Hausarzt wegen der Herzgeräusche.

Die Nacht war furchtbar, habe kaum geschlafen und bin wie gerädert. War laufend bei Moni, das Fieber ging einfach nicht runter. Hat auch jetzt noch kein Appetit zu frühstücken, sieht immer noch schlecht aus. Wir entscheiden, dass sie die Woche zu Hause bleibt und rufen in der Schule an. Sind zur Zeit ganz viele krank, Kinder und auch Lehrer, also versäumt sie nicht all zu viel. Sie darf noch im Bett bleiben, ich packe die Sachen wieder aus und versuche den Hausarzt zu kriegen. Können gegen 10 Uhr vorbeikommen, sie legen schon ihre Karte raus. Ist ja nett von den Schwestern, da müssen wir nicht so lange im Warteraum sitzen und uns noch richtig anstecken lassen.

Mein Mann fährt uns zum Arzt, zu Fuß bräuchten wir sonst eine Stunde, so schlapp wie Moni ist. Wartesaal gerammelt voll, alles niest und hustet durch die Gegend. Wir kommen schnell ran und Moni geht es plötzlich viel besser. Kein Fieber mehr, gesunde Gesichtsfarbe und sie albert mit dem Doktor herum, oh man peinlich. Er horcht trotzdem Herz und Lunge ab, alles in Ordnung. Auch keine ungewöhnlichen Herzgeräusche zu hören. Möglich dass sie gerade einen Wachstumsschub hat, meint er. Aber kein Grund zur Sorge, bin ich erleichtert, kann wieder aufatmen, jedenfalls bis zur nächsten Überweisung. Weiß nicht was die in der Schule immer alles hören, ist jetzt auch egal, mache mir gerade mehr Gedanken darüber, was mit ihr los war. Gestern und die ganze Nacht hohes Fieber, jetzt plötzlich alles wieder ok. Ich ahne da was, wahrscheinlich wollte sie bei ihrem neuen Freund, dem Babyhund Boris bleiben, macht zumindest so den Eindruck. Sie ist mopsfidel und keinerlei Anzeichen von Unwohlsein. Kann ein menschlicher Körper so reagieren, kann es kaum glauben. Erzähle es gleich meinem Mann, der, wie immer, muss lachen. Findet das natürlich lustig und streichelt Moni über das Haar. Sie freut sich, darf doch die ganze Woche zu Hause bei Schwiegereltern und dem kleinen Boris bleiben, wir müssen schließlich arbeiten. Hoffe nur, dass sie nicht öfter solche Dinger drauf hat, das geht einfach nicht, aber wenn, was kann ich dann machen. Kann sie doch nicht zur Schule bringen mit Fieber. Werde noch mal mit ihr reden und hoffe, dass sie mich versteht.

Sind mal wieder bei der netten Augenärztin, die uns sehr freundlich begrüßt und Moni über den Kopf streichelt. Unsere Maus strahlt, sie mag die Ärztin irgendwie, was bei Fremden eher selten ist und bei Ärzten erst recht. Die Untersuchung dauert 30 Minuten, langsam wird es Moni zu viel und sie will nicht mehr. Die gute Frau Doktor macht gerade kein so nettes Gesicht und ist am grübeln. Meint dann zu uns, dass die Tabletten nicht den erwünschten Erfolg gebracht haben. Blättert nebenbei in verschiedenen Büchern und erklärt uns, dass hinterm Auge viele Narben zu sehen sind und Moni wahrscheinlich weitere Schäden hat. Gibt uns eine Überweisung zum Kinderpsychologen und Neurologen mit, der soll das jetzt mal abklären. Bin schockiert, weiß nicht was ich davon halten soll. Welche Schäden meint sie, wir haben doch nichts weiter bemerkt, eigentlich alles gut. Habe echt genug, nicht noch mehr, gehörlos und schlechte Augen, das reicht wirklich. Fange mal wieder an zu flennen, bin fix und fertig. Was kann denn noch alles kommen, ich habe keine Ahnung, will es auch gar nicht wissen. Nur dieses Stück für Stück, immer wieder was Neues, über Jahre, das macht mich kaputt, macht mich einfach krank. Was ist, wenn die Augen schlimmer werden, sie hat ihr Leben noch vor sich, ist so fleißig am Lernen und immer lebenslustig, soll all das umsonst sein? Nein das darf es nicht, ich muss weiter kämpfen, ja weiter, so lange wie ich kann, bin schließlich die Mutter. Ich glaube, als Mutter entwickelt man übermenschliche Kräfte wenn es darauf ankommt, man denkt nicht darüber nach, man funktioniert einfach, auch wenn man denkt, es geht nicht mehr. Es geht immer!

Wiedermal muss unsere Maus für eine Woche in die Klinik. Diesmal in die Kinderpsychiatrie, das klingt so absurd, kann mir gar nicht vorstellen was die hier untersuchen und was die finden könnten. Mache mir so meine Gedanken, vielleicht ist Moni viel kranker als wir glauben und wissen. Vielleicht entwickeln sich nach und nach immer mehr Schäden, je älter sie wird. Ich werde noch wahnsinnig, mal wieder am Boden zerstört, fix und fertig in der Birne. Versuche mich aber schnell wieder zu fangen, jedenfalls so gut es geht. Denke daran, dass sie doch so gut in der Schule ist, so ein fleißiges Bienchen, eigentlich kann da nichts mehr kommen, es darf einfach nicht mehr dazu kommen, das verkrafte ich nicht. Auf Arbeit läuft es die Woche auch nicht so, kann mich kaum konzentrieren, muss noch das große Sommerfest vorbereiten und bin mit den Gedanken ständig bei meinem Kind.

Endlich, die Woche ist geschafft, holen jetzt unsere Moni wieder ab und stehen gerade auf der Station. Was ein Trubel hier auf dem Flur, Kinder über Kinder, toben und schreien was das Zeug hält, ist eine echte Psychiatrie. Moni sieht uns, kommt sofort angerannt und zeigt, dass sie ihre Sachen schon eingepackt hat. Sie will gleich nach Hause, will nicht mehr hierbleiben. Ist ihr alles unheimlich hier und sie hat Angst, dass wir ohne sie wegfahren. Ich glaube es ihr gern, wenn man hier eine Woche liegt wird man automatisch verrückt, also ich würde es nicht lange aushalten. Der Professor wartet schon, holt uns ins Büro und bestellt bei der Schwester Kaffee für alle. Moni zerrt an meinen Armen, will nur nach Hause und fängt an zu weinen. Dann schlägt er ihre Krankenakte auf, guckt mich an und sieht ziemlich nachdenklich aus, was mich in Schockstarre fallen lässt. Aber wir kennen es ja schon, immer wieder das Gleiche. Erst große Hoffnung, dann folgt die Enttäuschung. Er bestätigt

den Verdacht der Augenärztin, weitere Schäden.
Gehörlosigkeit, starke Sehbehinderung des rechten Auges,
also fasst blind, Schläfen und Kleinhirn angegriffen. Auch
er vermutet, wie schon die Charité, dass ich mich in der
Schwangerschaft mit Toxoplasmose angesteckt hab, die
zahlreichen Schäden deuten drauf hin. Auf dem rechten Auge
fasst blind, ich kann es nicht glauben, das will keiner
vorher erkannt haben, das ist doch nicht möglich. Schläfen
und Kleinhirn angegriffen, was bedeutet das, kann es nicht
begreifen was der Professor gerade alles aufzählt. Bevor ich
in Tränen ausbrechen kann, nimmt er mich an die Hand, bittet
mich, auf den Flur zu gehen und mir dort die anderen Kinder
anzugucken. Ich verstehe es nicht, was soll das denn jetzt.
Geht doch um mein Kind und nicht um die Anderen.

Total geschockt vom Untersuchungsergebnis und dem komischen
Verhalten des Professor´s, richte ich ein Blick auf den
Flur. Sehe, wie Kinder sich auf dem Boden nur mit ihren
Armen vorwärts bewegen, Kinder die geistig völlig abwesend
sind, Kinder die nur Arm- oder Beinstümpfe haben. Ich kann
nicht mehr, will mir das Elend nicht weiter angucken und
breche in Tränen aus, fange an zu zittern, an Händen und
Füssen. Steh völlig neben mir, was passiert hier gerade,
gucke den Professor halb ohnmächtig und fragend an. Er nimmt
meine Hand, mit ganz ruhiger Stimme redet er auf mich ein.
„So" sagt er „und jetzt gucken sie mal ihr Kind an". Sie ist
so ein tolles, selbstbewusstes süßes Ding, was später ihren
Weg allein gehen wird. Alles was sie tut, wird sie etwas
langsamer tun als Andere, wird in der Schule immer eine 3-
Schülerin bleiben. Sie kann keine vollen Leistungen
erbringen, aber sie wird alles allein bewältigen können,
ohne auf fremde Hilfe angewiesen zu sein, im Gegensatz zu

den Kindern dort auf dem Flur. Die brauchen ihr ganzes Leben Hilfe, kommen nicht allein zurecht auf dieser Welt. Langsam, aber ganz langsam komme ich zu mir, kapiere was er mir damit sagen will. Soll das nur ein Trost sein? Soll ich das so hinnehmen, ich kann nicht mehr. Wie geht es wohl den Mutti´s dieser Kinder, die haben doch tausendmal mehr zu leiden als ich. Trösten die sich etwa auch mit dem Leiden Anderer? Ich kann nicht mehr flennen, bin völlig kraftlos. Muss immer wieder meine Maus angucken, bin so stolz darauf, wie sie sich entwickelt hat. So selbstbewusst, so wissbegierig und so süß. Ja sie wird ihren Weg gehen und ich werde alles dafür tun, dass sie es später allein schafft. Der Professor gibt uns noch eine Überweisung zur Computertomographie und meint, wir sollten uns ein Termin holen und Moni´s Kopf durch die Röhre schieben lassen. So könnten weitere Schäden wie Tumor o.ä. ausgeschlossen werden. Na toll, ich kann es nicht mehr hören, weitere Schäden, nur weg hier, bevor ich noch ganz verrückt werd. Moni ist glücklich, endlich geht es nach Hause. Unterwegs fragt sie ständig, was denn der Professor gesagt hat, warum ich so geweint habe. Ich reagiere nicht, kann einfach nicht. Muss mich erst einmal sammeln, ihr alles ganz in Ruhe erklären und das geht nicht im Auto.

Zu Hause sitzen wir am Tisch und ich versuche ihr zu erklären, was der Professor rausgefunden hat. Glaube, das meiste versteht sie auch, fragt mich aber warum sie eine 3-Schülerin ist und wird richtig wütend dabei. Sie zeigt, dass der Professor bescheuert ist, schließlich hat sie nur in Sport eine 3 und sonst nur Einsen und Zweien. Cool, sie hat es verstanden und auch inhaltlich begriffen. Alles andere steckt sie locker weg, weiß ja dass sie gehörlos ist und auf einem Auge schlecht gucken kann, damit hat sie sich längst arrangiert im Gegensatz zu mir. Sie ist wirklich gut in der Schule, vor allem merkt sie sich alles sofort, vergisst kaum was. Merkt sich Wege, wo wir vor langer Zeit mal waren, so wie in Berlin oder anderswo. Ich habe da meine Probleme, merke mir so was nicht, gehe immer genau in die falsche Richtung. Dann hilft sie mir und ist ganz stolz darauf, schlauer zu sein als die Mama.

Komme gerade von der Arbeit, meine Nachbarin wartet auf dem Flur, hat schon Kaffee gekocht und zerrt mich in ihre Wohnung. Sie ist ganz aufgeregt, plappert los ohne Luft zu holen. Ich verstehe nichts, absolut nichts. Langsam beruhigt sie sich wieder und ich kann ihrem Gespräch folgen. Es kam gestern eine Sendung über die Charité im Fernsehen „Neue Methode zur OP Hörgeschädigter". Die ersten Operationen sind jetzt auch dort möglich und sie hat gleich an uns gedacht, wollte aber gestern so spät nicht mehr stören. Ist wirklich nett von ihr, aber ich weiß gar nicht wie ich reagieren soll, mich freuen oder nicht. Bin erst einmal geschockt, sind genau zehn Jahre vergangen, so wie die Charité es prophezeit hat, ist schon Wahnsinn. Bin gleich ganz durcheinander im Kopf, muss doch alles genau überlegt sein, gerade jetzt wo Moni zur Schule geht. Sie ist doch so gut und fleißig am Lernen, sollen wir sie jetzt für lange Zeit aus der Schule nehmen. Mir schießen tausend Gedanken durch den Kopf, kann mich nicht mehr konzentrieren und beende den Kaffeeklatsch mit einem angeblich wichtigen Termin. Mein Mann kommt und wir quatschen bis in die Nacht. Was sollen wir nur machen. Es gibt so viel Für und Wider, was ist richtig, was ist falsch. Wir stehen beide auf dem Schlauch, sind zu keiner Entscheidung gekommen. Habe natürlich auch

Bammel, wieder ein Lichtblick, Hoffnung und dann vielleicht wieder eine Enttäuschung zu erleben, das verkrafte ich nicht mehr. Werden noch mit den Eltern darüber reden und ihre Meinung anhören. Wenn es jetzt bei uns schon möglich ist, solche Operationen zu machen, dann haben wir doch alle Zeit der Welt, müssen nichts überstürzen und können in Ruhe abwägen.

Unsere Eltern freuen sich riesig, endlich kann ihrem Enkel geholfen werden. Aber auch sie meinen, dass die Schule Vorrang hat, vor allem, wo sie wirklich so gut ist. Na ja, viel schlauer sind wir immer noch nicht, genau das sind auch unsere Bedenken.

Ist ja krass, hatten heute Post von der Charité, eine Einladung zum Gespräch, eventuell sei eine Operation bei unserem Kind möglich. Bin total platt, da schicken die eine Einladung, die haben uns nicht vergessen, nach zehn Jahren denken die noch an uns. Klingt fast wie ein Wunder, kann es nicht glauben. Bin doch gerade dabei, mich mit der ganzen Situation abzufinden, jetzt fängt alles wieder von vorne an. Schaffe ich das alles noch mal, wäre ja schön für Moni, habe es ihr immer gewünscht, aber verkraftet sie das alles auch. Bin fix und fertig, wie früher, total kopflos und wirr im Schädel. Wen kann ich fragen, ob die Operation was bringt oder nicht, wer hat schon Erfahrung damit? Die Ärzte werden uns sicher zureden, schließlich wollen die ja operieren, warum sonst diese Einladung.

Die Tage vergehen, immer wieder diskutieren wir über unsere noch offenen Fragen. Entscheiden uns endlich den Termin wahrzunehmen, das heißt noch nicht, dass wir Moni operieren lassen, erst einmal horchen, was die uns in der Charité

sagen. Vielleicht geht es ja bei ihr gar nicht, kann ja auch
möglich sein. Aber schön wäre es schon, könnte unser Kind
doch noch ein ganz normales Leben führen. Ich könnte wieder
die glücklichste Mama der Welt sein, so wie damals, als sie
geboren wurde und alles noch in Ordnung war.

Kann Nacht´s kaum noch schlafen, nicht auf die Arbeit
konzentrieren, alles dreht sich um diesen Termin. Selbst
Moni stellt tausend Fragen, die ich ihr aber noch nicht
beantworten kann. Habe ihr, das was ich weiß, alles erklärt,
schließlich geht es um ihr Leben. Sie kann aber auch nicht
sagen ob sie es will oder nicht. Eigentlich kennt sie ja nur
dieses eine Leben ohne Gehör, sie kennt nicht das andere
Leben. Sie weiß nicht wie es sich anfühlt zu hören, weiß
nicht was man hört, wie die Vögel zwitschern oder die
AuToräder quietschen.

Jetzt geht es los, auf zur Charité. Kofferraum voller Essen
und Trinken, wollen nach dem Termin gleich wieder zurück
fahren. Bin wahnsinnig aufgeregt, aber fühle mich super
dabei, voller Erwartung was passiert. Moni genauso aufgeregt
und angespannt, zählt, um sich abzulenken, die
vorbeifahrenden Autos. Endlich da, den riesigen Wartesaal
kennen wir noch, aber was hier los ist, einfach nur
Wahnsinn. So viele Menschen, wir kommen kaum durch zur
Anmeldung. Habe den Eindruck, dass ich auf einem
Campingplatz gelandet bin. Stühle alle besetzt, viele sitzen
schon auf dem Fußboden, haben ihre Picknicksachen aufgebaut.
Überall stehen Koffer und Reisetaschen, Decken wo kleine
Kinder drauf liegen. Größere Kinder rennen, soweit es geht,
durch die Gegend, brüllen und schreien herum. Das macht mich
wahnsinnig, so ein Trubel. Die haben alle die Fernsehsendung

gesehen und hoffen wie wir, dass ihnen geholfen werden kann. Manche erzählen, dass sie schon seit 6 Uhr hier sitzen, andere erzählen, dass sie schon vier Stunden warten. Das sind ja Aussichten, wenn die alle noch vor uns rankommen, sind wir erst morgen an der Reihe. Ich drehe durch, so eine Lautstärke, man versteht sein eigenes Wort kaum. Ab und zu lässt sich mal eine Schwester blicken, aber selbst die, scheinen mit dem Ansturm überfordert zu sein. Viele sind ohne Termin einfach hergefahren, aus allen Landesteilen sind die Menschen gekommen und das alles wegen dem Fernsehbericht. Aber nun ist es zu spät, wir sind hier und jetzt warten wir, egal was passiert, schließlich haben wir einen Termin.

Nach einer Stunde haben wir endlich einen Sitzplatz. Moni hängt auf dem Fußboden herum, ist ihr alles unheimlich, sie will am liebsten nach Hause. Wir essen unsere Schmalzbrote, rutscht zwar nicht richtig, aber der Magen knurrt. 15 Uhr, wir sind dran, nach drei Stunden geht es endlich los. Moni muss in den Audioraum, erst einmal zum Hörtest, wir warten vor der Tür. Nach 20 Minuten langem Warten kommt sie wieder raus und will gleich nach Hause. Müssen aber noch zum Gespräch, zum Professor, also wieder Platz nehmen und warten. Langsam lichtet sich der Wartesaal und man kriegt wieder Luft. Der große Trubel lässt nach, es wird ruhiger. Wir werden aufgerufen, schnappen unsere Sachen und rein zum Professor. Trotz des großen Ansturms heute, ist er noch sehr gut drauf und hat seine Sinne beisammen. Er kann sich gut an uns erinnern, warum auch immer, aber es ist nett. Er meint, dass Moni alle Voraussetzungen erfüllt, man könnte solch eine Operation bei ihr machen. Man würde bei ihr ein Kochlearimplantat einsetzen, womit sie dann die normale

Sprache erlernen kann. Hierbei würde eine Reizelektrode in die Schnecke gepflanzt und ein Implantat hinterm Ohr in die Schädeldecke eingesetzt. Allerdings würde das eigentliche Hören, nicht dem wie wir es kennen gleichen, es würde alles dumpfer klingen. Weiter klärt er uns über so eine umfangreiche Operation auf. Jeder Eingriff birgt Risiken, im schlimmsten Fall können Augennerven verletzt werden, so dass es Sehstörungen bis hin zur Erblindung geben könnte. Durch das Aufschneiden der Schädeldecke könnte es ebenfalls zu Verletzungen kommen, bis hin zu Lähmungen. Sollte eine OP erfolgen, müsste Moni erst einmal das Hören lernen, das bedeutet mindestens 2-3 Stunden Hörtraining täglich, neben dem normalen Schulunterricht, mindestens 2-3 Jahre lang und das wäre zur Zeit nur hier möglich. Wir sollen uns zu Hause in Ruhe Gedanken machen, ob wir ihr das antun wollen. Solch ein Hör-Sprachtrainer gibt es bei uns nicht, also müssten wir uns hier eine Wohnung suchen, die Arbeit aufgeben und eine geeignete Schule finden. Was das alles bedeutet, geht ja nicht allein um die OP, geht viel mehr um das ganze Leben um den Alltag herum.

Mein Mann und ich, wir beide sind platt, müde vom vielen warten, von den vielen Informationen und jetzt vier Stunden Rückfahrt. Moni sieht das alles locker, ist froh, endlich geht es nach Hause. Ich kann nicht mehr denken, mein Kopf ist übervoll, voll mit tausend Sachen, die ich erst sortieren muss. Wir brauchen Zeit, Beide, müssen alles in Ruhe überdenken. Die Autofahrt kommt mir ewig vor, Moni schläft auf der Rückbank. Wir reden kein Wort, jeder grübelt für sich und ist mit seinen eigenen Gedanken beschäftigt. Nach knapp vier Stunden landen wir endlich zu Hause, haben noch immer kein Wort mit einander gesprochen, außer das Nötigste.

Die Schule läuft besser als wir dachten. Dass sie sehr wissbegierig ist, wussten wir ja schon und auch, dass sie unheimlich gern lernt. Auch das Zusammenleben über die Woche mit den vielen Kindern klappt prima. Die Kinder gehen miteinander um, als wären es alles Geschwister. Sie achten sich gegenseitig, helfen einander und es gibt kaum Auseinandersetzungen unter ihnen. Ob Groß oder Klein, sie sind eine perfekte Gemeinschaft und ergänzen sich großartig. Selbst die Lehrer und Erzieher werden von allen geliebt und geachtet. Immer toll wenn wir mal zur Elternversammlung müssen und das Miteinander beobachten, es fühlt sich gut an und beruhigt uns Eltern. Das Einzige was Moni stört und was sie ständig beklagt, ist, dass in ihrer Klasse ein schwerhöriges Mädchen ist. Natürlich kriegt man als Schwerhöriger mehr mit, als wenn man komplett gehörlos ist. Dadurch hat dieses Mädchen immer sehr gute Noten, wo alle anderen nie rankommen können. Finde ich auch etwas gemein den Gehörlosen gegenüber. Moni hat sich noch mehr zu einer Kämpferin entwickelt, will die Beste sein und vor allem dem Doktor in der Kinderpsychatrie beweisen, dass sie keine 3-Schülerin ist. War wohl doch gut, dass ich ihr das alles erklärt habe, dadurch wird sie noch stärker, noch selbstbewusster als bisher. Alles hinterfragt sie, will alles ganz genau wissen, alles was sie sieht oder sonst so mitbekommt muss sie erklärt bekommen, meistens von mir. Auch den anderen Eltern ist aufgefallen, dass Moni so wissbegierig ist. Manche deuten es auch als Neugier. Aber das stört mich herzlich wenig, sollen Andere denken was sie wollen, mein Kind bekommt so viel Informationen wie ich ihr geben kann und so weit es mir möglich ist, dafür bin ich Mama und hoffe, dass es ihr später zu Gute kommt. Wenn schon behindert, dann aber wenigstens intelligent.

Lange haben wir hin und her überlegt, tagelang diskutiert, haben uns aber doch gegen diese Operation entschieden. Moni müsste zu lange aus der Schule genommen werden, zusätzlich das jahrelange Hörtraining, all das würde sie in ihrem schulischen Lerneifer beeinträchtigen. Sie müsste vielleicht sogar Schuljahre nachholen, würde unter Umständen den Anschluss verlieren oder gar in eine ganz andere Schule umsiedeln. Wir warten erst einmal die Schulzeit ab und wenn sie 18 ist, soll sie selbst entscheiden, ob sie sich operieren lassen möchte oder nicht. Dazu kommen noch die vielen Risiken solch einer Operation. Was wenn sie danach hören kann, aber vielleicht blind ist. Dann haben wir nichts gewonnen und könnten es auch nicht ertragen, dafür verantwortlich zu sein. Wir denken, dass es in ein paar Jahren weniger Risiken bei dieser Operation gibt und die Ärzte mehr Erfahrungen haben. Außerdem geht die Forschung auf dem Gebiet immer weiter und vielleicht gibt es bald ganz andere Möglichkeiten. Wir warten einfach noch und sind mit unserer Entscheidung zufrieden. Haben uns an die momentane Situation etwas gewöhnt, die Woche über allein und an den Wochenenden ganz in Familie. Moni fühlt sich wohl in der Gehörlosenschule, kommt Montags nicht schnell genug in den Bus und kann sich in ihrer Welt ausleben. Für mich zwar immer noch hart, aber ich bin froh dass es meinem Kind gut geht. Langsam komme auch ich mit der ganzen Situation halbwegs klar, kann sogar offen darüber reden. Wenn wir mal unterwegs sind, kann ich mich mit ihr in Gebärdensprache unterhalten, ist mir egal wenn Andere doof gucken. War früher nicht so, wollte damit keine Aufmerksamkeit erhaschen, dachte immer dass gleich tausend Fragen auf mich einprasseln. Das alles habe ich dem Arzt in der Kinderpsychiatrie zu verdanken. Er hat mir wirklich die

Augen geöffnet. Habe lange darüber nachgedacht was er mir damals, mit seiner Aktion, sagen wollte. Er hatte mir angemerkt, dass ich sehr unter der ganzen Situation leide und dass es mich traurig gemacht hat, dass mein Kind gehörlos ist. Er hatte Recht, dass mein Kind sehr selbstbewusst ist und problemlos durchs Leben kommt. Wieso ist mir das in den letzten Jahren nicht in den Kopf gekommen, habe mir das Leben selbst oft so schwer gemacht. Habe mich immer wieder selbst runtergezogen, bin freiwillig in ein tiefes Loch gefallen, 7 Jahre lang. Hab es jetzt verstanden, diesen bescheuerten Schalter umzulegen, der mich daran gehindert hat, die Situation so zu nehmen wie sie ist. Ich glaube ich habe es nun endlich gerafft, freue mich riesig auf die Dinge die noch kommen. Bin noch stolzer auf mein Kind und ein bisschen auch auf mich. Kann ihr alles Wichtige erklären, bin nicht mehr so kopflos wie früher. Wie sag ich es meinem Kind? Ja ich weiß jetzt wie. Ist gar nicht so schwer, aber es brauchte eben seine Zeit. Einfach Zeit, um auch das viele Positive zu erkennen. Es ist eine ganz Andere, aber auch schöne Welt in der Moni lebt. In der sie sich zu Hause fühlt. Ich springe weiter von meiner, von tausend Geräuschen umgebenen Welt, in ihre, leise, abgeschotteten und einfacheren Welt. Es ist spannend und interessant diese, ihre Welt, möchte sie nie missen und danke meinem Kind, dass ich das erleben darf.

Nachtrag:

Wem das, hier Geschriebene, gefallen hat, den möchte ich schon jetzt auf meinen 2. Band, der noch in Arbeit ist, hinweisen. Eine weitere Folge meiner Geschichte, da ich mit „Sieben Jahre kopflos" längst nicht alles erzählen konnte.

Auch hier beschreibe ich, aus meiner Sicht und Erfahrung, die vielen positiven, aber auch negativen Probleme, mit einem gehörlosen Kind. Wenn man die gehörlose Welt etwas versteht, dann ist auch diese Welt einzigartig schön, in der wir Hörenden gern mal abtauchen würden.